개인 맞춤의료의
시대가 온다

personalized medicine

개인 맞춤의료의
시대가 온다

4차 산업혁명 시대 헬스케어의 미래

이해성 지음

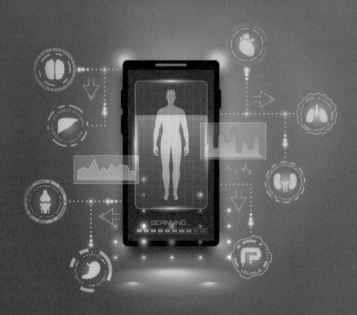

클라우드나인

4차 산업혁명 시대 바이오 산업 입문서

김일진,* 미국 가던트 헬스 의학부 총괄이사 · 전 캘리포니아대학교 의대 교수

이 책의 저자인 이해성 박사님과의 만남은 2014년 혹은 2015년 경으로 기억이 된다. 그때는 내가 샌프란시스코에 있는 캘리포니아 대 샌프란시스코 캠퍼스UCSF, University of California, San Francisco 의과대학 에서 교수로 근무했을 때이다. 교수 본연의 일 외에 맞춤의학 관련 스타트업을 하고 있었고 여러 바이오텍의 자문 등을 하고 있었다. 그러다 보니 자연스럽게 한국의 여러 회사와도 교류하고 있었다. 그때 한국의 한 대기업 소속의 이해성 박사님이 샌프란시스코를 방문하면서 첫 만남이 이루어졌다. 그 이후 실리콘밸리의 바이오텍 에 합류하면서 더욱 한국의 바이오텍 및 제약 회사와의 교류가 필 요하게 되었다. 그때마다 가장 먼저 생각난 사람이 바로 이해성 박 사님이다.

일단 관련 업계 네트워크가 굉장히 뛰어나 웬만한 바이오텍 분 야의 일은 다 알고 있어서 많이 놀랐던 것으로 기억한다. 이 책이

---

* 김일진 교수는 캘리포니아대학교 의대 교수를 역임했고 현재 미국 가던트 헬스 의학부 총괄이사이다. 주요 저서로 『개인 맞춤의료를 위한 암 유전학 및 유전체 학Cancer Genetics and Genomics for Personalized Medicine』 『정밀의료에서 의 동반진단Companion Diagnostics (CDx) in Precision Medicine』이 있다.

항암제부터 맞춤의학, 웨어러블, 로봇 수술, 인공지능, 3D 바이오 프린팅, 정부의 정책 및 지원까지 거의 모든 4차 산업혁명과 관련된 바이오 업계 전반을 다루고 있는 것도 저자의 폭넓은 인간관계 네트워크와 관련 분야의 깊은 지식 및 관심 때문일 것이다. 아마 대다수 연구자나 임상 의사도 이렇게 다양한 분야를 아우르는 책을 내기는 쉽지 않을 것이다. 그만큼 이 책은 바이오 업계의 거의 모든 분야를 다루고 있다고 해도 과언이 아니다.

최근 들어 4차 산업혁명이라는 얘기가 여러 곳에서 들려오고 있고, 한국도 제약업계의 발전과 여러 신약물질의 개발 등으로 바이오에 많은 관심과 투자가 이루어지고 있다(이 책을 통해서 서울이 전세계 임상시험 1~4위 안에 드는 좋은 인프라를 갖춘 도시라는 것도 알게 되었다). 하지만 과연 어떤 분야가 어떻게 이루어지고 있으며 실제 어떤 사례가 있는지 구체적으로 알기는 쉽지 않다. 그런 점에서 이 책은 4차 산업혁명 시대 바이오 산업의 이해를 돕는 아주 훌륭한 입문서라 할 수 있다. 특히 이론적인 면에 치중하지 않고 국내와 국외의 실제 개발 사례, 스타트업의 정보, 심지어 관련된 제품의 가격까지 언급하는 점에서 놀라지 않을 수 없었다.

저자의 상당한 노력과 시간 투자가 없었으면 가능하지 않았을 정보이다. 각 분야를 설명하면서 국내의 실제 예를 구체적으로 설명하고 있다. 아마도 뉴스나 학술지에 의존한 정보 서치보다는 저자의 개인적인 교류 및 경험에 기초한 것이라 믿고 있다. 그만큼 바이오 업계에서 일하는 사람들도 접근하기 힘든 정보들이다. 현재 우리 주위에서 일어나고 있는 4차 산업혁명 시대 바이오 산업의 실체를 생생하게 볼 수 있는 정보를 제공한다.

나 자신이 실리콘밸리의 한가운데서 일하고 있지만 관심 분야인 항암제 개발, 조기 암 진단, 맞춤의학 외에는 큰 관심이 없었다. 그런데 이 책을 읽다가 실제 사례로 언급된 실리콘밸리의 스타트업을 인터넷으로 찾아보기까지 했다. 그만큼 이 책은 한국뿐만 아니라 현재 전세계적으로 가장 촉망받는 여러 회사들과 업계 동향을 소개하고 있다. 이제 막 바이오에 관심을 가진 투자자, 전공 관련 학생 및 연구원, 그리고 앞으로 창업을 생각하는 열정 넘치는 젊은 예비 창업자들에게 좋은 길잡이가 될 것이다.

이 책에 소개된 수많은 실제 사례를 접하면서 나도 모르게 마음 한구석에 담아두었던 스타트업에 대한 생각으로 가슴이 뛰는 것을 느꼈다. 아마 이 책을 읽는 독자들도 본인처럼 단순히 4차 산업 혁명 바이오에 대한 이해를 넘어서 새로운 꿈을 꿀 열정을 발견할 수 있을 것이다.

개인 맞춤의료는 어떻게 적용되고 활용되고 있는가

헬스케어는 4차 산업혁명 시대에서 중요한 사업 분야이며 다양한 융합이 일어나는 혁신적인 분야로 활발한 진보와 개발이 진행되고 있다. 헬스케어의 미래 방향에 대한 응용 예시와 유망 분야를 분석하고 4차 산업혁명이 개인 맞춤의료 및 정밀의료에 어떻게 적용되고 활용되는지를 공유하고자 이 책을 집필하게 되었다. 구성은 다음과 같다.

첫째, 4차 산업혁명과 관련된 전세계 트렌드에 맞춰 헬스케어 산업이 어떻게 변화하고 있는지를 구성했다. 세부적으로는 4차 산업혁명과 개인 맞춤형 의료가 어떻게 연결이 되는지 그리고 개인 맞춤의료가 현실화되기 위해서 진행되는 다양한 헬스케어 분야의 트렌드를 소개했다. 예를 들어 장내 미생물(마이크로바이옴)이 개인 맞춤의료 시대에 어떻게 활용되는지를 소개했다. 또한 4차 산업혁명이 유전자를 기반으로 하는 개인 맞춤의료와 어떠한 형태로 융합되어서 실현화되는지에 대해서 논의했다. 또한 디지털 헬스케어는 4차 산업혁명에서 중요한 키워드이다. 디지털 헬스케어 측면에서 고객과 어떻게 연결을 통해 활용하는지도 설명했다. 마지막으로 우리가 먹고 자고 생활하는 라이프로그 관련한 다양한 데이터와 만성질환(비만, 당뇨 등)에서 질병의 진단, 치료, 예방 및 관리에 대한 예시를 소개했다.

둘째, 4차 산업혁명과 관련된 전세계 트렌드 중에서 개인 맞춤의료의 기술적인 관점과 미래의 모습을 기반으로 구성했다. 헬스케어의 '예방-진단-치료-관리(모니터링)' 단계에서 개인 맞춤의료는 정밀의료라는 키워드와 함께 데이터 기반 헬스케어의 중요한 축이 될 것으로 예상하고 있다. 헬스케어라는 큰 테두리에서 질병을 예방하거나 진단하는 데 바이오 기술BT-정보 기술IT-나노 기술NT 융합 기술들이 적용되고 데이터 기반의 새로운 융합 헬스케어 비즈니스 모델이 형성되고 있다. 따라서 질병 예방을 하고 질병 진단에서 나오는 빅데이터를 기반으로 치료, 질병의 예후 예측, 관리에 대한 솔루션을 예측할 수가 있다.

특히 진단에서 생성된 빅데이터(유전자, 약물반응성 및 부작용, 단백질, 미생물 등)로 개인 맞춤의료를 실현해 부작용을 최소화하고 치료 효율을 높일 수 있는 치료제를 선택하는 동반진단companion diagnostics과 정밀의료Precision Medicine or Personalized Medicine에 대해서 설명했다. 또한 진단을 통해 얻은 빅데이터를 기반으로 개인에 최적화된 수술 방법 혹은 3D 프린팅을 통한 바이오 응용에 대한 미래 모습도 설명했다. 추가적으로 우리가 약물 혹은 수술이 아니라 어떤 전자기적인 외부 자극으로 인한 질병 치료 방법에 대한 미래 방향에 대해서도 언급했다. 그리고 신경정신과 관련하여 요즘 이슈가 많이 되는 자폐증, 우울증, 그리고 기계, 동물, 인간이 어떻게 연결될 수 있는가에 대한 미래 가능성도 소개했고 오픈 이노베이션Open Innovation을 통한 미래 준비에 대한 부분도 서술했다.

셋째, 헬스케어 생태계에 다변화를 가져다 주고 있는 새로운 혁신 기술과 앞에서 언급했던 동반진단에 대한 좀 더 구체적인 기술과 비즈니스 모델에 대해서 분석했다. 추가로 우리나라의 국가 주도의 연구개발 및 임상시험 관련된 현황과 미래 방향성을 소개했다. 4차 산업혁명과 헬스케어 산업이라는 키워드로 분류한 혁신적인 기업들에 대한 소개를 정리해보았다. 특히 인공지능, 디지털 영상진단, 신약개발, 디지털 수술 관련된 스타트업을 중심으로 소개했다. 또한 국내 헬스케어 산업 성장에서 관계가 있는 생명윤리법, 인공수정, 체외수정 관련 내용들도 담았다.

앞으로 4차 산업혁명 시대에 발맞추어 디지털 헬스케어, 데이터 기반의 개인 맞춤의료 혹은 정밀의료 관련 분야에서의 신사업 기회 발굴, 창업 아이템 구체화, 그리고 헬스케어 미래 기술 발전 방향에 대한 이해를 높이는 데 활용될 수 있을 것이다. 또한 오픈 이노베이션을 통한 새로운 융합 비즈니스 모델 도출과 국내 헬스케어 스타트업의 창업 생태계 발전에 도움을 드리고자 한다. 이 책을 통해서 4차 산업혁명 시대에 다양성, 자율성, 융복합성, 초연결성이 녹아든 헬스케어에 대해서 조금 더 친숙해질 수 있는 계기가 되기를 바란다.

마지막으로 책을 출간해주신 클라우드나인 안현주 대표님과 좋은 추천사를 써주신 김일진 박사님께 감사를 드린다. 더불어 업무와 병행할 때 많은 이해를 해준 가족들에게도 사랑과 감사를 전한다.

2020년 4월
이해성

차 례

5장 헬스케어 생태계의 변화와 새로운 기술 • 239

1장

4차 산업혁명과
헬스케어 산업

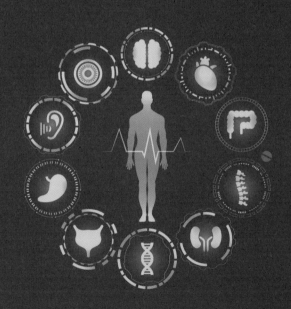

개인 맞춤의료와 4차 산업혁명

일반적인 의료 행위는 사실 '개인적인personal' 행위이다. 의사는 특정 환자가 가진 정보를 토대로 환자의 질병 상태를 결정하고 진단하며 치료에 대한 의사결정을 내린다. 예를 들어 의료기록, 문진, 생체 신호, 가족력, 혈액검사, 조직검사, 영상검사결과 등의 정보를 사용한다. 그러면 개인 맞춤의료Personalized Medicine란 무엇인지 궁금할 것이다. 가장 확실한 답은 개인으로부터 생성되는 빅데이터와 그것을 잘 분석해서 인사이트를 도출해낼 수 있는 전반적인 생태계라고 할 수 있다.

우리의 몸은 다양한 물질로 구성되어 있다. 신체를 구성하고 있는 장기, 뼈, 근육, 조직, 세포, 단백질, 유전자 혹은 핵산, 생리활성 분자, 이온 및 금속 등으로 구성되어 있다. 이러한 다양한 신체 구성 성분의 변화에 대한 데이터를 다양한 검사기기를 통해서 측정 및 분석을 할 수 있게 되었다. 또한 방대하고 매우 복합적인 정보들은 인간의 건강상태가 어떤지에 대한 정보를 매우 정확하게 제공해줄 수 있게 되었다.

이 과정에서 반드시 필요한 것은 이런 빅데이터의 융합 및 해석 과정이 꼭 필요하다는 것이다. 단순히 의료계의 역할뿐만 아니라 IT, 기기, 바이오 센서, 치료제, 병원, 학교 및 연구소, 정부기관, 규제기관 등 다양한 생태계 구성원들의 소통과 다양한 차원의 융합이 필요하게 되었다. 이러한 변화를 4차 산업혁명과 연결할 수 있다. 즉 이러한 데이터의 세계와 의료가 연결되는 것이 개인 맞춤의료와 4차 산업혁명 시대가 연결되는 고리라고 할 수 있다.

기존의 의료 생태계는 주로 대형병원 위주로 치료 중심 의료 서비스가 주를 이루었다. 그러다 보니 고가의 장비를 이용한 검사가 이루어지고 매우 제한된 개인 의료 데이터가 활용되고 있다. 다양한 외부 환경의 변화, 예를 들어 급속도로 증가된 IT 환경으로 다양한 생태계 구성원들이 연결된connected 사회가 되었으며 환자와 개인이 건강 및 질병에 대한 지식 수준과 관심도가 매우 늘어났다. 또한 바이오, 화학, 나노기술, 융합 의료기술의 발달로 질병의 원인에 대한 더 많은 정보와 지식이 늘어났다. 그에 따른 치료 방법과 검사 방법 또한 매우 다양해지고 폭넓어졌다.

환경의 변화에 따라서 인간의 삶에서 중요한 건강 부분 역시 변화가 일어났다. 기존 치료 중심의 중앙 집중적인 의료 환경에서 예방, 진단, 치료, 관리에 대한 토털 헬스케어 솔루션으로의 진화했다. 이제 빅데이터, 각종 바이오 센서, 유전자 측정 기술 등의 발전으로 언제 어디서든지 빠르고 정확하게 질병을 진단하고 치료하며 질병 관리를 할 수 있는 시대가 되었다.

4차 산업혁명과 삶의 변화

앞에서 언급한 빅데이터를 통해 우리가 인생을 살아가는 데 어떤 음식을 먹고 어떻게 행동하며 어떤 직업을 선택하고 어떤 사람과 결혼해서 어떻게 가정을 꾸리면 좋을지에 대한 인생 가이드를 제공해줄 수 있다면 매우 이상적일 것이다. 물론 우리가 이런 목표를 이루기 위해서 극복하고 해결해야 할 부분들도 많다.

첫 번째, 정보의 부족이다. 과학의 발전으로 인해서 많은 부분은 정보를 습득했지만 인체를 구성하는 유전자, 생리활성분자, 단백질, 세포, 미생물 등에 대해 완벽한 정보를 분석하고 해석한 것은 아니다. 여전히 이 정보의 해석과 분석은 현재진행형이다. 따라서 빅데이터 기술을 이용해 복잡한 정보를 분석하고 해석하고 있다.

두 번째, 정보의 연결성 혹은 융합에 대한 부족이다. 정보의 부분별 완성도는 어느 정도 구성이 되었다. 하지만 각각의 다른 부분별 정보의 인과관계 및 융합에 대한 해석은 아직 부족한 상황이다. 그러다 보니 단순히 생물학, 물리학, 의학의 고도화뿐만 아니라 빅데이터를 이용한 융합 연구가 필요하게 되었다. 또한 인공지능과 빅데이터를 통해서 다양한 의학 정보의 연결과 융합에 대한 실마리를 해결하고 있다.

세 번째, 정보의 공유와 윤리적 사용에 대한 이슈이다. 개인정보보호법은 기술적 진보와 윤리 사이에서 정체된 부분이 있다. 이 부분은 블록체인이나 양자암호와 같은 기술을 통해서 개인 프라이버시를 보존하고 윤리적 이슈를 최소화할 수 있으리라 예상한다

우리가 극복하고 해결해야 할 문제들은 반대로 기회로 작용할 수

헬스케어 패러다임의 변화[1]

현재

기기	• 고비용의 대형기기
서비스	• 대학병원 및 치료 중심의 생태계
솔루션	• 개인의료 데이터의 제한적 활용 및 ICT 연결성 부족

분산화
(De-centralization)

개인화
(Personalization)

통일요소
ㅇ 유전체학
ㅇ 단백질체학
ㅇ 개사체학
ㅇ 후생유전학
ㅇ 바이오 인포매틱스

미래

기기	• 기기의 소형화, 정밀화
서비스	• 시공간 제약 없이 진단, 치료, 예방, 관리 가능
솔루션	• 헬스케어 생태계 전반에 대한 의료 데이터 공유

가 있다. 우리 인류의 행복 증진에 건강을 빼놓고 이야기할 수 없다. 따라서 건강을 유지하는 것과 경제활동을 하면서 서로 어울려서 살아가기 위해서는 다양한 형태의 건강보험 확대, 의료 서비스에 대한 적절한 경제적 보상, 삶의 질 향상, 법적·윤리적 이슈 최소화, 소득차에 따른 의료 서비스 계층화와 최소화 등 해결해야 할 부

헬스케어 생태계와 개인 (일반인 및 환자) [2]

유전자   운동습관   식이습관

단백질   일반인   환자   스트레스

외부 세균   환경오염   화학물질

분이 많이 있다.

이 모든 사회적, 경제적, 개인적 이슈들을 완벽하게 한 번에 해결할 수는 없지만 인간 건강 증진을 위해서 하나씩 실마리를 풀어갔으면 한다. 그 시작을 4차 산업혁명을 기반으로 한 개인 맞춤의료의 성공적인 확산을 통해 실현해보면 좋을 것이라고 생각한다. 우선 어떤 외부 요소와 내부 요소들이 건강과 질병의 관계에 영향을 미치는지를 알아보도록 하자. 위의 그림처럼 우리의 건강은 부모님으로부터 물려받은 유전자와 그와 연관된 단백질 그리고 생활패턴(운동, 식이, 스트레스 등)에 많은 영향을 받는다. 추가적으로 우리가 노출된 외부 환경, 예를 들면 외부 세균, 화학물질, 환경오염 등에도 많은 영향을 받게 된다.

내부 요소는 부모님으로부터 물려받은 유전자, 외부 요소로 인해서 변형되는 유전자, 그에 따라서 생성되는 단백질 등으로 인해서 특정 현상들이 나타나게 된다. 외부 요소는 우리의 일상생활에서 접하는 모든 것들을 포함한다. 신선한 공기, 적절히 균형 잡힌 영양소의 식단, 체계적인 운동습관, 업무에서 오는 스트레스의 최소화, 그리고 외부 세균들(박테리아, 바이러스)의 노출 최소화는 건강하고 좋은 삶을 살 수 있도록 해줄 수 있다. 이런 다양한 내외부 요소들의 정량적이고 정성적인 데이터를 모아서 분석하고 관리하는 과정에서 IT 기술과 빅데이터 기술이 반드시 필요하게 되는 것이다.

퍼스널 오믹스 프로파일링

DNA뿐만 아니라 DNA 메틸레이션methylation 등 다음의 다른 정보들은 질병에 대한 전체적인 부분과 어떻게 그 질병을 치료해야 하는가에 대한 정보를 제공해줄 수 있다. 트랜스스크립톰Transcriptome은 우리의 DNA에서 표현되는 RNA에 대한 정보이다. 프로테옴Proteome은 위의 RNA에서 만들어지는 단백질들에 대한 집합적 정보이다.

사이토카인·케모카인Cytokine·Chemokine은 생성된 단백질이 만들어낸 세포에서 뿜어져나오는 물질들이다. 메타볼롬Metabolome은 우리가 음식물을 섭취하고 나서 소화 과정에서 생성되는 다양한 물질이다. 우리 몸에 존재하는 미생물들에 의해서 생성되는 물질에 대한 정보이다. 따라서 다양한 당 분자들, 아미노산, 핵산, 리피드 등이 포함된다. 마지막으로 미생물이라고 불리는 마이크로바이옴microbiome은 우리의 장기, 생식기, 구강, 피부에 존재하는 다양한 미

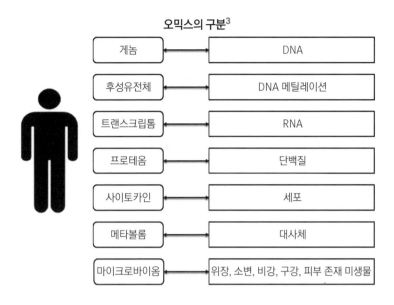

오믹스의 구분[3]

게놈	←	DNA
후성유전체	←	DNA 메틸레이션
트랜스크립톰	←	RNA
프로테옴	←	단백질
사이토카인	←	세포
메타볼롬	←	대사체
마이크로바이옴	←	위장, 소변, 비강, 구강, 피부 존재 미생물

생물들에 대한 정보이다.

위의 오믹스omics 정보들은 우리의 건강상태에 대해서 더 자세한 것들을 말해줄 수 있으며 질병의 상태 혹은 건강한 상태에서 어떤 특정 바이오마커(생체표지자)와 생물학적 경로가 활성화되거나 우월한 상태로 되는지 알 수가 있다. 사실 위의 오믹스 정보들은 상당히 복잡하다. 그림에서 언급된 각각의 분자들은 세포와 조직의 활성을 대변하기 때문에 건강상태와 예후 예측에 대한 매우 훌륭한 표지자로 사용될 수 있다.

특히 암 조직의 DNA 혹은 RNA의 서열 분석은 정상 조직과 암 조직의 차이를 알려준다. 또한 어떤 암으로 분류될 수 있고 어떤 치료가 적합하며 어떤 생물학적 경로로 어느 정도 진행 여부에 대한 정보를 제공해준다.

한 예로, 대장암이 걸린 환자의 조직에서 DNA 검사와 RNA 검사를 통해서 대장암 세부 분류에 대한 정보를 얻을 수 있었다. 그

조직을 가지고 단백질 분석을 통해 추가적인 대장암의 서브타입을 확인할 수가 있었다. 중요한 것은 약 3분의 1 정도의 잠재적 암 유발 돌연변이가 RNA로서 발현된다. 이런 발현된 단백질expressed protein과 생물학적 경로biological pathway가 치료제 개발의 중요한 실마리가 된다. 또 다른 예는 전립선암에 대한 경우를 들 수 있다.

보통 전립선 암의 경우 조기에 진단이 되는데 특별한 증상이 없고 느리게 진행되기 때문에 건강에 큰 문제를 일으키지 않는다. 하지만 느리게 자라는 암과 빠르게 자라는 암을 구분해주는 것은 매우 중요하다. 특히 외과적인 수술을 통해 제거를 할지, 아니면 방사선 치료를 할지를 결정해줄 의사결정 기준이 필요하다. 조직검사용 시료를 가지고 유전자 패널 검사를 하면 전립선암의 종류가 무엇인지 알 수 있고 침습적인 수술을 할 것인지, 아니면 계속 모니터링을 할 것인지 결정할 수 있다.

폐암의 예는 다음과 같은 검사가 있다. 폐암 중에서 가장 많은 비율을 차지하는 비소세포폐암으로 판정된 경우, 폐암 조직을 가지고 유전자 변이를 검사한 후에 적합한 폐암 치료제를 선택해주는 검사이다. 폐암 치료제들 중(타핀나르: TAFINLAR®, 멕키니스트: MEKINIST®, 젤코리: XALKORI®, 이레사: IRESSA® 등)에서 환자의 폐암 조직에서 발견된 유전자 변이와 상관관계가 있는 적절한 치료제를 선택해줄 수 있다.[4]

유방암의 경우는 기본적으로 유방 촬영술과 초음파 영상진단을 통해서 1차적인 진단을 한다. 그 후 조직 생검을 통해서 유방절세술을 어느 부위에 얼마만큼 시행하고 항암치료와 표적치료를 결정하기 위한 다양한 검사를 한다. 유방암을 비롯해서 다른 고형암의 경우에도 주변 림프절 전이를 미리 찾아내는 검사를 한다. 합병증

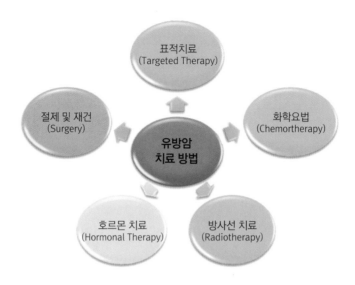

다양한 유방암 치료 방법[5]

표적치료
(Targeted Therapy)

절제 및 재건
(Surgery)

유방암
치료 방법

화학요법
(Chemortherapy)

호르몬 치료
(Hormonal Therapy)

방사선 치료
(Radiotherapy)

을 피하고 전이를 막기 위해서 림프절을 절제하기도 한다. 조직검
사의 경우 항원-항체를 이용해서 암 조직과 일반조직을 구분하는
검사를 하게 되고 유방암 조직에서 추출해낸 유전자를 이용해서
암 유발 돌연변이 유전자 정보를 얻게 된다.

이 유전적 변이 정보에 따라서 어떤 치료를 할지 결정한다. 예를
들어 부모로부터 물려받은 유방암 변이 유전자를 가지고 있는 경
우에 악성으로 될 확률이 높은 경우와 암 전이가 많이 진행된 경우
는 절제술을 시행하고 표적치료제, 항암치료제, 방사선 치료를 하
게 된다.

대사체의 유용성

체내에 존재하는 모든 생체 활성분자들에 대한 정량, 정성 분석을 하고 그 분자들의 역할과 질병과의 상관성을 연구하는 것을 오믹스라고 한다. 대사체metabolome는 세포 과정Cellular process 중 발생하는 대사 과정의 결과물이라고 정의할 수 있다. 이때 체내에 존재하는 생체활성분자의 종류에 따라서 다음과 같이 구분할 수 있다.

체내에 어떤 현상이 일어날 수 있는 가능성에 대한 정보는 지노믹스Genomics, 체내에서 어떤 현상이 일어나게 될지에 대한 정보는 프로테오믹스Proteomics, 실제로 체내에서 어떤 현상이 일어났는가에 대한 정보는 대사체학Metabolomics이 제공한다. 전사체Transcriptome 또는 단백질Protein이 제공하지 못하는 어떠한 특정 순간에 세포 내에서 일어나는 생리학적, 대사적, 화학적 현상에 대한 정보를 제공할 수 있다.

일반적으로 대사체는 표현형Phenotype을 잘 표현해줄 수 있는 생리 활성분자이다(분자량 100~1000). 대사체의 분석은 다른 오믹스 데이터와 함께 조합하여 표현형에 대한 생리화학적 기초정보를 제공할 수 있다. 대사체 분석의 응용은 질병 예방 및 치료뿐 아니라 식료품(농산물, 축산물, 수산물 등)의 원산지 판별과 지역별 차이 등이 가능하게 되었고 양식 또는 자연산 차이 그리고 6년근 인삼의 판별에도 사용되고 있다.

미세먼지의 체내 축적 후 나타나는 현상에 대해서도 대사체의 빅데이터의 축적을 통해서 그 위험성을 분석할 수 있다고 추정한다. 가장 큰 활용 분야는 다음의 세 가지로 요약할 수 있다.

질병 진단

대사체들은 질병 상태에 따라서 건강한 상태와 다르게 변화된다. 따라서 질병 상태의 대사체와 건강한 상태의 대사체의 프로파일을 비교함으로써 질병의 조기진단이 가능할 수 있다. 특히 핵자기공명분광학이나 고성능 질량 분석 기술과 같은 정밀 기술을 사용하면 매우 초기 상태에서도 조기진단을 가능하게 하는 바이오마커 발굴이 가능하다. 특정 질병에 걸렸을 때 만들어지거나 사라지는 대사체의 정량 분석과 다양한 대사체들의 패턴 분석을 통해서 그 질병에 대한 바이오마커를 찾을 수 있다.

- ∨ 대사질환: 당뇨, 당뇨합병증, 비만, 비알콜성 지방간 등
- ∨ 탈모증 조기진단: 호르몬(대사체) 농도 분석을 통한 탈모증 조기진단 가능
- ∨ 종양: 암 세포 대사 과정에서 많이 생성되거나 줄어드는 대사체 분석, 다양한 암 진단 가능성 보유
- ∨ 면역질환: 자가면역 질환, 다발성경화증, 류마티스 관절염, 염증성 장질환 등
- ∨ 뇌질환: 중풍, 노인성 치매 등

질량 분석법은 대사체의 분자량을 직접 측정하는 방법으로 대사체를 이온화하여 질량값을 얻는다. 이 방법은 분석 민감도가 매우 뛰어난 반면에 분자구조에 대한 분석 재현성은 조금 떨어질 수 있다. 분자량은 같지만 분자구조가 다른 경우가 있기 때문에 다른 분석 방법과 함께 사용되는 것이 좋다. 예를 들어 핵자기 공명 분광법을 함께 이용하면 된다. 핵자기 공명 분광법은 분자들이 가지고

핵자기 분광기기와 고성능 질량분석기[6]

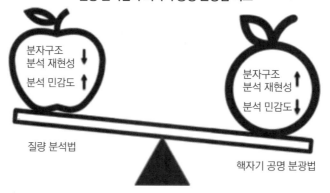

질량 분석법과 핵자기 공명 분광법 비교[7]

분자구조
분석 재현성 ↓
분석 민감도 ↑

분자구조
분석 재현성 ↑
분석 민감도 ↓

질량 분석법

핵자기 공명 분광법

있는 탄소와 수소 사이의 구조적 특성을 분석하는 방법으로 분자
구조를 파악하는 데 사용되는 방법이다. 핵자기 공명 분광법은 분
석 민감도는 질량분석기에 비해서 떨어질 수 있지만 분자구조 분
석 재현성은 상대적으로 높다.

두 분석기기에는 전자공학, 기기공학, 광학 측정 기술이 응용되
며 분석기기에서 얻은 신호처리를 위한 데이터 처리 시스템도 필
요하다. 이러한 분석기기를 통해서 얻은 수많은 대사체들은 대부
분 저분자 형태로 이온, 유기분자, 유기-무기 복합체 등으로 구성
되어 있다. 또한 인체의 대사 과정에서 생성된 유기물의 쪼개진 형

태도 존재한다.

신약개발

정상인과 질병이 있는 환자에게서 통계적으로 유의미한 형태로 차이 나게 나타나거나 사라지는 대사체 정보를 통해서 특정 질병의 바이오마커를 찾을 수 있다. 이 바이오마커는 질병의 직접적인 원인이 되는 부분을 찾아준다. 따라서 기존 약물의 약효를 강화하거나 부작용을 최소화할 수 있다. 해당 대사체들이 연관되는 특정한 세포대사 과정들을 억제하거나 활성화할 수 있는 물질 연구는 신약개발로 바로 연결이 될 수 있다.

또한 기존에 난치성 질환으로 분류된 질환들에서 신약개발의 가능성을 제공할 수도 있다. 추가적으로 신약개발의 단계인 전임상, 임상 1상 및 임상 2상에서 세포실험, 동물실험, 인체 임상실험에서 각각의 대사체 프로파일 분석을 통해서 약물이 어떠한 부작용을 일으킬 수 있고 독성을 줄 수 있는가에 대해 예측할 수 있다.

장기 이식

장기 이식 후 투여하게 되는 면역억제제의 대사 이상 또는 급성 거부 반응 진단에 대한 대사체의 활용성 연구가 진행되고 있다. 특히 신장이식 분야에서는 소변 및 혈액 검체를 분석한다. 세 가지의 현재 연구진행 분야가 있다. 신장 이식 후 급성 거부 반응 및 신장 손상에 대한 예측 연구에서는 대사체의 정성·정량 분석을 통해서 신장 이식 후 나타날 수 있는 거부반응에 대한 진단으로 사용될 가능성이 있다.

그리고 신장 이식 수술 시 사용하는 관류액 투여 후 대사체 분석을 통한 신장 기능 및 예후 예측 연구 분야에서는 회복과 향후 이식 수술에 대한 예후 예측 근거를 찾을 수 있게 될 것이다. 또한 신장 이식 후 면역 억제제 사용으로 인한 대사체 변화 모니터링 연구 분야에서는 이식 환자의 개인별 맞춤 면역 억제제를 선택할 근거를 찾을 수 있을 것이다.[8]

개인의 마이크로바이옴

"모든 병은 장에서 시작된다.""건강은 우리 장의 미생물에 의해서 결정된다."

히포크라테스가 한 말이다. 우리 몸에 존재하는 세포는 10~30조 개 정도로 구성되어 있다. 그러나 우리 인체와 함께 공생하고 있는 마이크로바이옴은 그보다 5배 혹은 10배 더 많은 곰팡이, 박테리아, 미생물들과 함께 살아가고 있다. 우리 장 속에는 약 1킬로그램의 세균이 살고 있다. 특히 대장에 사는 마이크로바이옴들은 건강에 도움을 주기도 하고 질병을 일으키기도 한다. 그중 중요한 역할 중의 하나는 우리가 섭취한 음식을 소화하고 신체에 필요한 영양 성분들을 만드는 것이다.

예를 들어 마이크로바이옴은 음식을 소화해서 필수 아미노산을 만들어내고 비타민, 엽산, 바이오틴 같은 중요한 영양소들을 합성해낸다. 우리 몸에 건강과 관련된 유전자는 대략 2만 개 정도인데 우리 몸에 있는 마이크로바이옴의 유전자들은 약 1,000만 개 정도 혹은 그 이상이 될 것으로 추정하고 있다. 다양한 마이크로바이옴은 입 안, 콧속, 장내, 생식기, 피부 등에 존재하고 있다.

구강 마이크로바이옴과 피부 마이크로바이옴은 매우 다른 형태를 띠고 있다. 또한 신생아의 마이크로바이옴은 태어나는 환경에 따라서 매우 다르게 나타날 수 있다. 자연분만으로 태어난 신생아는 산모 자궁경부의 마이크로바이옴 환경과 유사하고 제왕절개로 태어난 신생아는 산모 피부의 마이크로바이옴 환경과 유사하다.

신생아의 마이크로바이옴은 모유 수유와 섭취하는 음식에 따라서 매우 많은 변화가 일어날 수 있다. 신생아기와 유년기를 지나면서 장내 마이크로바이옴은 매우 큰 변화가 일어나고 사춘기를 지나면서 거의 안정화가 된다. 모든 사람들은 각자의 독특한 마이크로바이옴을 가지고 있게 된다. 그래서 우리는 개인 마이크로바이옴이라고 표현할 수가 있다.

기본적으로 마이크로바이옴은 중요한 대사물질들을 생성해내는 데 매우 큰 역할을 한다. 개인의 건강과 삶의 질 증진을 위해서 개인 마이크로바이옴에 대해서 잘 아는 것은 매우 중요하다고 할 수 있다. 향후 인간 마이크로바이옴을 활용한 치료와 진단 시장이 활성화될 것으로 전망된다. 2024년까지 마이크로바이옴을 활용한 치료제 시장은 약 94억 달러 규모로 빠르게 성장할 것으로 예측된다. 진단 분야 시장은 2024년 약 5억 달러 정도로 전망된다.[9]

인체에 서식하고 공생하는 마이크로바이옴의 유전정보 전체를 가리키는 용어인 차세대 염기서열분석NGS, Next-Generation Sequencing 기술의 도입으로 마이크로바이옴 유전체 데이터베이스가 빠르게 구축되고 있다. 여러 연구결과에 따르면 이러한 마이크로바이옴들은 인체 내에서 대사물질과의 상호작용을 통해서 인체의 섭식, 대사작용, 면역체계, 신경계, 정신건강, 약물 반응성 등의 다양한 생리작용에 영향을 준다는 것이 밝혀지고 있다.

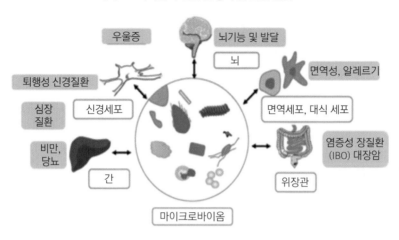

마이크로바이옴과 연관된 장기 및 관련 질환[10]

우울증

뇌기능 및 발달

뇌

퇴행성 신경질환

면역성, 알레르기

심장 질환

신경세포

면역세포, 대식 세포

비만, 당뇨

염증성 장질환 (IBO) 대장암

간

위장관

마이크로바이옴

　지금까지의 연구결과[11]에 따르면 마이크로바이옴은 우리 소화기관에서 비롯되는 질환들, 예를 들어 염증성 장질환이나 소화기암 등을 비롯해서 비만과 당뇨에도 많은 연관성을 보여주고 있다. 또한 면역세포와 대식세포들과 상관관계로 인해서 알레르기, 아토피, 천식 등과도 연관을 나타내고 있다. 최근에는 우리 소화기에 공생하는 마이크로바이옴과 뇌와의 연관성에 대해서도 많은 연구가 나오고 있다.

　특히 퇴행성 신경질환, 예를 들어 노인성 치매인 알츠하이머 등과도 연관이 있으며 우울증과의 상관관계를 밝히는 연구결과를 발표했다. 그리고 뇌의 기능적인 측면에도 연관이 있음을 발견했다. 이렇게 마이크로바이옴은 다양한 상관관계가 있기 때문에 예방, 진단, 치료, 관리의 모든 측면에서 많은 연구가 활발히 진행되고 있다.[12] 지금까지 미국보건연구원NIH의 지원으로 진행 중인 휴먼 마이크로바이옴 프로젝트는 2008년 시작되었고 300명에게 얻은 마이크로바이옴을 가지고 연구를 시작했다.

비강, 구강, 피부, 위장관, 그리고 요도관에 존재하는 마이크로바이옴을 분석했다. 특히 마이크로바이옴 표면에 존재하는 16Sr-RNA[13] 시퀀싱을 통해서 신체 각기 다른 부분에 존재하는 마이크로바이옴의 특성을 분석했고 어떤 마이크로바이옴이 건강과 더 많은 관련이 있는지 분석했다. 이 프로젝트를 통해서 14.2테라바이트의 데이터가 생성되었고 관련된 정보는 공개되어 연구자들이 활용할 수 있다.

4차 산업혁명 시대에 새로운 융합 산업 영역 중의 하나로 급부상하는 마이크로바이옴의 활용과 개인 맞춤의료에 대한 다양한 연구결과가 발표되었다.[14] 국내의 경우 장내 마이크로바이옴 검사 서비스를 제공하는 곳이 있다. 다음의 업체를 참고해서 의사와 상담해보는 것도 좋은 방법이라고 할 수 있다.

장내 마이크로바이옴 검사는 주로 대변을 사용한다. 장내 마이크로바이옴 검사를 해보고 싶으면 서비스 제공 회사에 연락해서 어느 병원에 가면 검사할 수 있는지 확인해야 한다. 검사 후 제공받는 결과가 어떤 것이 있는지도 미리 꼼꼼하게 비교 분석해서 결정하는 것이 좋다. 통상적으로 내 몸에 존재하는 유익한 세균들에 대한 다양한 정보들을 알려준다.

예를 들어 어떤 유산균 종류들이 존재하는지를 알려준다. 또한 통계적으로 어떤 마이크로바이옴들이 다양하게 분포되어 있는지도 알려주고 실질적으로 비만, 과민성 대장증후군, 크론병 등 장과 관련된 질환에 취약한지 등의 장내 환경도 알려준다. 이러한 장내 마이크로바이옴의 종류, 유익균, 유해균의 분포 등의 정보를 토대로 균형 있고 건강한 상태를 유지하기 위한 식생활습관도 제안해준다.

마이크로바이옴 관련 회사[15]

바이오뱅크

스마일바이오

마크로젠

바이오코아

한 기업에서 제공하는 서비스는 대사질환(당뇨 및 비만)뿐만 아니라 뇌혈관질환(치매, 우울증, 파킨슨병, 자폐증, 과잉행동장애ADHD) 등의 질환 예측 및 조기 위험도에 대한 정보를 제공해주는 곳도 있다. 이때 장내 마이크로바이옴 중에서 유해균을 제거하고 유익한 균들을 남긴 후 냉동보관을 하게 한다. 향후에 이 검사를 한 고객이 특정 질환에 걸려서 장내 마이크로바이옴이 제대로 역할을 하지 못할 경우에 냉동 보관되어 있던 유익균들을 투여함으로써 질병을 치료하는 차별화된 서비스 모델을 보유하고 있다.

장내 마이크로바이옴 지도를 파악한 뒤 개개인의 대변 샘플을 냉동 보관해둔다. 분석결과에 따라서 건강기능식품 및 약물치료를 할 수 있고 지속적인 대변 검사를 통해서 개개인의 장내 마이크로바이옴의 변화 추이를 분석할 수 있다. 그러면 질병의 예측 및 조기진단이 가능할 것이다. 즉 장내 마이크로바이옴 데이터 활용은 개인 맞춤의료 실행의 좋은 예시라고 할 수 있다. 또한 장내 유익균들의 감소로 생길 수 있는 질환의 경우, 건강할 때 냉동 보관해두었던 유익균이 포함된 대변 샘플을 통해서 개개인에게 투입 및 이식하여 질병을 치료할 수 있다.

휴먼 마이크로바이옴은 차세대 염기서열분석NGS, Next Generation Sequencing이라고 불리는 유전자 정보 분석 기술과 데이터 분석 기술의 발전과 함께 성장했다. 인체의 몸에 함께 살고 있는 마이크로바이옴은 39조 개 정도로 추정된다. 기존의 마이크로바이옴 배양 방법뿐만 아니라 마이크로바이옴들이 보유한 각각의 유전자 정보들을 분석하는 메타지노믹스Metagenomics 방법이 발전하면서 연구개발이 확장되었다. 마이크로바이옴 정보를 확인한 뒤 이를 기반으로 우리 몸의 건강 및 질병 상태를 분석하여 치료 및 예방을 할 수 있다.

첫 번째, 건강과 질병관리의 영역이 더 늘어난다. 예를 들어 다양한 외부 요소들과 인체 내부 요소들이 장내 마이크로바이옴의 군집에 영향을 미치고 다시 장내 마이크로바이옴은 인체에 다양한 영향을 미친다. 마이크로바이옴은 장내에서의 영양분 흡수, 약물의 대사 조절 기능, 면역 시스템 조정, 뇌 및 행동발달 조절, 감염질환 등과의 연관성이 밝혀지고 있다. 추가적으로 장내 마이크로바이옴은 인간이 보유한 유전자보다 100배 이상의 다양한 유전자 수를 가졌기 때문에 기본 연구가 더 필요하며 건강관리 및 질병 예방 및 치료에 대한 새로운 방법을 찾아낼 가능성이 있다.

두 번째, 개인 맞춤 헬스케어를 확장시킨다. 장내 마이크로바이옴은 당뇨, 비만 포함 대사질환, 심혈관질환, 암, 신경질환 등 비감염성 질환들과 중요한 상호작용을 하는 것으로 알려져 있다. 인체의 외부 환경, 특히 우리가 먹고 자고 운동하고 하는 부분들이 장내 마이크로바이옴에 어떠한 영향을 미치는지를 명확하게 밝혀내고 또한 특정 장내 마이크로바이옴을 이용해서 질환의 예방과 치료에 어떠한 기능 조절과 역할을 하는지를 밝혀낸다면 건강관리 및 치료에 큰 혁명을 가져다줄 것이다.

휴먼 마이크로바이옴 치료제는 크게 두 가지로 나뉜다. 먼저 마이크로바이옴의 구성을 조절하는 부분으로 프리바이오틱스와 프로바이오틱스로 구분할 수 있다. 프리바이오틱스는 올리고당과 같은 난소화성 화합물로 구성된 섬유소 형태의 물질로 인체 내에 흡수되면 특정한 마이크로바이옴의 성장 및 활성을 강화해주는 역할을 한다. 프로바이오틱스는 살아 있는 마이크로바이옴이다. 특정 역할을 하는 미생물을 직접 인체 내에 넣어줌으로써 인체 전반적인 마이크로바이옴의 구성 환경을 조절하는 역할을 한다.

앞에서 언급한 마이크로바이옴의 구성을 조절하는 것과는 다르게 직접적인 마이크로바이옴을 주입하는 것이 아니고 마이크로바이옴의 대사물질을 직접 주입해서 그 효과를 모사하는 방법이다. 포스트바이오틱스Postbiotics라고 하며 인체에 작용하는 효소나 펩타이드 등과 같은 분자 수준의 생리활성 물질들이다.

인간 마이크로바이옴 치료제와 질환 영역

신생아의 위장관은 태어날 때까지 무균 상태이며 출생 후에 마이크로바이옴의 군집이 형성된다. 출산 방법에 따라서 달라진다. 초기 마이크로바이옴의 군집은 제왕절개를 할 경우에 피부와 유사한 군집을 형성하게 되며 자연분만을 할 경우에 산모의 질과 유사한 군집을 형성하게 된다.

생후 첫주 동안 잠재적으로 내장에서 안정적인 세균 공동체의 형성을 가능하게 한다. 신생아가 자라면서 고체 형태의 음식을 섭취함에 따라서 다양성이 증가하고 성인과 같은 상태로 형성된다.

동시에 우리의 면역 체계는 유익한 마이크로바이옴과 질병 유발 마이크로바이옴을 구별하는 것을 배우게 된다.

성년이 됨에 따라서 개인들 간에 다르지만 상대적으로 안정적인 마이크로바이옴의 군집을 형성하게 되는데 주로 많은 부분이 피르미쿠트와 박테로이데트로 이루어진다. 마이크로바이옴에서의 특이한 변화와 사이토카인 생성과 관련된 변화를 통해서 다른 질병들을 구분할 수 있다.

항생제와 유산균 조합을 통한 약제 내성균 치료

MIT 연구진은 프로바이오틱스의 도움으로 약물내성 박테리아를 치료할 수 있는 기회에 대해서 소개했다. 항생제와 프로바이오틱스의 조합을 통한 약물 전달은 두 가지 약물내성 박테리아를 박멸할 수 있다는 것을 확인했다. 인체는 수천억 개의 박테리아 세포를 포함하고 있다. 그중에서 좋은 박테리아들은 다음과 같은 역할을 할 수 있다. 항균 펩타이드를 뿜어내어 감염에 방어하거나 감염을 일으킬 수 있는 부분을 사멸하는 물질들을 뿜어낼 수 있다. 화상 환자의 경우에 프로바이오틱스를 사용한 결과 약간의 긍정적인 효과를 거둔 기록이 있다.

그러나 프로바이오틱스는 감염된 상처 부위에서 발견되는 모든 박테리아와 싸워서 이길 수는 없다. 따라서 항생제와 결합한 프로바이오틱스 복합체는 일반적인 항생제가 전염성을 가지는 박테리아들을 사멸하는 데 도움을 줄 수 있다. 이 복합 항생제는 프로바이오틱스 균을 죽일 수밖에 없기 때문에 연구진들은 프로바이오틱스 균들을 보호하기 위해서 감싸는 방법을 고안했다.

이때 사용된 알지네이트Alginate라는 물질은 항생제로부터 박테리아 자신들을 보호하기 위해서 사용된 물질로 박테리아들이 군집을 이루어서 스스로 만든 바이오 필름의 한 성분이다. 이러한 점에 착안하여 항생제로부터 좋은 박테리아들을 보호하는 데 사용하게 된 것이다. 지난 2016년 연구 논문에 따르면 프로바이오틱스 키토산과 알지네이트의 여러 층으로 코팅하면 위장관에서 프로바이오틱스가 죽는 것을 막을 수 있다는 연구결과과 나왔다. 항생제 치료 후에 위장관에 살고 있는 유익한 마이크로바이옴을 다시 살리는 데 도움을 준다는 것이 확인됐다.[16]

법의학 마이크로바이옴

기존 지문, 홍채, 음성, 얼굴 인식을 통한 생체 인식 기술과 함께 혈관 패턴, 심장박동, 체취body odor 등[17]의 새로운 생체 인식 기술이 확장되고 있다. 마이크로바이옴을 이용한 생체 인식에 대한 연구 결과가 발표되면서 '개인 미생물 클라우드Personal Microbial Cloud'라는 개념으로 생성되었다. 인간 유래 마이크로바이옴은 기침, 긁는 행위, 방귀, 재채기, 그리고 무엇인가를 만질 때마다 몸으로부터 분비되거나 떨어져나오는 아주 작은 입자들을 가지고 개인 신분 확인을 할 수 있음을 확인했다.

인체와 접촉하는 물건들과 마이크로바이옴의 상호작용 및 우리가 거주하는 환경들은 법의학의 새로운 응용에 사용될 수 있다. 그리고 같은 공간에서 거주했던 사람들 사이에 공유되었던 마이크로바이옴은 개인들의 건강과 질병 상태를 표현해주고 있다. 예를 들어 개인이 소지하고 있는 휴대폰과 신고 있는 신발과 발자국 정보

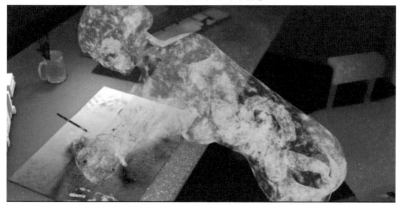

를 통해서 개인 신분 확인을 할 실마리를 찾을 수 있었다. 마이크로바이옴의 군집은 표면 형태, 그 표면 및 지리적 위치, 상호작용한 개인들의 신분에 근거해서 특별한 구조와 조정을 보여주었다. 또 다른 예는 스마트폰 표면에 존재하는 마이크로바이옴의 군집으로 개인 신분 확인을 할 수 있었다.

박테리아와 같은 미생물은 작고 다양하며 환경, 기관, 또는 개인에 따라서 특별하게 나타날 수 있다. DNA와 지문처럼 마이크로바이옴도 범죄 현장이나 피해자에게 남을 수 있다. 법의학 과학자들에게 어떤 단서와 개인 신분 확인에 유용한 정보를 제공할 수 있다. 아직 연구가 더 필요하지만, 이러한 개인 마이크로바이옴의 독창성signature은 DNA 또는 지문처럼 중요한 법의학 수단으로 사용될 것이다.[18]

대변이식술 치료

심각하고 만성적인 설사가 지속되는 경우에 새로운 치료 방법으로 대변이식술이 현재 빠른 속도로 확산되고 있다. 미국에서는 두 개의 대변 바이오뱅크가 설립되어 있다. 미국 동부 보스턴에 2013년에 세계 최대 규모의 오픈바이옴OPENBIOME[20]이라는 비영리 기관이 설립되었다. 미국 50개 주와 7개 국가에 약 4만 건 정도의 대변이식용 정제된 대변 시료를 전달했다.

이런 대변이식술은 약 1,100개의 병원과 클리닉에서 진행이 되었고 유익균을 보유한 기증자들로부터 추출한 대변을 통해서 진행되었다. 기존 치료제로 관리가 어려운 클로스트리디움 디피실 감염증Clostridium difficile infection 환자들을 치료하기 위해서이다.

현재 오픈바이옴은 핀치 테라퓨틱스Finch Therapeutics[21]와 함께 CP101이라는 동결 건조된 구강 섭취 캡슐 치료제를 개발하고 있다. 재발되는 클로스트리디움 디피실 감염증 환자의 치료를 목적으로 하고 있다. 미국과 캐나다에서 임상실험을 위한 환자군을 모집 중이다.

건강한 사람으로부터 기증받아서 정제된 대변에 포함된 장내 마이크로바이옴이 환자의 장내 마이크로바이옴 밸런스를 조정해줌으로써 약물로 치료가 어려운 장염 치료에 도움을 줄 수 있다. 여기서 중요한 것이 대변기증자에 대한 검증 과정이다. 가족이나 친척이 대부분이지만 가족이 아닌 건강한 대변을 보유한 지원자들의 대변을 사용하기도 한다. 이때 기증자의 대변에 감염균이 있으면 안 된다.

기증자 선정을 위해서 에이즈 검사와 간염(A형, B형, C형) 검사를 하고 마약과 같은 중독성 약물 투여 여부, 문란한 성관계 보유 여부, 최근 6개월 이내에 문신이나 피어싱 여부, 설사 유병률이 높은 국가의 방문 여부, 최근 3개월 이내 염증성 장질환 판정 여부, 면역 억제제 투여 여부, 항암치료 여부 등을 확인한다. 통계적으로 이러한 검증 과정을 통과하는 사람은 4~5% 정도밖에 되지 않는다고 한다. 또한 기증자 자격을 유지하기 위해서는 운동도 하고 섬유질 섭취 등과 같은 식습관 관리도 해야 한다.

미국의 경우에는 2019년 기준 기증된 대변 시료 하나당 40달러를 지불해준다. 1주일에 5번 오픈바이옴에 기증하면 250달러를 지불해준다고 한다. 1년으로 계산하면 기증자는 1만 3,000달러(한화로 대략 1,437만 원 정도)를 받을 수 있다. 국내에서는 2016년에 정부에서 신 의료기술로 승인을 허락했다. 대변이식술은 항생제 사용으로 인해 장내 마이크로바이옴 균형이 망가져서 생기는 재발이 높은 클로스트리디움 디피실 감염증에 따른 장염에 효과적인 치료법이라고 할 수 있다.

국내에서는 아시아 최초로 대변 바이오뱅크인 김석진좋은균연구소[23]가 설립되었다. 지금까지 약 1,000여 명의 장내 세균 분석 데이터를 축적했다. 이러한 빅데이터를 기반으로 건강한 대변의 판단 기준으로 사용할 수 있는 객관적인 증거를 만들 수 있다. 보통 기증자로부터 대변 200~300그램 정도 받아야 한다.

이때 앞에서 언급한 스크리닝 과정을 통해 기증자의 변을 받아서 정제과정을 거친 뒤 보통 6시간 안에 환자에게 대변이식을 하는 것이 중요하다고 한다. 기증자의 대변을 받아서 멸균된 생리식염수에 용해를 시킨다. 이때 요거트나 우유에 용해시키기도 하

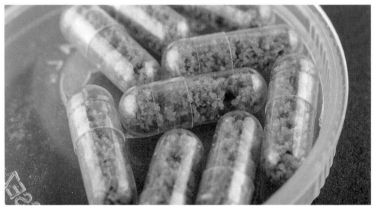

지만 보통 멸균된 생리식염수에 용해시킨다. 용해된 기증자의 대변을 거즈 혹은 천을 이용해서 부유물들을 걸러내면 준비가 완료된다.

앞에 미국 오픈바이옴에서 제품화된 세 가지 형태처럼 코로 주입하거나, 상부위장관 내시경으로 주입하거나, 대장내시경 혹은 관장을 통해서 주입할 수 있다. 현재의 통계로 보면 대장내시경이나 관장을 이용한 방법의 성공률이 약 93% 정도로 높은 걸로 보고되었다.[25] 대변이식의 적용 가능성 관련 연구가 활발하게 진행되고 있다.

첫 번째 활용은 클로스트리디움 디피실 감염증 환자 치료이다. 아직은 1차 치료에서는 항생제를 사용하고 질병 재발이 자주 나타나는 환자들에게만 항생제 사용 후에 대변이식술을 사용하고 있다. 이때 건강한 기증자의 미생물이 환자의 장내 미생물 환경을 바꾸어주는 기작과 더불어서 기증자의 대변에 포함된 담즙산, 다양한 단백질, 박테리오파지 등이 클로스트리디움 디피실 감염증의 치료 효과를 높이는 데 기여하는 것으로 연구논문은 보고했다.[26]

상업화된 대변이식치료제 [24]

두 번째 활용은 염증성 장질환 환자 치료이다. 유전적인 요인, 생활습관, 오랜 기간의 항생제 처방 등으로 인해서 장내의 유익균과 유해균의 균형이 깨져서 염증성 면역반응을 유도하는 세균들이 생기면서 염증이 발생한다. 염증성 장질환IBD을 가진 환자들의 장내 미생물을 분석해보니 건강한 사람들 대비 장내 미생물의 다양성이 30~50% 정도 줄어들어 있었다. 그래서 장내 미생물의 밸런스를 잡는 근본적인 치료가 이루어져야 한다는 근거로 대변이식술을 사용하게 된 것이다.[27]

세 번째 활용은 과민성 대장증후군과 만성변비 환자 치료이다. 네 번째 활용은 1형 당뇨의 발병 환자 치료이다. 장내 미생물 불균형을 개선시켜주었다. 다섯 번째 활용은 비만 환자 치료이다. 대사 과정과 관련이 있는 비알콜성 지방간에서도 특정 장내 마이크로바이옴과의 상관관계가 있다.[28] 또한 자가 면역질환의 일종인 알레르기 반응에서도 가능성을 연구하고 있다. 특히 유아기의 아토피성 피부염과 알레르기성 천식 환자 치료에도 효과가 있음을 확인했다.[29]

추가적으로 만성피로증후군 환자 치료에도 효과가 있음을 확인

대변이식술 설명

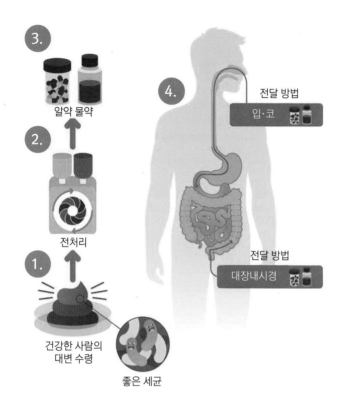

3. 알약 물약

2. 전처리

1. 건강한 사람의
대변 수령

좋은 세균

4.

전달 방법
입·코

전달 방법
대장내시경

했다. 이러한 다양한 긍정적인 연구결과를 보여주는 대변이식술의
부작용에 대해서도 많은 연구가 진행되고 있다. 현재는 약간의 설
사, 변비, 배 뭉침, 트림 등이 보고되었다. 또한 기증자가 보유한 감
염질환을 옮길 가능성이 있고 대장내시경을 통해서 이식을 할 경
우 장 천공이나 출혈 위험이 있다. 따라서 숙련된 전공의사에게 대
변이식술을 받는 것이 좋다.

후생유전학

후성유전학 혹은 후생유전학Epigenetics은 DNA 염기서열의 변화 없이 유전자 기능이 변화하여 후손에게 유전되는 현상을 연구하는 학문이다. 최근에 쌍둥이 사이에 나타나는 다양한 생물학적 차이와 암의 발병 등에 대한 다양한 연관성에 대해 설명해주고 있다. DNA는 세포핵의 조그만 공간에 압축되어 있어야 한다. DNA가 코일처럼 감길 수 있는 기둥 역할을 하는 것이 히스톤Histone 단백질이다. 히스톤 단백질에 아세틸화HAT, Histone acetylation가 되면 히스톤과 DNA 사이의 결합력이 약해지게 되어 전사transcription에 관련하는 단백질에 쉽게 결합하여 많은 양의 발현을 예상할 수 있다. 반대로 히스톤 단백질이 탈아세틸화HDAC, Histone deacetylation되면 히스톤과 DNA 사이의 결합력이 강해져서 염기서열 자체에 문제가 없어도 RNA로의 전사transcription가 쉽게 일어나지 않게 된다.

추가적으로 DNA 메틸화도 중요한 비중을 차지한다. DNA 메틸화가 일어나면 DNA 이중나선의 꼬임 정도가 영향을 받게 된다. 특히 당뇨병, 면역기능 이상, 남성 불임 가능성 증대 등을 일으킬 수 있다. 인간이 건강하게 살 수 있는 건강수명health span과 한 개인이 생존하는 총 기간lifespan을 확장하기 위해서 분자 수준에서 원인을 찾고 노화의 기본적인 메커니즘을 구명하는 것은 매우 어려운 일이다.

최근에 전체 인생에서 DNA 메틸레이션 데이터가 일종의 노화에 대한 바이오마커로 사용될 수 있다는 논문이 발표되었다.[31] '후성유전학적 시계epigenetic clock'라는 개념으로 노화 및 나이를 좀 더

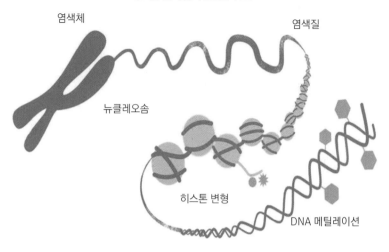

히스톤 단백질과 DNA 구조[30]

염색체

염색질

뉴클레오솜

히스톤 변형

DNA 메틸레이션

정확하게 측정할 수 있다는 것이다. 후생유전학은 DNA의 염기서열을 변화하지 않고 게놈을 화학적, 구조적으로 변화시키는 현상이다.

스티브 호르바스Steve Horvath는 한 사람의 나이를 측정하기 위해서 세포 DNA의 수백 군데 위치를 분석한 결과 어떤 부분이 자주 메틸화되었는지를 확인할 수 있었다고 한다. 이런 게놈에서 메틸화된 위치를 기반으로 나이를 정확하게 측정하는 알고리즘을 개발했다. 이때 나이는 그 세포의 나이가 아니라 세포 기증자의 나이를 말하는 것이다. 예를 들어 백혈구 같은 경우는 수명이 최대 몇 주 정도밖에는 안 되지만 나이를 추정할 수 있는 후성유전학 바이오마커를 보유하고 있다.

추가적으로 후성유전학 시계를 기반으로 나이를 추정하기 위해 얼굴 피부, 뇌, 장기 등에서 뽑아낸 DNA를 가지고 분석한 결과도 동일하게 나타났다. 기존 나이 추정 방법은 치아나 뼈 안에 존재하는 단백질 분석 방법을 사용하기 때문에 다양한 인체 조직을 가지고 나이를 분석하는 방법이 개발된 것이다. 이런 스티브 호르바스의 연구 방법은 다양한 분야에 응용될 수 있다.

특히 범죄 수사의 경우 피해자나 가해자의 나이를 정확하게 추정할 수 있다. 우리가 후성유전학적 시계 방법을 통해서 추정한 나이와 실제 나이가 일치하지 않는 경우는 비정상적인 일들이 신체 내부에서 진행되었다는 것을 알 수 있다. 특히 유방암, 신장암, 폐암, 피부암 환자들의 나이와 그들의 후성유전학적 나이를 측정하고 비교해보았다. 그 결과 후성유전학적 나이가 실제 나이보다 평균적으로 약 40% 정도 많이 나타났다. 그러나 좀 더 일관된 결

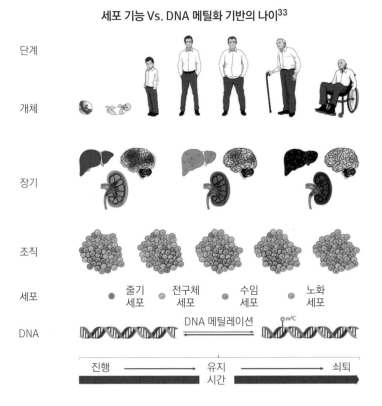

세포 기능 Vs. DNA 메틸화 기반의 나이[33]

과를 얻기 위해서는 아직 더 많은 연구결과가 필요하다.

향후 후성유전학적 시계를 이용하여 노화 과정의 세부적인 과정들을 측정한다면 다음과 같은 가능성이 있을 것으로 추정된다. 후성유전학적 시계의 진행을 막는다면 노화를 늦출 수 있지 않을까 하는 희망을 품는다.[32]

영양유전체학

영양유전체학nutrigenomics은 유전체와 영양소 간의 상호작용을 분석하기 위해 유전자서열 분석 기술을 영양학 연구에 적용한 학문이다. 영양소에 의한 유전자 발현 조절nutritional transcriptomics, 단백질 합성과 활성 변화proteomics, 세포를 구성하는 대사물질의 합성과 분해 등에 미치는 영향을 동시에 포괄적으로 연구함으로써 질병의 유발 혹은 예방에 관여하는 유전체-영양소 상호작용에 대한 이해를 도울 수 있다. 또한 개개인의 유전적 구성의 차이, 유전자 다형성SNP, single-nucleotide polymorphism, 영양소의 체내 대사 및 식이 관련 질병의 위험도에 미치는 영향nutrigenetics, 섭취된 영양소가 DNA 메틸레이션과 염색체 구조 변화에 미치는 영향 등의 연구를 포함하고 있다.

가이Ghai 팀은 질병과 관련된 유전자의 발현을 변화시킬 수 있는 식품이나 건강 보조식품 관련 개발 특허를 출원했다. 감귤 계통의 껍질에 존재하는 플라보노이드Flavonoids가 암의 예방에 관여하는 유전자의 발현을 증가시킨다는 것을 알아낸 것이다. 이 연구결과는 유전자와 식품 간의 관계를 연구하는 시초가 되었다.[35]

예를 들면 한국인이 김치나 된장을 많이 섭취하는 것과 같은 영양적인 요소가 유전체적으로 어떤 상호작용이 있는지를 연구하는 것이다. 식품에 포함된 화학물질들은 분자 수준에서 생화학적인 반응을 통해서 다양한 몸의 변화를 일으키게 된다. 또한 알레르기 반응을 유도하거나, 혈당을 높인다거나, 발암 위험성을 높이거나, 혈중 콜레스테롤 수치를 상승시키기도 한다. 반대로 혈압을 낮추거나, 콜레스테롤을 낮추거나, 항암 효과를 보여주며 염증을 가라앉히는 효과를 보여주기도 한다.

그러나 이러한 영향들은 각각의 화학물질을 투여하는 것이 아니라 복합체 형태의 화합물을 식품을 통해서 섭취하기 때문에 원인과 결과를 분석하는 것이 상당히 어려운 일이다. 어떠한 영양소가 유전자 발현에 영향을 미치는가에 대한 증거들은 동물 실험과 인간 세포 등을 통해서 증명되었다. 즉 '영양소-유전자-질병' 사이의 관계가 밝혀졌다. 우리가 잘 알고 있는 비타민, 미네랄, 파이토케미컬phytochemical 등이 유전자의 발현을 변화시키는 물질로 보고되었다.

바이오틴 대사체Biotin metabolites는 DNA 합성에 관여를 하고 엽산Folic Acid 부족은 DNA 메틸화를 통해 암을 일으킬 수도 있다. 비타민 C와 E의 부족은 DNA 이중나선구조를 깨지게 할 수 있고, 비타민 D 부족은 mRNA 안정성에 영향을 미쳐서 신장질환을 유발할 수도 있다고 한다. 아연, 망간, 셀레늄과 같은 미네랄이 부족할 경우 DNA 구조가 깨지고 산화가 증가하여 염색체에 나쁜 영향을 미치게 된다.

철분 부족은 DNA 복구 능력은 줄어들게 하며 미토콘드리아의 DNA에 산화도가 늘어나도록 하는 나쁜 영향을 미칠 수 있다.[37] 영

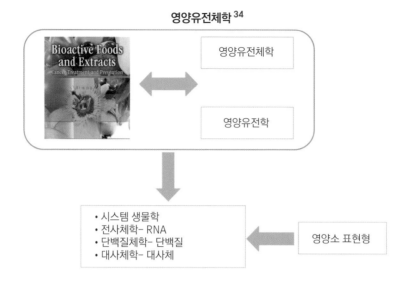

영양유전체학 [34]

- 영양유전체학
- 영양유전학

- 시스템 생물학
- 전사체학- RNA
- 단백질체학- 단백질
- 대사체학- 대사체

영양소 표현형

양 유전체는 유전체 정보를 바탕으로 개인이 섭취하는 음식과 어떻게 상호작용을 하는지와 우리가 섭취하는 음식에 단백질 및 대사체가 어떻게 반응하는가에 대한 것이라고 보면 된다.

추가적으로 웨어러블 센서와 사물인터넷 기기를 통해서 개인의 라이프 로그 데이터를 모아서 개인 맞춤 솔루션을 제공해주는 서비스들이 생겨나고 있다. 해외의 경우는 해빗Habit이 제공하는 서비스가 있다. 해빗은 영양 관련된 70여 개 유전자 데이터를 활용하여 개인 맞춤 식단 도시락을 배달해주고 개인 활동에 대한 코칭도 해줄 수 있다. 이러한 서비스는 유전자와 먹는 식단으로 인해 나타나는 표현형의 결과를 딥러닝으로 분석하여 개인의 이상적인 식단 데이터를 도출할 수 있다. 추가적으로 SNS를 통해서 사용자의 진행 상황을 공유하는 앱도 포함하고 있다.

스테이 정글(맞춤형 도시락)이라는 앱과 제노플랜(유전자 검사)에서 유전자 맞춤형 도시락 서비스를 진행하고 있다. 현재는 와디즈

영양소와 유전체의 관계[36]

영양소

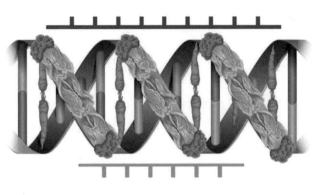

유전체

크라우드 펀딩을 통해서 서비스가 진행되고 있다.[39] 유전자 검사를 통해 개인에 맞는 영양소가 포함된 식단으로 맞춤형 도시락을 주문하는 서비스이다. 국내에서는 생명윤리법으로 검사할 수 있는 유전자 종류에 한계가 있기 때문에 미국에서 진행되는 유전자 검사 서비스처럼 약 70가지 검사를 할 수는 없다. 하지만 제노플랜은 체질량지수, 중성지방, 콜레스테롤, 혈압, 혈당, 비타민 C 대사, 피부노화, 피부탄력, 색소침착, 카페인 대사 등에 대한 유전자 분석결과를 제공한다.

이러한 많은 연구결과와 상업화의 예시가 있지만 여전히 수만 개의 유전자들, 수백만 개의 유전적 변이, 수천 개의 대사체 화합물들(단분자, 펩타이드, 단백질 포함)에 대한 관계 해석에는 새로운 바이오인포매틱스와 통계적인 기술이 필요하다. 수많은 유전자들과 영양소들이 어떻게 복합적으로 상호작용하는지를 분석하고 시각화하여 데이터를 도출하는 것은 상당히 어려운 연구이다. 유럽에

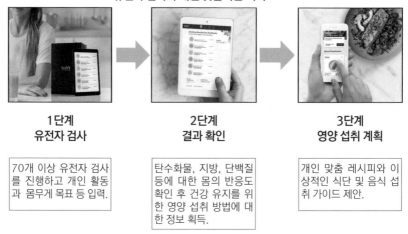

유전자 검사와 개인 맞춤식단 서비스[38]

1단계
유전자 검사

70개 이상 유전자 검사를 진행하고 개인 활동과 몸무게 목표 등 입력.

2단계
결과 확인

탄수화물, 지방, 단백질 등에 대한 몸의 반응도 확인 후 건강 유지를 위한 영양 섭취 방법에 대한 정보 획득.

3단계
영양 섭취 계획

개인 맞춤 레시피와 이상적인 식단 및 음식 섭취 가이드 제안.

개인유전자와 맞춤 도시락 서비스 예시[40]

개인 유전자와 생활 패턴 정보의 인공지능 분석을 통해 맞춤 도시락 추천, 주문, 배송

서 결성된 연구 프로젝트인 누고NUGO[41]를 통해서 이러한 복잡한 연구를 진행하지만 여전히 해결해야 할 부분이 많다.

영양유전체학 분야는 영양학자, 유전학자, 바이오인포매틱스 과학자, 통계학자 등이 힘을 모아서 진행하는 다학제 프로젝트의 영역이다. 4차 산업혁명 시대에서 언급하는 학제 간 구분, 산업 간 구분이 모호해지면서 융복합 과학과 신규 산업 기회 창출에서 좋은 예시라고 할 수 있다.

비만과 디지털 헬스케어

현대 사회 생활습관의 변화로 인해서 비만이 증가하는 추세이다. 현재 비만은 정상인보다 지방이 더 많이 몸에 축적된 상태이기 때문에 체내 지방량을 측정하여 평가하는 것이 가장 정확하다. 실제 체내 지방량을 정확히 측정하기는 어렵기 때문에 간접적으로 하고 있다. 그중에서 가장 많이 사용되는 방법은 체질량지수BMI, Body mass index와 생체전기저항분석Bioelectrical impedance analysis, 허리둘레, 복부지방 CT 촬영 등이다.

생체전기저항분석에 대해 조금 더 설명하면 지방과 근육은 전기가 다르게 흐른다. 전기 흐름의 차이를 이용하여 체내 지방의 비율을 계산하는 방법으로 체지방량, 체수분량 등을 측정할 수 있지만 신체 수분량에 따른 오차가 존재한다. 비만의 원인에 따라 관리 방법도 다르게 해야 효과적으로 관리할 수 있다. 비만의 원인은 크게 원발성 비만과 이차성 비만으로 나눌 수 있다.

원발성 비만이 전체 비만 환자의 90% 이상을 차지하고 있으며 과도한 에너지 섭취, 활동량의 감소, 수면 불균형, 유전적 특성, 사회 경제적 요인, 심리적·정신적 요인, 장내 미생물의 불균형, 환경호르몬, 모유 수유 여부 등이 영향을 미칠 수 있다는 연구결과가 있다. 이차성 비만은 갑상선 기능 저하증이나 다낭성난소 증후군 같은 내분비계질환, 유전질환, 선천성질환, 신경계질환, 행동장애나

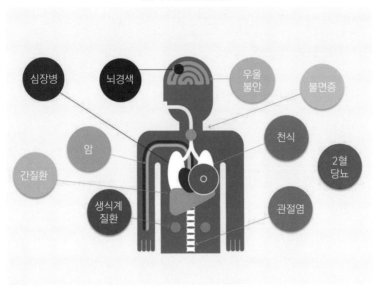

비만과 관련된 질환들 42

우울증 같은 정신질환, 향정신성 약물 투여 등으로 생길 수 있다.

비만은 각종 질병의 원인이 될 수 있다. 비만은 일반인과 비교해 관상동맥질환에 걸릴 위험이 4배나 높고 뇌졸중 6배, 고혈압 12배, 당뇨병 6배나 된다. 또한 심혈관계 질환, 소화기 질환, 근골격계 이상, 생식기계 이상, 호흡기 질환, 심리적, 정신적 이상, 암 발생률 증가를 일으킬 수 있다. 비만 진단에 활용될 수 있는 디지털 헬스의 혁신이 적용되고 있고 원인을 줄이는 관리 방안도 디지털 헬스와 접목할 수가 있다.

예를 들어 식이관리로 섭취하는 음식의 칼로리에 대한 분석과 특정 음식을 추천하는 기능을 가지고 있다. 음식 사진을 찍으면 칼로리를 자동으로 계산해주는 앱들이 인기가 많다. 이런 앱을 통해서 내가 섭취한 음식과 칼로리 등을 관리함으로써 식이습관에 대해 꾸준한 관리를 할 수 있다.

눔Noom은 식단관리, 운동관리, 1대 1 관리를 통해서 체중관리에 다양한 옵션을 제공해주고 있다. 눔 코치는 글로벌하게 약 3,200만 명이 사용하는 건강·운동 분야 상위를 차지하는 1대 1 맞춤형 다이어트 앱이다. 기존의 눔 프로가 정해진 알고리즘에 맞춰 인공지능으로 코칭을 해주었다면 눔 플래티넘은 실제 전문가가 식사, 운동, 활동량 관리를 해주는 휴먼 코치 기능을 추가한 서비스이다.

당뇨와 디지털 헬스케어

당뇨는 인슐린 분비 기능에 문제가 생겨서 혈액에 혈당 수치가 오랫동안 지속되는 대사질환이다. 1형 당뇨와 2형 당뇨로 구분된다. 1형 당뇨는 주로 소아 당뇨병 혹은 인슐린 의존선 당뇨병이라고 한다. 당뇨병 환자의 약 5~10% 정도가 1형 당뇨병이다. 주로 어린이와 청소년에서 발병하지만 어른에게도 발병할 수 있다. 아직 주요 원인은 모르지만 유전적인 요인이나 바이러스로 인해서 자가면역 시스템에 문제가 생기거나 췌장에 있는 베타세포가 파괴됐을 때 생긴다고 알려져 있다. 췌장의 베타세포에서는 인슐린은 만들어낸다. 그러다 보니 매일 인슐린 투여가 필요한 질병이다.

이와는 다르게 2형 당뇨는 인슐린 자체의 분비는 대부분 정상이지만 인슐린에 대한 저항성에 문제가 있다. 2형 당뇨 역시 대사질환 신호 전달체계의 유전적인 문제, 과식, 운동량 감소, 스트레스로 인한 인슐린 성능 저하가 원인일 수 있다. 가장 기본적인 혈당계와 디지털 요소가 가미되어 혈당 기록 및 관리는 해주는 디바이스는 아주 많다.

디지털 헬스케어 서비스[43]

텍스콤DEXCOM의 G6 센서는 10일 동안 사용 가능하며 바늘이 있는데 몸에 붙이고 다녀야 한다. 1년 유지비용이 5,656달러이다. 스마트폰, 애플워치, 안드로이드 스마트워치와 연동이 가능하다. 애봇Abbott의 CGM도 10일 혹은 14일 정도 사용 가능하지만 데이터 관리 부분이 부족하고 유지비용이 크다는 것이 단점이다. 애봇의 장치는 1년 유지비용이 약 1,625달러 정도이다. 매드트로닉 Medtronic 제품은 7일간 사용이 가능하며 데이터 관리가 가능하고 1

년 유지비용은 4,190달러가 든다. 세 가지 제품의 성능 정확도는 유사하다.

인슐린 투여에 대한 불편함을 줄여주기 위해서 인슐린 병과 주사기 휴대가 불필요하며 바늘 교환으로 재사용 가능하다. 또한 관련 데이터를 스마트폰에 저장하고 관리할 수 있다. 인슐린 스마트펜의 가격은 549달러이다. 다음 버전의 제품은 인슐린 펌프로 탠덤다이아베이츠 케어Tandemdiabetes care에서 공급하고 있다. 이 제품은 복부에 부착해서 지속적인 인슐린 공급이 가능하다. 단, 지속적으로 바늘을 복부에 착용하고 있어야 하며 가격은 약 5,000~7,000달러 정도로 비싸다. 가장 진보된 형태는 인슐린 패치로 팔, 복부, 허벅지 등에 부착 가능하고 무선으로 관리하며 방수 기능이 있다. 컨트롤러가 800달러이고 1회용 패치는 30달러이다.

당뇨에서 가장 무서운 것은 당뇨합병증이다. 합병증은 크게 큰 혈관과 연결된 기관에서 오는 뇌혈관 질환, 심장병, 신장합병증이 있고 작은 혈관인 눈의 망막, 말초신경, 팔다리 혈관, 발에 문제가

디지털 혈당측정기[44]

생긴다. 또한 치주질환도 함께 발생한다.

헬스케어 산업의 고객주의

최근 헬스케어의 패러다임은 치료 중심에서 예방, 진단, 관리를 중심으로 변화하고 있다. 즉 중앙 집중 형태의 대형병원 중심에서 클리닉이나 환자·고객 중심으로 스스로 건강을 관리하는 형태로 변화하고 있다. 헬스케어 패러다임의 변화에 대해서 조금 더 자세히 설명하면 다음과 같다. 특정 질환을 가진 환자·고객들의 치료 Cure 중심에서 모든 환자·고객의 개인 맞춤형 일상관리로 변화하고 있다.

특히 서비스 측면에서는 종합병원 및 치료 중심의 생태계 위주에서 시간 및 공간의 제약이 없이 진단-치료-예방-관리가 가능한 서비스 모델로 변화되고 있다. 예를 들어 미국의 CVS나 월그린 Walgreen과 같은 리테일 클리닉retail clinics과 같이 슈퍼마켓 및 약국에서 현장진단Point-of-care testing을 통해 특정 질환(발열을 유발한 질환인 설사, 인플루엔자 등)을 바로 검사하고 그에 적절한 치료제를 처방하는

스마트 당뇨관리 솔루션 및 인슐린 펌프[46]

당뇨합병증의 다양한 형태[47]

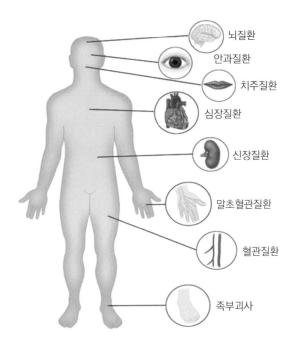

- 뇌질환
- 안과질환
- 치주질환
- 심장질환
- 신장질환
- 말초혈관질환
- 혈관질환
- 족부괴사

것이다

　리테일 클리닉에 대해서 조금 더 알아보면 다음과 같다. 헬스케어 생태계 구성원 간의 경계가 사라지고 있다. 우리가 잘 알고 있는 CVS는 미국에서 약국 및 슈퍼마켓의 역할을 하는 업체인데 리테일 클리닉이라고 정의하는 진단검사 기관과 치료제 처방을 한 번에 할 수 있도록 통합했다. CVS는 미국의 유명한 보험회사인 애트나Aetna를 약 75조 원에 인수했고 약 9,700여 개의 약국을 커뮤니티로 연결시켜서 메디컬 허브 모델을 구축하고 있다.

이러한 생태계의 변화를 통해서 간단한 기초 치료에 집중하고 현재 미국에서 발생하는 의료비용의 증가를 조절하는 것이 중장기적인 목표이다. 환자 및 고객들이 한 장소에서 편리하고 빠르게 질병을 진단하고 처방받은 약을 구매하며 개인이 보유한 보험에 따라서 적절한 조치를 취할 수 있도록 했다.

기존에 일반 의약품과 소비재 상품을 통해서 고객을 맞이했던 약국 및 슈퍼마켓은 리테일 클리닉이라는 융합 서비스를 도입함으로써 예방-진단-치료-관리(모니터링)의 헬스케어 가치사슬에서 중요한 위치를 차지하게 되었다. 물론 의사의 중대한 조치가 필요한 질병의 경우는 당연히 병원에 방문하는 것이 맞다. 하지만 대부분의 경미한 질환들, 예를 들어 열이 나고 감기 증상이 있거나 소화기 계통에 문제가 있는 경우는 리테일 클리닉을 통해서 정확한 진단을 하고 적절한 처방을 받을 수 있게 되었다.

또한 일반적인 의료 시스템에서는 건강보험(사보험 혹은 공보험)을 가입한 환자 혹은 개인이 병원 진료를 받은 후에 건강보험 회사가 차후에 의료비를 청구하는 방식이다. 그러나 리테일 클리닉은 건강보험 가입 없이 환자 혹은 고객이 해당 의료 서비스에 직접 결제하는 방식이다. 이러한 리테일 클리닉은 대형 슈퍼마켓, 아울렛 등 거주민이 많은 곳에 위치하고 영업시간 역시 자유롭기 때문에 접근성과 편의성이 증가할 수 있는 모델이다.

리테일 클리닉과 헬스케어 생태계 변화

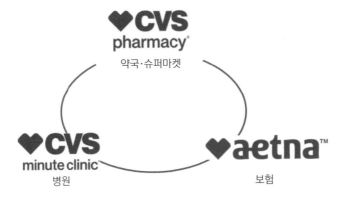

미국의 경우는 의료 시스템의 수요와 공급의 불균형으로 인해서 새로운 혁신이 일어났다. 기존에는 병원 예약부터 진료까지 상당히 오랜 시간 대기해야 했다. 그러다 보니 리테일 클리닉을 통해서 대부분의 경비한 질환의 진료 및 처방을 15분 이내에 마칠 수 있는 혁신을 가져왔다.

현재 리테일 클리닉은 두 가지로 운영되고 있다. 워크-인-클리닉Walk-in Clinic은 사전 예약 없이 간단한 진료와 처방이 가능하다. 얼전트 케어 센터Urgent Care center는 응급진료가 가능하다. 더 전문적인 의료기술과 전문적인 의료인력이 필요한 얼전트 케어 센터는 기존의 병원이나 의료 서비스 제공업체들이 비즈니스 모델을 확장하고 있다. 그러나 워크-인-클리닉은 가벼운 질환의 진료와 처방을 담당하기 때문에 유통망을 보유한 슈퍼마켓이나 대형 체인 약국을 통해서 확대되고 있다.

이러한 헬스케어 산업에서 본인의 사업 영역이 무너지고 파괴적인 혁신이 일어나는 현상은 미국뿐 아니라 다른 나라로도 확장될 것으로 예상하고 있다. 특히 국내의 의료산업의 경우도 영리병원

리테일 클리닉 현황[48](2018년 미국 통계)

미닛클리닉@씨브이에스
1,024개 (M/S 52%)

미닛클리닉@타깃
83개 (M/S 4%)

테이크케어클리닉@월그린
367개 (M/S 19%)

케어클리닉@월마트
62개 (M/S 3%)

더리틀클리닉@크로거
217개 (M/S 11%)

레디클리닉@라이트에이드
44개 (M/S 2%)

도입과 건강보험제도 변화 등의 이슈가 있다. 이러한 변화를 발판으로 융복합 산업으로 새로운 헬스케어 혁신과 개인 맞춤의료 시대를 준비할 필요가 있다.

구강 건강관리

4차 산업혁명 시대 고객 중심의 컨슈머 헬스케어에서는 개인맞춤 컨슈머 제품들의 혁신이 일어나고 있다. 예를 들어 구강 청결제의 경우에 기존에 시장에서 큰 위치를 차지하는 액체 형태 제품이 있다. 그런데 어떤 고객은 향이 너무 강하다는 의견들도 있고 다른 향이 있으면 좋겠다는 의견들이 있어서 그에 맞는 다양한 형태의 향과 입 안을 헹구는 용도의 제품들이 시장에 출시되었다. 용기

리테일 클리닉과 의료 시스템의 혁신

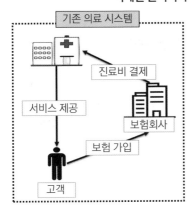

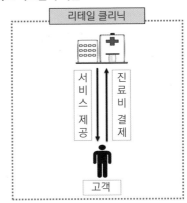

에서 덜어서 사용하는 제품, 휴대성을 높이고 입안에 뿌릴 수 있는 스프레이 형태의 제품, 필름 형태의 제품, 그리고 껌 형태의 제품으로 네 가지 정도 다양화되어 있다.

구강청결제 시장에서 새로운 니즈가 생성되고 있다. 입 안을 상쾌하게 해주고 실제 구취 제거와 충치유발 세균들을 줄여주는 물질에 대한 고객의 니즈가 늘어나고 있다. 기능성 물질들의 활용이다. 화학물질을 최소화하고 천연물에서 추출한 형태를 동결건조 후 파우더 형태로 만들어준 제품도 있다. 구강 미생물의 환경 개선을 위해서 특정 유산균을 활용한 구취제거제 및 충치예방 관련 제품들도 출시되었다.

최근 몇 년 사이에 신체에 일어날 수 있는 질병과 구강건강의 상관관계를 확인하려는 시도가 다양한 분야에서 진행되었다. 연구를 통해서 심혈관질환, 만성 호흡기질환, 당뇨병, 류마티스 관절염 등의 질병과 관련성이 있다는 것이 보고되었다.[50] 구강 내 감염으로 세균이 혈관을 타고 이동해서 혈전을 형성하여 심장질환에 영향을 미칠 수 있다는 연구가 보고되었다.[51]

구강청결제의 고객 니즈에 따른 변화[49]

　　미국의 스타트업과 글로벌 소비재 기업에서는 인공지능 기능이
포함된 스마트 칫솔 및 앱을 출시했다. 구강관리에 대한 고객의 니
즈가 증가했고 니즈 또한 다양하게 변화하고 있다. 4차 산업혁명
시대를 맞이하여 다른 산업에도 융복합의 변화가 많이 일어나고
있지만 헬스케어 산업에서는 IT 기술, 빅데이터, 인공지능과 같은
차세대 기술들이 전문 헬스케어 영역뿐만 아니라 고객 헬스케어(웰
니스 포함)에도 많이 일어나고 있다.

　　특히 구강건강관리에 있어서 활용된 제품이 출시되었다. 치약
회사인 콜게이트, 칫솔회사인 오랄비, 그리고 전자제품 회사인 필
립스에서 출시했다. 칫솔에는 센서가 있어서 구강 안을 16개 구역
으로 구분해서 고객이 칫솔질을 효율적으로 잘하는지를 측정한다.
고객의 구강 구조를 스마트폰 앱 화면에 보여준다. 고객은 앱을 통
해서 제대로 닦지 못한 치아 혹은 썩은 치아를 확인할 수 있다. 아
이들이 자발적으로 양치질을 잘할 수 있도록 유도하기 위해서 게
임 기능도 도입했다. 칫솔질의 여부에 따라서 코인을 모을 수 있는
게임이다.

　　콜게이트의 인공지능 칫솔은 애플의 헬스 리서치 키트와 연동
해서 사용이 가능하다. 따라서 이 앱을 통해서 개인의 양치 습관

인공지능 기반 디지털 전동 칫솔 제품

콜게이트	콜리브리	오랄비	필립스
99.95달러	(콜게이트가 인수함)	119.94달러	199.99달러

에 대한 정보를 수집하면 의료인들이 이 칫솔 사용자의 질환을 데이터 기반으로 파악할 수가 있게 된다. 양치질을 할 때 스마트폰을 어디에 두어야 하며 스마트폰 화면을 계속 확인해야 한다는 불편한 점이 있다. 따라서 화장실 거울에 거치할 수 있는 거치대나 스마트폰 자체의 거치대가 필요할 수 있다.

오랄비가 출시한 칫솔은 양치질을 너무 강하게 하면 경고를 해주는 기능을 포함하고 있다. 필립스의 제품 역시 유사한 기능을 가지고 있다. 추가적으로 혀 클리닝 기능이 있고, 양치 모드와 강도 자동 추천 기능이 있고, 칫솔모의 마모를 인식하는 센싱 기능이 있다.

고객 직접 의뢰 방식 유전자 검사

고객 직접 의뢰 방식DTC, Direct-to-consumer 유전자 검사는 고객이 의료기관이 아닌 민간 유전자 검사기관에 직접 의뢰하여 유전자 검사를 진행하는 서비스이다. 지난 2016년부터 2019년 기준 12항목의 46개 유전자가 대상이었다. 2019년 2월 복지부의 시범사업을 통해서 웰니스 관련한 부분을 추가로 검토하고 있다.

예를 들어 영양 관련, 운동, 피부, 모발, 식습관, 개인특성(알코올 대사, 니코틴 대사, 수면 습관, 통증 민감도 등), 건강관리(퇴행성 관절염, 멀미, 요산 수치, 체지방율 등), 조상 찾기 등이 해당된다. 현재는 규제 관련해서 찬반 논쟁이 많은 상황이다. 데이터 기반의 헬스케어 산업 활성화 측면에서는 긍정적인 시작으로 생각된다.

고객 직접 의뢰 방식 유전자 검사 과정은 온라인으로 다음의 표에서 언급한 회사들의 웹페이지에서 검사 키트를 구매하게 되면 집으로 시료 채취 키트가 배송된다. 주로 타액을 뱉어서 보내거나 면봉으로 입 안의 상피 세포를 긁어서 채취한다. 채취한 시료는 구매한 회사의 지정 운송 방법을 통해서 보내고 특정 시간(보통 2주)이 지난 후에 결과를 온라인 혹은 우편으로 전송받는다. 검사 가격과 항목은 회사별로 매우 다양하다. 검사하고자 하는 목적에 맞게 구매해서 사용하면 된다.

유전자 분석 서비스의 결과는 물론 어느 정도 신뢰성(정확도, 정밀도 등)을 보유하고 있지만 100% 신뢰하는 것보다는 본인의 다른 건강 검사결과 및 의사의 소견과 함께 참고하는 정도로 사용하는 것이 좋을 것이다. 이러한 유전자 검사의 목적은 상당히 다양한데 크게 다음의 표와 같이 정리할 수 있다. 첫 번째로는 부모님으로부터 물려받은 유전자들이 특정 목적(미용, 건강, 생체대사, 질병 위험도 등)과 어떤 상관성이 있는지에 검사 수요가 컸다. 두 번째는 친자 확인 수요가 컸다. 세 번째로는 영양 관련 유전체와 조상 찾기 수요였다.

미국 고객 직접 의뢰 방식 유전자 검사 시장에서는 23앤드미, 헬

고객 직접 의뢰 방식 유전자 검사 서비스 과정

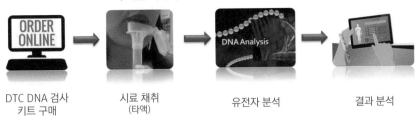

DTC DNA 검사   시료 채취   유전자 분석   결과 분석
키트 구매   (타액)

국내 고객 직접 의뢰 유전자 검사 서비스 회사

회사	회사명	웹페이지
DNAGPS	디엔에이지피에스	http://dtc.dnagps.co.kr/
WithGENE	위드진	http://withgene.co.kr/main/index.php
Gene2Life Simple • Easy • Fast	진투라이프	http://www.gene2life.com/
HUMANPASS GLOBAL BIO GROUP	휴먼패스	http://humanpass.co.kr/new/index.php
gene2me	진투미	https://www.gene2.me/ko/
MELTHY	멜씨(메디젠휴먼케어)	https://melthy.co.kr/
Genoplan	제노플랜	https://www.genoplan.com/#/
my23	마이23	https://my23healthcare.com/
24 genetics	24지네틱스	https://24genetics.kr/
GENERTÉ	제네르떼	https://www.generte.com/ko/system/geneticTest.do
LEGÉNIQUE LABORATORIES	르제니끄	https://legenique.com/product/starterset_limited
CUBE MEDICAL	큐브메디컬	http://cubemedical.co.kr/shop/
GenoSolution	제노솔루션	https://www.genosolution.com/

미국 고객 직접 의뢰 방식 검사 업체

23andMe 23앤드미	✸ Helix 헬릭스
color 컬러 지노믹스	Arivale 애리베일

고객 직접 의뢰 방식 유전자 검사 회사와 검사 목적 비율

구분	회사 수	비율
조상찾기	74	30%
운동능력	38	15%
아이 역량 찾기	4	2%
적합한 배우자 찾기	3	1%
은밀한 비밀 검사	34	14%
영양 유전체 검사	74	30%
친자확인(사설)	88	36%
친자확인(국가기관)	83	34%
유전적 상관성 검사	92	37%
유전자 보인자 검사	27	11%
단순한 건강검진	31	13%
전체 회사	246	100

릭스, 컬러 지노믹스, 애리베일, 젠바이젠이 다양한 검사 서비스를
제공하고 있다. 국내에서도 고객이 원하면 해외 배송을 통해서 검
사를 의뢰할 수 있다.

고객 직접 의뢰 방식 유전자 검사 허용 권고 항목[52]

분류	DTC 유전자 검사 허용 권고 항목
영양소	비타민 C 농도, 비타민 D 농도, 코엔자임 Q10 농도 마그네슘 농도, 아연 농도, 철 저장 및 농도 칼륨 농도, 칼슘 농도. 아르기닌 농도 지방산 농도
운동	근력 운동 적합성, 유산소 운동 적합성, 지구력 운동 적합성 근육발달 능력, 단거리 질주 능력, 발목 부상 위험도 악력 운동 후 회복능력
피부/모발	기미·주근깨, 색소침착, 여드름 발생 피부노화, 피부염증, 태양 노출 후 태닝반응 튼살·각질, 남성형 탈모, 모발 굵기 새치, 원형 탈모
식습관	식욕, 포만감, 단맛 민감도 쓴맛 민감도, 짠맛 민감도
개인특성	알코올 대사, 알코올 의존성, 알코올 홍조 와인 선호도, 니코틴 대사, 니코틴 의존성 카페인 대사, 카페인 의존성, 불면증 수면습관·시간아침형, 저녁형 인간, 통증 민감성
건강관리	퇴행성 관절염증, 감수성, 멀미, 비만 요산치, 중성지방농도, 체지방율 체질량지수, 콜레스테롤, 혈당 혈압
혈통	조상찾기

기존 허용 항목 (파란색)
(출처: 보건복지부 제공)

광치료를 이용한 개인 맞춤 건강관리

빛을 이용한 치료에서는 다양한 분야가 있다. 가장 활발한 분야는 피부질환 치료이다. 다양한 파장대의 빛을 이용하여 피부 내에서 생화학적 반응을 촉진하는 방법이다. 예를 들어 피부 표면에 사는 여드름 유발 세균을 사멸하거나 피부 조직의 선택적인 재생 및 파괴 등을 통해서 손상된 피부를 치료하는 것이다. 최근 LED와 레이저 기술의 발전을 통해서 기존의 병원에 가서 대형 장비로 치료를 받던 시대에서 개인이 소유하거나 휴대용으로 들고 다닐 수 있는 형태의 장비들이 개발되었다. 또한 4차 산업혁명 시대에 맞게 사물인터넷과 빅데이터와 연계된 융합 장치들이 개발되어서 상용화되었다. 먼저 빛을 이용한 피부 치료에 대해 알아보도록 하겠다.

빛의 파장에 따라서 피부에 침투하는 깊이가 다르다. 빛은 특정 성분을 가지는 매질에 흡수되고 반사되는 성질이 다르기 때문에 세포 조직의 종류에 따라서 다르다. 일반적인 피부 세포를 기준으로 UV*에서는 약 1밀리미터 이하(각질층) 파장의 빛은 비타민 D 합성을 유도하는 역할을 한다. 파란색(400~470나노미터 파장) 영역에서는 약 2밀리미터 이하(표피·상피)까지 도달할 수 있다. 파란색 빛은 생체 리듬을 조절하는 역할을 하기 때문에 뇌에서의 신경전달 물질과 호르몬을 조절한다.

녹색(470~550나노미터 파장)은 약 3밀리미터 이하, 노란색(550~600나노미터 파장)은 약 4밀리미터 이하(진피층), 주황색(600~650nm 파장)은 약 5밀리미터 이하(진피층)를 포함하는 가시광선은 우리 몸 세포의 온도를 올리기 때문에 세포 기능을 강화하는 역할을 할 수 있다. 빨간색(650~1,000나노미터) 영역(근적외선)은 약 6밀리미터 이상으로 혈관 밑 피하지방층까지 침투할 수 있다.

빨간색과 근적외선의 빛은 세포의 미토콘드리아에 작용하여 에너지 대사를 주관하는 ATP를 더 많이 생성하게 한다. 다양한 논문에서 언급한 결과에 따르면 광치료는 피부노화, 주름 개선, 지방분해, 만성염증 완화, 노화를 촉진시키는 활성산소 제거, 근육량 개선, 통증 감소, 탈모개선과 방지, 세포 수준에서의 스트레스 감수성

* 자외선 영역: 280~400나노미터 파장

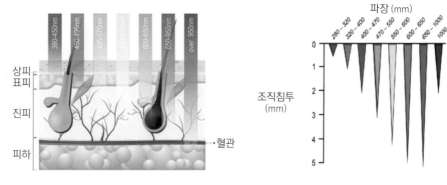

빛의 종류에 따른 피부 침투 차이[53]

강화, 빠른 상처 회복, 호르몬 강화를 통한 자기면역질환(알레르기 등) 개선, 두뇌 기능 최적화, 피로 회복 및 에너지 상태 개선 등에 효과가 있다.[54]

LED를 이용한 피부 강화 목적의 제품들이 많이 출시되었다. 그 중에서 몇 가지 예를 들어보겠다. 라이트스팀LightStim사는 세 가지 파장을 이용한 주름 개선, 통증 완화, 여드름 개선 제품을 가지고 있다. 사용을 위해서는 눈의 보호를 위해서 선글라스를 착용하는 것이 좋다. 나사NASA에서 개발한 기술을 기초로 사업화했다고 한 다. 72개의 LED가 사용되어 피부의 콜라겐과 엘라스틴 합성에 도 움을 줄 수 있다. FDA 승인 완료된 제품이다.

두 번째는 주브JOOVV사의 제품으로 LED를 포함한 패널 형태로 방문에 걸어서 전신에 LED 빛을 받을 수 있게 만들어졌다. 약 150 개의 LED가 한 개의 모듈에 구성되어 있으며 빨간색과 근적외선 파장을 제공한다. 레고 블록처럼 모듈 형태로 사용이 가능하다. 운 동선수들이 많이 사용하며, 특히 생체 에너지 강화 등에 사용하고 있다.

세 번째는 구강건강 관련 제품이다. 파란색과 빨간색 파장을 사

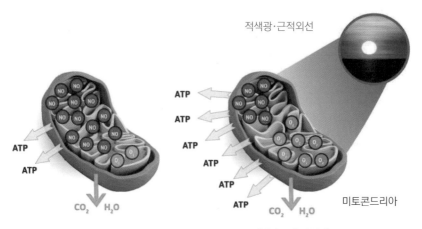

광치료 원리[55]

적색광·근적외선

미토콘드리아

- ATP: Adenosine triphosphate (아데노신 삼인산)
- CO2: 이산화탄소, H2O: 물

용하고 있으며 잇몸, 치아, 구취 관련해서 도움을 준다. 마지막은 두피 건강 및 탈모 관련 제품이다. 탈모 방지, 모발 성장 및 건강한 모발 관리 제품이다. 650나노미터의 빨간색 파장을 사용한다. 2017년에 임상시험을 완료한 제품이고 남녀 모두 사용이 가능한 제품이다.

헬스케어 솔루션의 변화

기존에는 개인별 의료 데이터의 접근성과 활용성이 제한적이었다. 그러나 4차 산업혁명에 따른 점진적인 변화로 헬스케어 생태계에 다양한 방법론들을 이용한 의료 데이터의 접근성이 늘어나고 연결성 또한 확장되고 있다. 특히 빅데이터, 머신러닝, 인공지능을 통해서 다양한 데이터의 융합 및 연결이 일어나고 있으며

광치료 활용 기기

라이트스팀

주브

오랄케어

여성 면도기 아이레스토어 레이저

블록체인을 통한 새로운 헬스케어 데이터의 솔루션들이 나오고 있다.

인공지능 기반 의료 데이터의 연결 및 융합 분야에서는 다음과 같은 혁신적인 솔루션들이 연구개발되고 사업화 단계에 있다. 예를 들어 머신러닝·딥러닝을 통한 의료 이미지 분석 및 임상 의사결정 시스템 지원, 음성인식을 통한 정신질환자의 상태 분석, 개인 유전체 정보 및 검사결과와 같은 개인 맞춤형 빅데이터를 통한 개인별 약물 부작용 예측 및 처방 제안이 있다. 또한 개인 맞춤형 빅데이터를 기반으로 한 최소 침습 로봇 수술 기술 고도화와 블록체인과 헬스케어 빅데이터와의 연결 및 융합 등이 있다.

그중에서 뷰노[56]는 다섯 가지 솔루션을 보유하고 있다. 엑스레이 영상 이미지를 통해서 뼈의 나이를 예측해줄 수 있다. 골 연령을 기초로 성장과 관련된 정보를 체계적으로 제공해 환자와의 의사소통을 도와줄 수 있다. 엑스레이 영상을 인공지능 기술로 분석하면 영상의학과 교수와 유사한 수준의 분석 능력으로 이상 징후를 찾아낼 수 있다. 또한 폐 CT 영상 이미지를 통해서 폐 결절과 폐암 정보도 얻을 수 있다.

안저영상을 분석하는 솔루션은 당뇨합병증에서 중요한 질환인 당뇨성 망막병증Diabetic Retinopathy이나 녹내장glaucoma 진단 등 총 12가지 병변을 판독할 수 있다. 안저의 정상 및 비정상 여부를 판독하고 질병 구역을 영상으로 표시해줌으로써 직관적인 이해에 도움을 줄 수 있다. 따라서 기존의 안저영상을 촬영하는 의료기관 및 건강검진센터와 같은 곳에서 기존 소프트웨어 대비 고객에게 더 큰 편리성을 제공한다는 장점이 있다. 또한 안과의사가 상주하지 않는 동네 병원에서 당뇨합병증 등에 대한 스크리닝으로 사용될 가능성이 큰 솔루션이라고 생각한다.

이 기술은 모두 인공지능 기반의 영상분석 기술과 딥러닝(기계학습) 기술이 접목된 융합 기술이다. 체외진단 이미징 분석 분야는 세포 병리, 바이오마커 분석을 위해서 디지털 병리학Digital Pathology으로 변화가 진행되고 있다. 기존 임상병리학에서 사용되는 유리 슬라이드를 바이너리Binary 파일 형태로 디지털화하고 모니터를 통해 관찰하고 해석 분석한 후 생성된 정보를 보관하고 관리하는 시스템이다.

디지털 병리학은 1965년 펜실베이니아 대학교 JM 프레윗JM Prewitt 그룹에서 디지털 컴퓨터를 통한 세포 및 염색체의 형태 분석 논문을 발표하면서 시작됐다. 컴퓨터 이미지 분석 방법을 적용한 세포 이미지 분석에 대한 첫 번째 연구논문이다.[59] 디지털 기술 중에서 특히

인공지능과 영상분석 솔루션

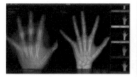 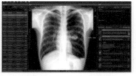 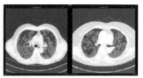

골 연령 분석 인공지능 기반 엑스레이,　가슴 영상 분석 폐 결절,　　　암 구분 CT 영상 분석

 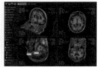

안저 영상 분석,　　　뇌 MRI 영상 분석[57]

조직 염색 후 현미경으로 촬영한 슬라이드 이미지를 고해상도 이미지로 제작할 수 있게 했다. 한 장의 슬라이드를 200~400메가바이트로 저장할 수 있는 이미지 압축 기술도 적용되었다.

　두 번째는 병리검사 실험실과 관련 의료진들이 위치한 곳이 멀리 떨어진 경우에 인터넷을 통해 슬라이드 이미지를 전송할 수 있는 기술로 원격진단, 바이오 학과 학생 및 전공의사 교육, 연구 등에 새로운 혁신이 나타나게 되었다. 기존에 광학 현미경을 보면서 병리학 실습을 했지만 현재는 이러한 디지털 기술의 발전으로 인해서 의과대학생들은 기존 광학 현미경 대신 고해상도 모니터를 통해 임상병리학을 공부하고 있다. 또한 인터넷에 연결된 컴퓨터가 있으면 시간이나 공간의 제약 없이 언제 어디서나 학습이 가능하다.

　더욱이 질병의 진단 후 치료를 위한 의견을 모으는 과정에서 전문의 간에 빠른 의사소통이 가능해질 수 있는 시대가 되었다. 그러나 이러한 디지털 병리학을 제대로 이용하기 위해서는 큰 저장용량을 가질 수 있는 장치와 빠르고 암호화된 전송망이 필요하다. 그런데

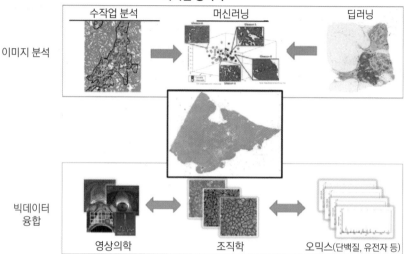

디지털 병리학[58]

이미지 분석 — 수작업 분석 / 머신러닝 / 딥러닝

빅데이터 융합 — 영상의학 / 조직학 / 오믹스(단백질, 유전자 등)

이런 슬라이드 스캔 장비는 상당히 고가이기 때문에 모든 의료기관에서 보유하기는 어렵다. 향후 스캔 장비의 성능이 고도화되고 가격 경쟁력이 생긴다면 우리나라와 같이 훌륭한 인터넷 환경에서는 디지털 병리 분야가 확산되리라 예상한다.

구체적으로 보면 이미지 뷰어 기능에는 염색된 조직의 특정 부분을 관찰자(의사, 연구자)의 의도대로 조절할 수 있는 프로그램이 있어야 한다. 특히 배율 조절이 가능하고 이미지 분석을 위해서 초점 조절도 필요하다. 또한 이미지의 특정 부분을 측정하는 기능과 표시하고 원하는 텍스트를 입력하는 기능이 중요하며 파일 포맷의 다양성도 필요하다. 조직 병리에서 기본적으로 분석하는 부분에 대한 지식이 포함된 프로그램이어야 한다.

면역조직화학검사IHC, Immunohistochemistry에서는 세포막 분석과 세포핵 분석 기능이 필요하며 형광동소보합법Fluorescence In-situ Hybridization: FISH에서는 유전자 증폭gene amplification과 유전자 재배열gene rear-

디지털 병리학 관련 기업

라이카 바이오시스템즈　　　벤타나(로슈 그룹 계열사)　　　다코 (애질런트 테크놀로지 계열사)

패쓰에이아이　　　　휴론 디지털 패솔로지　　　　프로시아

rangement 기능이 필요하다. 또한 염색한 세포가 어떠한 세포인지, 영상 패턴 인식을 통해서 확인할 수 있어야 한다.

웨어러블 디바이스와 바이오 센서

웨어러블 디바이스는 신체의 움직임이나 생리학적 파라미터나 체액을 통한 생체활성 물질들을 측정하고 분석할 수가 있다. 웨어러블 디바이스는 보통 바이오 센서라는 용어로도 사용되고 있다. 일반적으로 우리가 잘 아는 스마트 워치나 액티비티 트래커가 있다. 반도체 및 전자공학 기술, 광학기술, 마이크로 기세 기구 가공 기술, 그리고 의공학 기술의 발전으로 인해서 이러한 웨어러블 디바이스 및 바이오 센서의 기술은 지속적으로 발전해왔다. 이러한 웨어러블 센서와 인포메이션 시스템들은 생리학적 지표를 넘어서서 새로운 가치를 제공해줄 수 있다.

우울증, 불안증 등과 같은 심리적인 상태를 모니터링할 수 있도록 이메일이나 웹서칭 등과 같은 자료를 참고할 수도 있다. 따라서 이러한 정보들은 조울증, 조현병 같은 질환의 조기진단에 도움을

웨어러블 기기별 활용도 및 측정 파라미터

생체 측정 가능한 파라미터	활용도	디바이스·제조회사
신체 활동도 (걸음수, 사이클링, 달리기 등)	개인 운동량 측정 및 분석	아이폰(Move), 핏빗, 조본, 애플 워치
심박수	심장질환 모니터링	애플 워치, 스카나누
피부온도	감염질환 (발열질환 관련)	스카나누
전류피부저항반응 (GSR, Galvanic Skin Response)	스트레스 측정	
수면의 질	적절한 수면 지도	베딧
산소포화도		스카나누, 아이헬스
혈압		콰디오, 스카나누
혈당	당뇨 측정	덱스콤
칼로리·영양소	체중, 건강관리	마이피트니스팔
체중, BMI, 체지방률	건강관리, 비만	위딩스, 콰디오베이스
GPS	위치 측정	무브스 앱
심전도(ECG)	심장질환	콰디오코어, 스카나누, 아이헬스
뇌파(EEG)	정신 상태, 뇌 활성도	뮤즈, 이모티브, 멜론 헤드밴드
근육활성도	운동능력, 재활	아토스, 옴시그널
지방 함량	비만, 건강관리	스컬프드, 올리브헬스케어
방사선 노출도	생활 방사선 측정	라드타지II
허리둘레	비만, 건강관리	웰트

줄 수 있다. 또한 어린이들의 일상생활 영상판독을 통해서 조기에 자폐증 인지를 할 수 있다.

개인의 일상 행동 패턴과 관련된 정보들의 융합은 개인의 전반적인 건강상태를 관리하는 데 매우 큰 가치를 줄 것으로 예상된다.

질병 치유 방식이 이러한 개인건강관리와 관련된 통합 정보를 통해 질병의 치료 및 관리에서부터 개인의 질병 위험도 예측과 조기 진단으로 바뀌고 있다. 개인이 질병을 명확하게 이해하도록 돕고 더욱더 건강하게 살 수 있도록 하는 것이 최종 목적이다.

호흡가스를 이용한 질병 측정 기술

호흡가스를 이용한 질병 측정 기술은 음주 측정에서부터 폐질환과 당뇨질환의 변화까지 매우 다양한 범위의 질병을 측정할 수 있다. 이 기술은 가스 센서에서 출발했는데 음주 측정 장비와 유사한 형태이다. 호흡할 때 나오는 날숨에 포함된 특정 화합물들이 센서로 측정되어 질병 연관성을 분석하는 것이다. 인체의 폐에는 약 300만 개 이상의 폐포가 존재한다. 폐포는 얇은 모세관 형태의 망으로 둘러 쌓여져 있는데 혈액 내의 이산화탄소와 공기 중의 산소가 들어가고 나가고 하면서 유지된다.

혈액은 다양한 인체의 생리화학적인 현상과 대사 과정의 결과물들을 포함하고 있다. 그중에서 분자량이 적은 화합물들은 호흡 과정을 통해서 내뱉는 숨으로 나오게 된다. 그러다 보니 생리화학적 현상과 대사 과정을 겪은 날숨에는 개인의 질병 상태를 추정할 수 있는 다양한 휘발성 유기화합물들이 포함되어 있다. 특히 질병이 걸린 환자의 날숨에 포함된 유기화합물들 중에서 많은 연구가 진행된 부분도 있다. 조금 쉽게 설명하면 날숨에서 약간 비린내가 난다고 하면 호흡기 염증질환, 곰팡이 냄새가 난다고 하면 간질환, 썩은 계란 냄새가 난다고 하면 위장질환, 유황 냄새는 치아질환,

다양한 웨어러블 기기들

| 핏빗 차지 3 | 스카나두 | 베딧 | 스카이랩스 |

| 아이헬스 산소계측기 | 콰디오 혈압계 | 올리브 헬스케어 벨로 | 덱스콤 G6 |

과일 향이 난다고 하면 당뇨질환, 암모니아 냄새가 난다고 하면 요독증을 의심할 수 있다.

  날숨에 포함된 유기화합물들을 검출하는 방법은 두 가지가 있다. 대표적으로 휘발성 유기화합물의 질량값을 측정하는 질량 분석법이 있다. 질량 분석법은 매우 정밀한 분석 방법이다. 다만 분석자의 전문성이 필요하고 질량분석기기가 고가인 단점이 있다. 언제 어디서나 빠르고 쉽게 분석하기 위해서 바이오 센서 측정 방법에 대한 많은 기술적 진보가 이루어지고 있다. 기존에 환경 유해 가스 감지 센서와 화학전쟁 및 테러에 사용되는 신경독성물질을 감지하는 군사용 화합물 감지 센서, 폭발물 감지 센서, 식품산업에 사용되는 숙성과정 모니터링 센서에 이용되는 기술들이 날숨의 질병진단을 위한 기술에 접목이 된 상황이라고 볼 수 있다.

  이렇게 다양한 분야의 요소 기술들이 바이오 및 질병 진단으로 융합된 것은 인체의 호흡에서 발생된 가스와 질병과의 관계에 대한 논문이 많이 출간되면서 더 활발한 연구가 시작됐기 때문이다.

호흡 센서와 바이오마커

질병	바이오마커	정상인의 호흡	환자의 호흡
폐암	톨루엔	1~20ppb	10~100ppb
당뇨병	아세톤	300~900ppb	1800ppb
신장질환	암모니아	29~688ppb	820ppb~14.7ppm
심장질환	펜테인. 이소프렌	38ppb, 172ppb	100ppb, 255ppb
천식	일산화질소	5~8ppb	80~110ppb
구취	황화수소	50~80ppb	80ppb~2ppm

바이오 센서에 응용된 융합 기술은 나노입자, 광학측정 기술, 전기화학 기술들이 의료과학에 접목된 것이다. 또한 호흡가스를 이용한 질병진단은 다른 진단 방법 대비 비침습 방법으로 채혈이나 조직 채취에 대한 부담이 없고 환자에게 편의성, 가격 경쟁력, 실시간 분석 등과 같은 장점이 있다. 그러나 아직은 임상시험 검증이 더 필요하다.

현재 질량분석기는 매우 발전되어 있지만, 여전히 큰 장비와 전문가의 분석이 필요하다. 소형화 및 시료 전처리 표준화에 노력이 필요할 것으로 생각된다. 따라서 반도체 기술과 광학 기술 기반의 바이오 센서 기반의 호흡 센서에 대한 연구가 호흡가스를 이용한 질병진단 연구에 많은 가능성을 가지고 진행되고 있다.

올스톤OWLSTONE의 리시바(R) 브레스 샘플러는 폐암진단을 위한 임상을 진행하고 있고 센시전트Sensigent의 사란노우즈 전자코Cyranose Electronic Nose는 2000년부터 폐암, 호흡기 질환, 박테리아 감염질환 등에 대한 다양한 연구논문을 출간했다. 또한 니옥스 베로NIOX VERO®는 만성기침, 천식 환자들의 항염증 치료제에 대한 반응 연

호흡 센서의 다양한 기기

구를 진행하고 있다. 현재 약 2,000만 건의 테스트를 수행했다고 한다.[60]

글루케어GLUCAIRTM는 날숨에 포함된 아세톤 가스 분석을 통해서 당뇨질환 위험도를 예측할 수 있고 브레스텍Breathtec은 폐암과 만성 폐쇄성 폐질환COPD에 대한 위험도를 예측할 수 있다고 한다. 측정 기술은 반도체 센서 기술을 이용했다고 한다. 이 기술은 나노 우즈NA-NOSE 기술로 이스라엘로부터 이관받은 기술이다. 시프트Syft 는 선택 이온 흐름관 질량분석기라는 기술을 이용한 기체분석용 기기로 앞에 언급한 바이오 센서가 아니라 질량분석기 기반의 중대형 장비라고 할 수 있다. 질량분석기 방식이라서 호흡가스에 포함된 다양한 성분을 한꺼번에 정량 분석할 수 있다는 장점이 있다.

이스라엘의 호삼 하이크Hossam Haick 박사와 연구팀은 날숨에 포함된 화합물을 분석하고 패턴 분석을 한 결과 17개 질병과 연관되는 유기화합물을 발견했다고 한다. 이스라엘, 프랑스, 미국, 라트비아, 중국 5개국의 9개의 임상시험 센터에서 1,404개의 호흡가스 시료를 수집해서 분석했다. 591개의 건강한 시료와 813개의 환자 시료를 가지고 분석했다. 이때 환자 시료는 17개 질환(폐암, 대장암, 두경

다양한 호흡 센서 기기

부암, 난소암, 방광암, 전립선암, 신장암, 소화기암, 크론병, 궤양성 대장염, 과민성 장증후군, 특발성 파킨슨병, 다발성 경화증, 폐동맥 고혈압, 임신중독증, 만성 신장질환) 중의 하나로 진단받은 환자의 시료이다.

질병의 진단과 분류를 위해서 인공지능 기반의 나노어레이 센서로 호흡가스 시료를 분석하고 기체 크로마토그래피 질량분석기를 통해서 그 호흡가스가 포함한 화합물의 조성을 분석했다. 그중에서 13가지의 휘발성 유기화합물들이 특정 질병과 연관성이 있다는 것을 발견했다고 한다.[61]

불임 및 난임 개선 관련 디지털 헬스

정액 검사는 남성 생식기관에 문제가 없는지를 확인하는 것으로 정관절제 수술 후에 수술이 잘되었는지를 확인하기 위해서 하기도 한다. 병원에서 하는 정액 검사는 사정 후에 정액의 양과 정액에 포함된 정자의 운동성과 정자 밀도(단위 면적당 살아 있는 정자 수) 등을 측정한다. 전세계 약 5,000만 명 부부들의 불임 원인이 남성으로부터 야기된 원인으로 보고되었다. 전세계 남성의 약 12%는 환경적 요인과 다양한 건강 요인이 불임에 영향을 미치는 것으로 보고했다.[62]

비정상적인 정자 상태는 남성 불임의 결정적인 바이오마커 정계정맥류, 호르몬 불균형, Y 염색체 미세결손 정자의 질을 떨어뜨릴 수 있는 건강상태 등과 연결된다. 기본적으로 남성불임을 확인하기 위해서 가장 일반적으로 하는 검사가 정액 검사이다. 하지만 비뇨기과에 방문해서 정액 검사를 받는 것은 남성들에게 그렇게 반가운 일은 아니다. 또한 경제적 관점, 문화적 차이, 사회통념, 지역적 특성, 종교적 요인 등은 불임 치료를 하는 데 큰 방해물이 된다. 특히 개발도상국가의 경우에는 불임에 대해서는 질병으로 대하지 않고 종종 무시해버리는 경우도 있다.[60] 정액에는 과당, 비타민 C, B12, 아연, 콜레스테롤, 단백질, 혈액형 항원, 칼슘, 염소, DNA, 마그네슘, 인, 나트륨, 칼륨, 요산, 젖산, 구연산 등이 포함되어 있다.

이러한 정액 검사에는 다양한 항목이 있다. 2010년에 WHO에서 정액 검사 기준을 발표했다. 그에 대한 세부사항은 다음과 같다. 정자수는 정액 1밀리리터당 1,500만 개 이상, 정액량은 사정 시 1.5밀리리터 이상이어야 하고 전체 정자의 40%는 활동성을 가지고 있고 4% 이상의 정자가 정상 모양을 가지고 있어야 한다고 정했다. 정자의 꼬리 부분에 미토콘드리아가 있다. 정자가 난자에 수정을 할 때 정자의 꼬리 부분이 떨어진다. 그래서 자식들의 미토콘드리아는 어머니에게 받은 것이다.

남성의 정액은 보통 불투명한 회백색을 띠고 있지만 나이가 들수록 노랗게 변하는 성향이 있다. 마늘 같은 음식을 많이 섭취하면 노란 정액이 나타날 수 있다. 또한 정액이 진한 노란색이거나 녹색을 띠면 병원에 가서 검사를 받아 봐야 하며 갈색을 띠면 감염됐거나 전립선, 요도, 고환의 염증이 생겼을 수도 있다. 병원에 꼭 방문을 해야 한다.

과당 수치는 정자가 움직이는 데 필요한 에너지와 연관이 있다고 한다. 정액의 pH(산도)는 감염과 연관이 있고 난자에 침투할 때 영향을 미칠 수 있다. 추가적으로 DNA 위험도 측정을 한다고 한다. 미세유체공학, 전자공학, 모바일 헬스 솔루션 등이 발달하면서 병원에 꼭 방문하지 않더라도 원하는 장소에서 편하게 빠르고 적절한 가격으로 정액 검사를 할 수 있게 되었다.

스펌체크SpermCheck[67] 검사 방법은 임신진단 키트와 유사한 형태로 정액 1밀리리터에 약 2,000만 개 이상이면 선이 두 개가 나타나서 정상으로 보면 되고, 2,000만 개 이하일 경우 위에 선 하나만 나타나게 된다. 가격은 약 40달러 정도로 미국 CVS나 월그린과 같은 약국이나 슈퍼마켓 및 온라인에서 구입이 가능하다. 그러나 정확한 정자수에 대한 정보, 활성 정자에 대한 정보, 정자의 기형이나 형태에 대해서는 정보를 제공하지 않는 단점이 있다.

미크라 스펌테스트Micra sperm test는 현미경을 이용한 검사 방법으로 가정에서 아주 작은 휴대용 현미경으로 정자수, 활성도, 정액량을 측정하는 것이지만 측정 값의 오류가 크다는 보고가 있다. 이베이나 아마존 등에서 구입이 가능하다. 가격은 소형 현미경 때문에 85달러 정도이다.

트랙 스펌테스트Trak sperm test[68]는 일회용 카트리지에 정액을 약간 묻힌 뒤에 휴대용 원심 분리기에 집어 넣고 고속으로 회전하면서 정자와 액체를 분리시킨다. 카트리지 끝에 표시된 숫자를 통해서 정자수를 확인할 수 있다. 1밀리리터의 정액에 5,500만 개 이상의

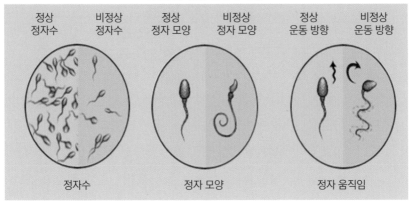

비정상 및 정상 정자의 특성[64]

| 정상
정자수 | 비정상
정자수 | 정상
정자 모양 | 비정상
정자 모양 | 정상
운동 방향 | 비정상
운동 방향 |

정자수　　　　　　정자 모양　　　　　　정자 움직임

정자가 있으면 임신 가능한 상태이고 1,500만 개의 정자가 있으면 불임치료 상담받는 것을 추천한다. 휴대용 원심분리기, 카트리지 6개, 검사용 액세서리, 남성 건강 관련 가이드북 포함해서 174.99 달러에 구입할 수 있다.

스윔카운트 스펌테스트SwimCount sperm test[70]는 상대적으로 저렴한 가격으로 정액에 포함된 활성 정자수를 측정할 수 있다. 대신에 검사결과를 확인하려면 1시간 정도 걸린다. 결과는 낮음(500만 개/밀리리터), 정상(중간: 500만~2,000만 개/밀리리터), 정상(높음: 2,000만 개이상/밀리리터)으로 표시될 수 있다. 가격은 58달러 정도에 구매할수 있다.

요 스펌 테스트YO sperm test[71]는 스마트폰 렌즈와 혹은 휴대용 기기로 맥 혹은 윈도 PC와도 연결이 가능하다. 미세유체역학Microfluidics 기술을 이용해 정액에 존재하는 활성 정자수를 측정할 수 있다. 또한 스마트폰 카메라를 이용하기 때문에 정자의 움직임을 동영상으로 저장할 수 있고 추가적인 전문가의 분석을 위해서 클라우드에 정보를 저장할 수도 있다.

정자의 세부 구조[65]

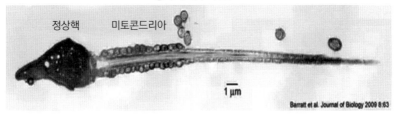

요 모바일YO mobile과 PC용은 60달러에서 70달러이고 리필키트(2
번 검사 가능)는 46달러에 구입 가능하다. 아이스펌ISperm[72]은 가축들
의 수정 확률과 인공수정 성공률을 높이기 위한 수단으로 활용되
는 기술이다. 돼지, 가금류, 염소, 소, 말, 개 등의 자연수정 및 인공
수정을 위한 정자 검사를 할 수 있다. 아이패드와 광학 장비를 통
해서 정자를 분석하고 전반적인 관리를 할 수 있다.

이러한 다양한 디지털 헬스 기술이 접목된 가정용 정액 검사 키
트 및 디바이스가 개발되었고 상용화되었다. 하지만 가정용 검사
로는 WHO가 지정한 정액 검사의 모든 항목을 만족할 수가 없고

수정과 미토콘드리아 관계[66]

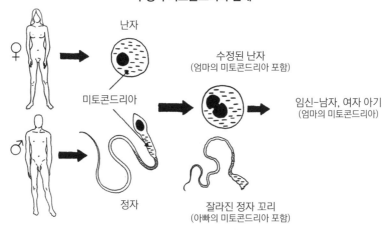

정액 검사기의 특성 비교[69]

정액 검사기	방법	측정 파라미터	검사 시간	가격(달러)	정확도
스펌체크	색변화·항체 반응	정자수	10분	39.99	98%
미크라	현미경	정자수·활성도·정액량	30분	85	표기 안 됨
트랙	원심분리·스마트폰 카메라	정자수	36분	199.99	97%
스윔카운트	색 변화·항체 반응	활성 정자수	1시간	58.50	95%
요	스마트폰	활성 정자수	13분	49.95	97%
에피소나	유전자 검사 (우편으로 시료 전달)	유전적 비정상성	2주	895	표기 안 됨

정확도에 대한 검증이 조금 더 필요하다. 정확한 불임 원인 분석 및 전문가의 처방을 위해서는 반드시 병원 방문 후 전문가와 상담해야 한다.

바이오 시큐리티: 홍채, 지문, 얼굴 인식

생체 인식은 바이오메트릭스Biometrics라고 하며 특정 사람의 신원을 생리학적 특징과 행동학적 특정을 기반으로 인증하거나 인식하는 자동화된 방법이다. 생체 인식은 1858년 윌리엄 허셜William Herschel이 처음으로 손 이미지에 대한 표준을 만들면서 시작되었고 1892년 프랜시스 골턴Francis Galton이 개인의 지문을 구별하는 방법을 고안했다. 지문 인식은 100년이 넘은 지금도 사용되고 있다.[74]

1903년에 미국 뉴욕주 감옥 시스템에 범죄자의 인식을 위해서 지문 분류 방식이 사용되었고 1921년 FBI는 지문감식 부서를 설

정자 활성도 측정 기기[73]

스펨체크   미크라   스윔카운트

요   트랙   마이스펌

립했다. 1936년 안과의사인 프랭크 버취Frank Burch는 홍채 패턴을 신분 확인에 사용할 수 있다고 제안했다. 1960년에 우드로 블레드소Woodrow W. Bledsoe는 반자동의 얼굴 인식 장치를 개발했다. FBI는 미국 국립표준기술연구소NIST가 개발한 지문자동검색시스템AFIS, automatic fingerprint identification system을 사용하게 되었다.

S. 프루잔스키S. Pruzansky는 1963년에 목소리 인식 관련 논문을 발표했다.[75] 1973년에는 일본 교토대학의 T. 카나데T. Kanade가 얼굴 인식 관련 논문을 발표했고 1975년에 지문자동검색 시스템 센서가 출시되었다고 한다. 홍채 인식 관련되어서는 1987년에 L. 플롬L. Flom과 A. 사피르A. Safir가 특허를 출원했다.[76]

지문, 얼굴, 망막, 홍채, 손의 형태, 유전자, 귀, 채취, 손금, 입의 움직임, 손의 정맥, 걸음걸이, 개인필체(사인), 키보드 입력속도, 목소리, 얼굴 열 영상 등 수많은 방식으로 개인 신분 확인을 하는 기술이다. 현재 모바일 뱅킹을 포함한 전자상거래, 시스템 및 데이터 접근 보안, 휴대폰이나 개인 컴퓨터 로그인, 공항의 출입국 관리,

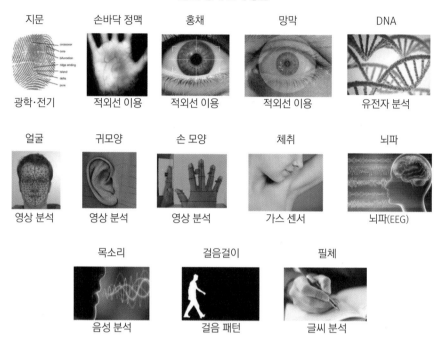

다양한 생체 인식 방법

지문	손바닥 정맥	홍채	망막	DNA
광학·전기	적외선 이용	적외선 이용	적외선 이용	유전자 분석

얼굴	귀모양	손 모양	체취	뇌파
영상 분석	영상 분석	영상 분석	가스 센서	뇌파(EEG)

목소리	걸음걸이	필체
음성 분석	걸음 패턴	글씨 분석

기업 출퇴근 및 가정집 도어락 관리, 범죄자 식별, 전자주민증에 사용되고 있다. 의료 현장에서도 환자의 신분 확인, 의무기록 관리, 무인전자처방전 등에 사용된다.

또한 안면 인식을 통한 전염성 질환 감염자 식별에 사용되며 인물 사진 구분과 관리 그리고 닮은 연예인 찾기 등에 활용되고 있다. 광학 카메라를 이용해서 이미지를 얻고 영상 분석을 하는 기술이 대부분이다. 단, 일반 광학 카메라로 분석하는 방법과 적외선 카메라를 이용하는 방법이 있다. 또한 DNA는 유전자 분석 방법을 사용하고 체취는 일종의 가스 센서를 통해서 분석할 수 있다. 최근에는 뇌파EEG 분석을 통해서 신원 확인이 가능한 기술의 진보를 가져오기도 했다.[77]

바이오 인증 기술들의 정확도 비교: 금융결제원[79]

구분 본인 거부율 타인수락률	활용도(%)	디바이스·제조 회사(%)
지문	0.1~0.5	0.001~0.01
홍채	0.0001~0.1	0.000083~0.0001
손바닥 정맥	0.01~0.1	0.00008~0.0001
손가락 정맥	0.01~0.	0.0001~0.001
음성	1	0.1
얼굴	1~2.6	1~1.3

생체 인식은 크게 두 가지로 나뉜다. 나의 신체의 특정 부위(손, 눈, 얼굴, 귀 등)를 통하거나 인체에서 나올 수 있는 유전자, 채취, 뇌파 등을 이용한 신원 확인과 행동적 특징, 예를 들어 음성패턴, 걸음패턴, 글씨 등을 이용한 신원 확인이다. 생체 인식 방법은 기본적으로 보편성, 차별성, 영속성, 수집 가능성, 성능, 수용성, 안정성 등을 특징으로 이야기할 수 있다.

다음 표에서 보면 지문, 홍채 스캔, 망막 스캔의 경우가 기본적인 특성에서 높은 점수를 차지한다. 필체나 키보드 입력의 경우는 상대적으로 낮은 점수를 차지한다. 그러나 우리가 SF 영화에서 본 것처럼 지문 복사 등의 위험이 발생할 수가 있다. 유전자의 추출 방법과 분석 방법이 조금 간단해지면 유전자를 이용한 신원 확인이 더 확산될 가능성이 있다.

홍채 인식은 한쪽 눈 분석 시는 100만 분의 1이고 양쪽 눈 분석 시에는 1조 분의 1 정도로 오류 확률이 상당히 낮다. 또한 지문 인식은 식별 특징이 약 40개 정도이고 홍채 인식은 260개 정도라고 한다. 추가적으로 홍채는 살아 있는 사람만 측정이 가능하다. 대신 너무 햇볕이 강한 낮에는 인식률이 떨어질 수 있고 다초점 렌즈나

바이오 인증 기술들의 세부 특성 비교 분석

측정지표	보편성	차별성	영속성	수집 가능성	성능	수용성	안정성
				(H=High M=Medium L=Low)			
얼굴	H	L	M	H	L	H	L
지문	M	H	H	M	H	M	H
손 모양	M	M	M	H	M	M	M
키보드 입력	L	L	L	M	L	M	M
손 정맥	M	M	M	M	M	M	H
홍채 인식	H	H	H	M	H	L	H
망막 스캔	H	H	M	L	H	L	H
필체	L	L	L	H	L	H	L
목소리	M	L	L	M	L	H	L
얼굴 열 영상	H	H	L	H	M	H	H
체취	H	H	H	L	L	M	L
DNA	H	H	H	L	H	L	L
걸음걸이	M	L	L	H	L	H	M
귀 형태	M	M	H	M	M	H	M

안경을 착용한 경우는 인식 성공률이 줄어들기도 한다.[78]

추가로 입술의 움직임을 통한 생체 인식 분야의 기술 개발이 시작되었다. 입술의 모양, 입술에 있는 주름, 입술의 움직임은 지문처럼 개인별로 다른 형태를 가지고 있다. 또한 입술의 주름은 성별도 구분할 수 있다는 연구결과도 있다.[79]

전통적인 생체 인식의 기술적인 한계들은 여러 개의 생체 인식 데이터들을 통해서 보완할 수 있으며 실시간적인 행동인지를 통한 보완책이 개선될 것으로 예상된다. 한국 바이오 인식협의회 의장인 김학일 교수는 개인화가 특징인 4차 산업혁명 시대에는 인공지능형 모바일 생체 인식 기술이 개인인증의 핵심이라고 언급했다.[82]

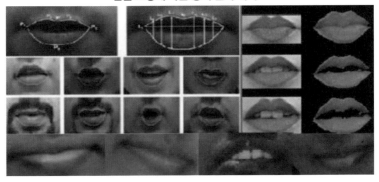
입술 모양에 따른 생체 인식 예시[81]

IT 기술과 개인 맞춤의료

2000년대에 처음으로 휴먼 게놈 프로젝트가 완성되고 나서 빅데이터 혁명이라는 용어가 생명과학 및 의학에서 사용되기 시작했다. 이 빅데이터는 단순히 DNA 서열분석 정보에 한정되지 않는다. IT 기술은 DNA, RNA, 단백질, 세포의 연결고리의 실마리를 찾아냈다. 예를 들어 헬스케어 생태계 구성요소들을 포함하는 모든 데이터, 즉 환자의 생물학적인 정보들, 화합물 데이터베이스, 과학 논문 연결고리, SNS 환자 데이터, 제약회사 데이터베이스, 의료보험 청구 데이터베이스 등을 포함하는 것을 헬스케어 빅데이터라고 규정지을 수 있다.

1명의 헬스케어 생태계에서 생성된 데이터가 2013년 기준 153엑사비트 정도이며 2020년에는 약 2,314엑사비트가 생성될 것으로 추정하고 있다. 이렇게 어마어마하게 큰 데이터를 의미 있는 것과 의미 없는 데이터로 구분하고 분석하고 융합하고 저장한다는 것은 큰 도전이다. 정밀의료에서 중요하게 구분하는 데이터와 그와 관련된 알고리즘은 다음과 같이 다섯 가지로 나눌 수 있다.

- 분자구조와 기능 간의 상관관계를 분석 알고리즘으로 특정 분자가 가질 수 있는 기능을 예측할 수가 있다. 특히 새로운 약물로 사용될 수 있는 분자구조를 시뮬레이션하는 기능이 있다.
- 유전자와 유전자 발현 알고리즘으로 종양이나 낭포성 섬유증과 같은 이종 질환과 상관되는 것으로 돌연변이를 포함한 비정상을 알아내기 위해서 사용된다.
- 복합 알고리즘으로 인공지능, 특히 더 폭넓은 예측력을 위해서 임상정보와 다른 생물학적인 정보 및 과학 연구논문 데이터와 생물학적 데이터를 함께 분석한다. 다른 표현으로는 머신러닝이라고도 한다. 머신러닝 기술은 단순히 과학자들이 기존에 알려지지 않았던 약물 타깃이 될 수 있는 차별화된 바이오마커를 찾는 데 큰 도움을 줄 뿐 아니라 알려진 약물 타깃과 치료제들을 기반으로 한 치료법이 특정 환자에 적용할 수 있도록 하는 데 큰 도움을 줄 수 있다.
- 웨어러블 센서 데이터 처리 알고리즘으로 각종 생체 신호와 활동 등과 연관된다. 주로 온도, 심박수, 혈압, 혈당, 산소포화도, 심전도, 칼로리 소모, 활동량, 몸무게, 체성분 등을 포함하는 데이터이다. 주로 라이프로그에 대한 전반적인 데이터를 얻을 수 있다.
- 이미지 데이터 분석 알고리즘으로 엑스레이, 컴퓨터단층촬영 CT, 핵자기공명영상MRI, 양전자단층촬영PET, 초음파 영상, 위·대장내시경 검사 등에서 얻어지는 이미지 데이터이다. 특정

장기에 발생하는 종양 혹은 정상 조직의 발견에 주로 사용되고 있다.

5개의 주요한 알고리즘을 통해서 엄청나게 큰 측정 데이터로부터 임상적 의미가 있는 정보를 추출해내고 필요할 때 다시 측정 데이터를 분석하는 것이 개인 맞춤의료의 궁극적인 데이터 활용 방법이다.

데이터베이스와 개인 맞춤의료의 활용성

의사들은 질병에서 얻은 경험 및 지식을 기반으로 임상 때 의사 결정을 한다. 통상적으로 매우 정제된 경우의 질병에 해당하는 표준화된 치료 가이드라인을 기준으로 한다. 따라서 이런 방대한 데이터베이스는 의학계에 큰 패러다임의 변화를 이끌 수 있다. 이 개인 데이터베이스에서 근간한 정보는 실시간으로 접근이 가능하며 좀 더 정밀하고 개인화되고 정량적으로 개인의 건강상태를 관리할 수가 있다. 예를 들어 암 환자의 경우에 특정 유전자 변이, 분자 프로파일, 그리고 분석 알고리즘을 기반으로 같은 암으로 진단받은 환자들의 그룹에서 어떻게 치료받을 수 있고 치료 후 결과가 어떻게 되는지 예상하고 예측할 수가 있다.

우리는 이것을 데이터 기반 헬스케어Data-driven healthcare라고 정의할 수 있다. 특정 치료제로 치료받은 환자의 반응 결과는 통합 저장되고 향후에 다른 환자들을 치료하는 근거로 사용되어 좀 더 정확성이 강화된 데이터베이스가 될 수 있다. 말 그대로 '살아 있는 데이터베이스'로 점진적으로 진화하는 데이터베이스가 될 수 있다.

애플, 구글, 인텔, 마이크로소프트, 아마존, 삼성, 알리바바, 카카오 등의 회사들은 헬스케어 관련한 다양한 소프트웨어와 데이터베이스 관리 솔루션을 개발하고 있다. 특히 다른 곳에서 형성된 데이터들을 연결하고 시각화하며 복잡한 헬스케어 데이터들을 통합하고 관리하는 데이터 과학자와 의과학자의 매우 활발한 연구가 진행되고 있다.

전자처방전과 병원 정보 시스템

국내 의료 생태계는 상당히 진보된 선진국 시스템이다. 국가 기반의 국민건강보험과 함께 다양한 실비보험 서비스를 비롯해서 주거지역의 가까운 곳에 1차 병원 및 클리닉들이 많다. 의료시설에 대한 접근성은 상당히 좋은 환경이다.

또한 대한민국의 IT 인프라 역시 매우 잘되어 있고 스마트폰 보급률 또한 상당히 높은 수준이다. 이렇게 우수한 의료 및 IT 환경을 기반으로 전자처방전과 병원정보시스템HIS, Hospital Information System, 전자의료기록EMR, Electronic Medical Record, 개인건강 정보시스템 PHR, Personal Health Record 등 기술의 발전과 산업의 확산이 시작되고 있다.

추가적으로 클라우드 기반과 인공지능이 접목된 형태의 새로운 융합 기술과 산업 영역도 형성되고 있다. 특히 헬스케어 온-오프라인 연계 사업(O2O 사업)에서 카카오가 많은 역할을 할 것으로 예상된다. 2018년 3월에 서울 일부 지역에서 전자처방전 시범사업이 진행되었다. 서울대병원과 삼성서울병원 인근 약국에서 전자처방전 이용 시범사업이 진행되었다. 기존의 병원에서 출력된 처방전을 들고 약국에 가는 것이 아니라 병원에서 발급해준 전자처방전을 스마트폰에 전송받아 약국에 가는 것이다.

　이 방법은 2015년 기준 약 5억 건이 넘는 종이처방전 발급 비용을 줄일 수 있고 보관 이슈도 해결한다는 장점이 있다. 또한 처방전을 전자화하여 종이처방전 분실이나 훼손에 따른 개인정보 유출, 처방 정보 입력 오류, 위변조 위험, 종이구입·프린팅·보관 비용 발생(연간 약 200억 원) 등의 문제를 해결할 것으로 추정된다.

　추가적으로 처방 데이터가 많이 모이면 빅데이터가 되며 처방 관련 빅데이터를 기반으로 개인 맞춤형 헬스케어 서비스가 가능할 수도 있다. 전자처방전은 병원, 환자, 약국, 심평원, 보건복지부, 과기 정통부 등 다양한 헬스케어 관계자들이 참여가 필요한 사업이라고 할 수 있다. 전자처방전 시범사업은 3년에 걸쳐 총 3단계로 이루어진다.

　아직 보건복지부, 과학기술정보통신부, 건강보험심사평가원 등의 조율이 필요한 상황이라고 한다. 따라서 현실화가 언제 될지는 확실하지는 않지만 다음과 같은 계획을 가지고 있다.

- 1단계: 종이처방전→ 전자문서 전환. 시범사업은 한국인터넷 진흥원과 대한약사회가 진행
- 2단계: 전국 확산 목표. 과기정통부와 보건복지부가 병원 처방전 발급 절차를 없애기로 합의했음. 따라서 과기정통부는 종이처방전 발행을 줄이고 전자처방전에서 추출할 수 있는 빅데이터를 모으는 게 목표. 보건복지부는 진료-처방-조제에 대한 전반적인 빅데이터를 통해서 국민 건강 증진에 적극적인 활용을 하려고 함
- 3단계: 종이처방전과 전자처방전 자체를 없앰. 처방 관련 데

이터는 심평원을 통해서 약국에 바로 전달되고 약국에서 본인 인증 절차를 진행하며 처방 관련 데이터를 확인할 수 있도록 함. 중개 사업자를 거치지 않고 바로 처방 관련 데이터가 전송되기 때문에 개인정보 유출의 위험이 적을 수 있음. 이때 심평원이 운용하는 의약품 안전사용 서비스DUR, Drug Utilization Review를 통해서 처방 관련 데이터의 연동을 계획하고 있다고 함.

국내 중견 기업들도 현재 다양한 형태로 스마트 헬스케어 플랫폼들을 선보이고 있다. 그중 유비케어는 1994년에 병의원 의료정보화 사업을 목적으로 설립이 된 코스닥 상장 회사이다. 특히 의원용 전자의무기록을 처음 개발 후 출시하여 전국 의원의 약 45% 정도가 사용하고 있다.

또한 카카오나 모바일 헬스케어 앱인 똑닥과 협력하여 모바일 환경 기반으로 병원 예약과 접수 서비스를 진행하고 있다. 똑닥 서비스를 도입할 경우 방문 접수에 비해서 약 4분의 1까지 대기시간을 줄일 수 있다. 유비케어는 디지털 헬스케어 산업의 다양한 제품과 서비스 포트폴리오를 지속적으로 강화하고 있다.

레몬헬스케어는 서울대병원과 협력하여 스마트 헬스케어 플랫폼 앱인 엠케어M-care를 출시했다. 진료 예약부터 모든 진료 절차를 해결하리라 기대하고 있으며 외래-입원-건강검진 등 환자의 구분에 따른 검사결과 조회, 회진, 식단표 등의 맞춤형 서비스도 이용할 수 있다.

서울대학교 병원용 엠케어 앱은 음성인석 기능도 포함하고 있다고 한다. 서울대학교 병원뿐 아니라 건국대, 중앙대, 인하대, 창원

전자처방전 시범사업 범위(출처: 한국인터넷진흥원)[83]

병원	① 병원처방전 발급 (종이처방전·프린터)	① 병원처방전 발급-모바일 기기 사용자: 처방전을 전자적으로 발급(스마트폰, 태블릿PC 등) ※ 병원처방전 전자적으로 발급하기 위한 보편적인 기술을 활용하여 발급 프로그램 개선 - 모바일 기기 미사용자: 종이처방전 발급(예시: 2D 바코드, QR코드 등) ※ 종이처방전을 발급하여 정보 격차 취약계층 지원
환자	② 처방전 수령·약국 제출(종이)	② 처방전 수령·약국 제출(전자) - 모바일 처방전 간편전달 병원용 앱 개발 ※ 개인의 모바일 처방전 관리 및 약국 제출 등
약국	③ 약국 조제, 심평원에 심사 청구데이터 전송(전자)	③ 약국 조제, 심평원에 심사청구 데이터 전송(전자) - 환자가 제출한 종이 및 모바일 처방전 처리를 위한 약국 청구 프로그램 연계 ※ 기존 약국에서 사용 중인 기술을 최대한 활용
	④ 약국처방전 보관 (종이, 2~3년 후 폐기)	④ 처방전 전자적 보관·폐기 ※ 공인전자문서센터 활용 가능

경상대병원, 가톨릭관동대 국제성모병원, 인제대 백병원, 화순전남대병원, 전북대학교 병원 등에서 확장할 예정이라고 한다. 향후 복잡한 실비보험 청구까지 앱에서 한 번에 처리하는 맞춤형 솔루션을 실현할 예정이라고 한다. 또한 외래 수납, 입원 중간정산 기능과 같은 핀테크 서비스도 가능할 수 있다.

포씨게이트4C gate는 병원에서 자유로운 수납과 예약을 할 수 있도록 키오스크와의 접목이 가능한 솔루션을 개발하고 있다. 특히 환자들이 직접 접수, 수납, 처방전 발급을 할 수 있고 진료비 영수증 발급과 같은 기능도 추가적으로 가능하게 할 예정이라고 한다. 또한 키오스크를 통해서 비접촉식으로 체온 모니터링이 가능해서 메르스나 인플루엔자 같은 전염병 발생 시에 활용이 가능하다.

전자처방전 관련 비즈니스 모델 보유 회사[84]

UBcare
유비케어

똑닥
똑닥

Lemon HealthCare
레몬헬스케어

ezCaretech
이지케어텍

4C gate
포씨게이트

BIT 비트컴퓨터
비트컴퓨터

kakao
카카오

PHI digital healthcare
파이디지털 헬스케어

CREDOWAY HEALTH & FAITH
크레도웨이

레몬헬스케어의 서비스[85]

큐어링크CURELINK 서비스는 키오스크, 모바일 앱, 카카오톡 챗봇 서비스 등을 통해서 병원에 방문한 환자들에게 통합적인 병원 서비스의 환경을 제공할 수 있도록 하는 것이 최종 목적이라고 한다. 병원 진료 및 전체 시설에 대한 소개뿐 아니라 처방전과 병원비 수납 부분도 통합해서 서비스하는 지능형 플랫폼이다.

포씨게이트 제공 서비스[85]

투약정보	번호표발급	진료과도착확인	병원비수납	전자처방전	제증명발급	보험청구
의료진소개	의료진상담	부서번호	입/퇴원 안내	진료이력조회	검사결과조회	나의스케줄
병원소개	병원소식	진료안내	병원 오시는길	주차/발렛안내	건강정보	진료과소개

2장

개인 맞춤의료의
기술과 미래

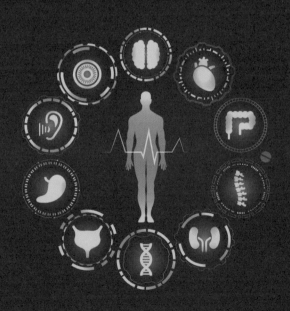

정밀의료와 동반진단

정밀의료는 유전정보와 생활 및 임상정보 등을 기반으로 개인을 분류하는 것에서부터 시작하며 맞춤의료 관련 보고서들은 표적치료, 맞춤의약, 세포 치료제, 바이오마커, 동반진단 등에 대한 정보들을 언급하고 있다. 개인 맞춤의료는 좁게는 특정 질병에 대한 의약품에서부터 넓게는 환자의 특성을 고려한 모든 의료 행위를 포괄하는 개념이다. 종양 관련 산업에 대해서 이해하기 위해서는 환자들이 질병을 겪어가는 과정에서 어떠한 경험을 하는지 이해하고 핵심을 알아내는 것이 매우 중요하다. 보통 우리는 '환자 여행' 이라는 표현을 사용한다.*

이런 여행은 진단도 중요하지만 환자의 고통을 함께하고 이기는

---

* http://www.newsworks.co.kr/news/articleView.html?idxno=175572

과정이 더욱 중요하다. 이런 과정을 좀 더 알아감으로써 환자들이 어떻게 암을 발견하고 치료 방법, 치료 후 모니터링, 그리고 치료에 대한 종료 과정 속에서 실행되는 의료 행위 단계들에 대해서 더욱 많이 알 수 있다. 암은 매우 불규칙적이고 넓은 범위에 발병할 수 있는 질환이다. 인체 모든 부위에서 잠재적으로 암이 발병할 수 있다.

질환별 약물에 대한 반응성

항우울제는 전체 환자군 중 38%가 약효가 듣지 않는다. 천식약은 40%, 당뇨약은 43%, 관절염 50%, 알츠하이머병은 70%가 약효가 듣지 않는다. 또한 항암제의 경우는 75%가 약효가 듣지 않는다. 많은 비율의 치료제가 다양한 환자들의 평균에 맞추어서 개발되었기 때문이다. 개인 맞춤치료를 위해서는 개인 질병의 유전적 요인과 후생학적 요인 등에 따라서 적합한 치료제의 선택이 매우 중요하다.

질환별 치료제의 반응 다양성[87]

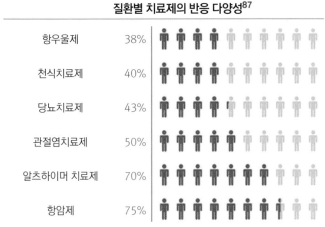

항우울제	38%
천식치료제	40%
당뇨치료제	43%
관절염치료제	50%
알츠하이머 치료제	70%
항암제	75%

치료제 효과가 나타나지 않는 비율 (%)

기존 항암제의 작용기전은 암세포의 성장을 저해시키는 것이다. 따라서 조혈세포나 모근세포 등과 같은 정상세포도 사멸하는 부작용이 있다. 이러한 부작용 등을 최소화하기 위해서 특정 바이오마커들을 선택적으로 인지해서 사멸하는 표적항암제가 개발되었다. 기존의 항암제에 비해서 부작용이 적은 편이다. 표적항암제는 크게 두 가지로 구분할 수 있다. '신호전달경로 억제제'와 '혈관신생 억제제'이다.

표적치료제 명명법

표적치료제의 이름들이 매우 특이한데 ~mab(맵)이나 ~nib(닙)으로 끝나는 것을 볼 수 있다. 이렇게 약의 이름을 붙이는 것에 대한 식이 존재한다. 약물이 단일항체의 경우는 ~mab(맵)으로 끝나게 되고 단분자의 경우는 ~nib(닙)으로 끝난다. 다음의 표에 조금 더 자세한 설명이 있다. 접두사는 다른 약물과 겹치지 않도록 설정을 하는 것이고 항체인지 단분자인지에 따라서 끝에 맵과 닙을 결정하게 된다.

가장 선택이 많은 부분이 중간에 들어가는 부분이다. 단일클론 항체를 이용한 약물이 순환기 계통의 약물이라면 ~ci(r)~이 들어가고 면역체계 관련이라면 ~li(m)~이 들어가고 종양의 경우에는 ~t(u)~가 들어간다. 항체의 근원에 따라서 다음과 같이 세 가지의 형태가 가능하다. ~ximab~은 인간-쥐 키메릭 항체이며, ~zum-ab~은 인간화된 쥐에서 온 항체이고, ~mumab~은 완전히 인간에서 온 항체라고 보면 된다.

약물 명명법[88]

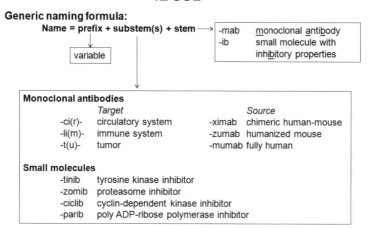

Generic naming formula:

Name = prefix + substem(s) + stem → | -mab | monoclonal antibody
| -ib | small molecule with inhibitory properties

variable

Monoclonal antibodies

	Target		Source
-ci(r)-	circulatory system	-ximab	chimeric human-mouse
-li(m)-	immune system	-zumab	humanized mouse
-t(u)-	tumor	-mumab	fully human

Small molecules

-tinib	tyrosine kinase inhibitor
-zomib	proteasome inhibitor
-ciclib	cyclin-dependent kinase inhibitor
-parib	poly ADP-ribose polymerase inhibitor

단분자로 구성됐거나 타이로신 카이네이즈 저해제tyrosine kinase inhibitor인 경우는 ~tinib~으로 사용되며, 프로테아좀 저해제proteasome inhibitor인 경우는 ~zomib으로 사용되고, PARP저해제poly ADP-ribose polymerase inhibitor인 경우에는 ~parib으로 사용된다.

약물의 명명법을 이해하면 약물이 어떤 작용을 하고 어떤 형태로 되는지 유추할 수 있게 된다. 예를 들어 RituximabRituxan, Mabtera의 경우를 보면, Ri + tu + ximab으로 나눌 수 있게 된다. Ri는 접두사이고, tu는 종양 치료제임을 알 수 있다. ximab으로 보면 인간-쥐 키메릭 항체에서 온 단일클론항체임을 알 수 있다.

다시 정리하면 인간-쥐 키메릭 단일클론항체로 구성된 표적항암제로 정상 및 악성 B세포에 발현된 CD20 항원을 표적으로 해서 체내의 면역체계가 표지된 악성 B세포를 공격하게 한다. 따라서 이 치료제는 CD20 항원이 확인된 암에서만 사용이 가능할 수 있다. 다른 예로 GefitinibIressa의 경우를 보면 Gefi+tinib으로 나눌 수 있다.

Gefi는 접두사이고 tinib은 타이로신tyronsine 키나아제kinase 억제제 inhibitoor를 타깃으로 하는 단분자로 구성된 표적항암제임을 알 수 있다. 다시 정리하면 EGFR_HER1/ERBB1 타깃으로 하는 비소세포폐암 치료제이다. 이 치료제를 처방하기 위해서는 EGFR 엑슨 19 절단deletion, 엑슨 21 치환(L858R), 변이 등이 있는 경우에 처방이 가능하다.[89] 이러한 표적항암치료제는 기존의 항암제보다는 상대적으로 부작용이 적지만 암세포 생성 과정과 연관 있는 특정한 바이오마커만을 공격한다.

따라서 같은 종류의 암에 걸렸더라도 특정 바이오마커가 발현되는 환자에게만 효과를 기대할 수 있다. 즉 표적항암치료제의 효과적인 처방을 위해서는 환자가 특정 바이오마커의 발현을 가지고 있는지 여부를 확인해야 한다. 결론적으로 이러한 바이오마커의 발현 여부를 진단하여 적절한 표적치료제를 처방하는 것을 동반진단Companion Diagnostics이라고 한다. 동반진단은 두 가지의 장점을 제공할 수 있다.

첫째, 보험자Payor 입장에서는 동반진단을 통한 환자 선별로 표적치료제에 적합한 환자들을 선별할 수 있다. 이러한 선택적인 환자의 선별은 치료에 반응성이 없거나 적은 환자들에게 고가의 표적치료제를 처방하지 않도록 해서 보험급여를 받는 처방비를 줄일 수 있다. 둘째, 부작용 치료에 사용되는 추가적인 의료비용도 줄일 수 있다. 가장 중요한 것은 동반진단 후 표적치료제를 처방받은 환자들의 건강상태가 일반 항암제에 비해서 상대적으로 좋게 향상되고 치료에 대한 반응성과 추가적인 전이가 되지 않는 결과를 유도할 수 있다. 여기서 전제되어야 할 것은 동반진단 검사의 민감도와 특이도에 대한 한계 때문에 생길 위험을 최소화해야 한다.

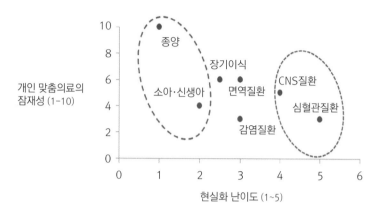

개인 맞춤의료와 질병과의 상관관계[90]

기존에 사용되는 동반진단 검사 방법은 주로 면역조직화학염색법IHC, Immunohistochemistry, 형광제자리부합법FISH, fluorescence in situ hybridization, 중합효소 연쇄 반응PCR, Polymerase Chain Reaction, 차세대 염기서열분석NGS, Next Generation Sequencing의 네 가지 방법이 사용되고 있다. 질병의 종류, 검사시료의 종류, 검사 후 분석해야 할 바이오마커의 형태(저분자, 단백질, 유전체 등)에 따라서 다양한 형태의 검사 방법과 기술이 사용될 수 있다. 현재 동반진단에서 가장 큰 부분을 차지하는 부분은 종양 분야이다. 그에 해당하는 검사 방법도 제일 많이 개발되어 있다.

종양 분야는 개인 맞춤의료 영역에서 가장 잠재력이 크고 현실화도 빠르다. 특히 항암제와 다양한 진단 기술의 개발이 매우 활발하게 진행되고 있다. 그다음으로는 중추신경계통 질환인 알츠하이머병이나 파킨슨병 등과 심혈관질환 관련한 개인 맞춤의료는 여전히 직관적인 치료와 진단의 영역으로 초기 상태로 장기간의 시간이 걸릴 것으로 판단된다. 동반진단은 치료와 진단의 조합으로 다

동반진단이 제공할 수 있는 다양한 가치

치료 ＋ 동반진단 ＝ 표적치료

| 임상적 가치 | 경제적 가치 | 의학적 통합 가치 |

- 치료제의 반응과 선택
- 환자 위험도 관리
- 치료제 처방 정도 관리

- 비용(진단·치료) 절감
- 정부 예산 절감

- 임상 효과의 증대
- 의사결정의 이론적 근거 마련
- 헬스케어 비용 효율성 관리

양한 장점을 얻는 융합 분야로 임상적 가치와 경제적 가치를 동시에 만족시킬 수 있다. 요약하면 적합한 환자Right patient, 적절한 진단Right Diagnostics, 적절한 치료 방법Right Therapeutics이라고 할 수 있다.

동반진단 관련 주요 기업

랩코프LabCorp, 퀘스트Quest, 에스알엘SRL 같은 기존의 대형 혈액검사 수탁 의뢰기관들이 정밀의료와 개인 맞춤의료의 니즈에 따라서 동반진단 관련 검사 항목을 추가적으로 확장하기 시작했다. 특히 유전자 관련 검사를 중요 사업 분야로 하고 약물반응성, 표적치료제 사용을 위한 유전자 변이 검사, 단백질 및 생화학 검사도 추가적으로 진행하고 있다.

또한 기존의 조직병리 관련 검사 항목들에 디지털 요소를 가미한 디지털 병리학Digital Pathology 분야도 확장해서 인공지능과 딥러닝 등과의 융합 서비스를 제공하고 있다. 추가적으로 특정 국가(원격의료가 허용된 국가)에서는 임상시료의 물류 관리에 대한 빅데이

동반진단 글로벌 기업[91]

터 관리 및 검사결과에 대한 카운셀링 부분도 디지털 요소를 가미해서 진행하고 있다. 이러한 독립검사실험실 혹은 검사수탁의뢰기관들은 독립적으로 사업운영을 하고 있지만 제약회사, 병원, 헬스케어 유통, 건강정보 시스템 빅데이터, 바이오뱅크(임상시료 관리), 보험회사 등 다양한 이해관계자와 함께 동반진단 및 개인 맞춤의료에서 중요한 역할을 하고 있다. 그리고 기존 체외진단 검사 키트 제조 판매 및 서비스를 사업으로 하던 기업들이 기존의 감염진단 위주의 검사에서 표적 치료제 처방에 대한 근거 마련과 약물 유전체 검사 등에 대한 검사 키트 및 서비스로 비즈니스 모델을 추가하게 되었다.

4차 산업혁명 시대에 맞춰 데이터 기반의 검사와 인공지능 및 딥러닝 기능이 추가된 조직 병리 검사 키트, 분석기기(광학 현미경), 서비스 등이 새롭게 등장하고 있다. 산업의 영역이 점차적으로 허물어져가며 융합이 일어나는 좋은 예시라고 할 수 있다.

앞에 언급했던 검사수탁의뢰기관 및 기존 체외진단 기업들과는 다르게 다음의 기업들은 초기 설립 때부터 빅데이터, 인공지능, 나노기술, 의공학 기술들을 잘 융합하고 유전자 서열 분석, 엑소좀

동반진단 관련 혁신 기업[92]

GRAIL 그레일 / OncoCyte 온코사이트 / MDxHealth 엠디엑스헬스 / ANGLE 앵글 / freenome 프리놈 / PGD Personal Genome Diagnostics 퍼스널지놈 다이아그노스틱스

iCarbonX 아이카본엑스 / verily 베릴리 / Epic Sciences 에픽사이언스 / Adaptive biotechnologies 어뎁티브테크놀로지 / 华大基因 BGI 중국 베이징게놈연구소

GENSIGNIA 진시그니아 / 10X GENOMICS 텐엑스지노믹스 / Johnson&Johnson 존슨앤드존슨 / exact sciences 이그젝트사이언스 / natera 나테라

NANOPORE technologies 옥스포드 나노포어 / Biocept 바이오셉트 / FOUNDATION MEDICINE 파운데이션메디슨 / agendia 아젠디아 / nanoString 나노스트링

exosomedx 엑소좀다이아그노스틱스 / Genomic Health LIFE. CHANGING 지노믹헬스 / cynvenio 신베이오

GUARDANT HEALTH 가던트헬스 / epigenomics 에피지노믹스

INVITAE 인비태 / BOREAL GENOMICS 보레알지노믹스 / RESOLUTION BIOSCIENCE 레졸루션 바이오사이언스

biodesix 바이오데식스 / VERMILLION 버밀리언 / PATHWAY GENOMICS 패스웨이 지노믹스 / trovagene 트로바젠

분석, 후생유전체학, 암세포 분석, 액체생검, 비침습 검사 등의 차별점을 가지고 출발했다.

그레일GRAIL은 유전자 서열 분석에서 큰 위치를 차지하는 기업 일루미나에서 스핀오프했는데 액체생검에서 혁신적인 기술을 개발하고 있다. 또한 빅데이터와 인공지능으로 유명한 구글에서 만든 생명과학 관련 회사 베릴리Verily 역시 액체생검 관련 새로운 기술들을 개발하고 있다. 기본적으로 빅데이터, 인공지능, 유전자 서열분석, 표적 치료제와 유전자 검사와의 상관성 등을 키워드로 하면서 환자들에게 개인 맞춤의료 서비스를 제공하는 인프라와 생태계를 구축하고 있다. 추가적으로 반도체 기술과 고성능 광학 측정 기술을 기반으로 한 초고민감도 바이오 센서 기술이 유전자 분석, 세포 분석, 단백질 분석 등에 대한 기술로 확장되고 있다.

생체 물질인 유전자, 세포, 단백질은 전하를 띠고 있다. 전하에 대한 차이를 인식하는 것으로 핵산(A, G, T, C)에 대한 차이를 구분하는 기술도 있고 나노형광 물질과 초고민감도 광학 측정 기술을 통해서 검출하기 어려울 정도로 적은 농도로 존재하는 생리 활성물질을 측정하는 기술도 개발되고 있다. 이러한 기술을 활용하여 측정된 빅데이터들을 바이오 인포매틱스를 통해서 임상 의학적으로 의미 있는 데이터와 의미 없는 데이터를 구분할 수 있는 알고리즘에 활용된다.

기존에 임상병리 의사는 암 환자의 조직검사를 위해서 조직 생검을 했고 그것을 염색하여 암 부분과 정상 부분을 측정하는 행위를 진행했다. 이러한 일반적인 조직 생검은 시료 채취에서 고통을 유발하거나 조직 채취가 어려운 부분인 경우에는 검사가 난해한 경우가 있었다. 4차 산업혁명 시대와 함께 빅데이터와 인공지능 기술의 발달로 인해서 필요한 정보와 불필요한 정보를 효율적으로 분리해내는 기반 기술이 발전하고 있다.

이런 기반 기술을 가지고 혈액에 존재하는 수많은 생리활성 물질들, 예를 들어 암세포, 일반세포, 암 조직에서 떨어져나온 단백질, 암 조직 혹은 세포에서 떨어져 나온 유전자, 암세포의 움직임과 생성 및 사멸과정에서 뿜어져 나올 수 있는 엑소좀 등에서 특정 암과 관련된 정보와 그렇지 않은 정보를 구분해내는 기술이 개발되고 있다. 특히 생물학적 및 임상의학적으로도 혈액에 떠다니는 세포, 엑소좀, 유전자, 단백질, 저분자 등을 통해서 암의 진단과 치료제에 대한 예후 및 효과 모니터링 등의 활용 기술이 고도화되고 있다.

다양한 암의 종류 중에서 혈관이 존재하는 장기에 생성되는 고형암(폐암, 유방암, 대장암, 위암, 췌장암, 간암, 전립선암 등)과 백혈병과

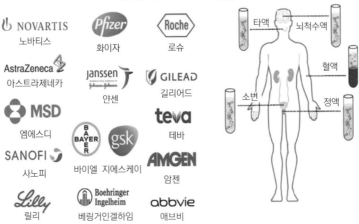

글로벌 제약회사와 액체생검[93]

같은 혈액암에 사용되는 기술이다. 추가적으로 방광암, 요도암, 자궁경부암, 신장암 등과 같은 암은 소변에 있는 암세포, 암 유래 유전자, 암 유래 단백질 등으로 질병의 진단, 예후예측, 모니터링 등이 가능하게 되었다. 이러한 혁신적인 융합 기술은 개인 맞춤의료 기술의 활성화에 큰 역할을 하고 있다.

추가적으로 위의 그림에 언급된 글로벌 제약회사들도 본인이 개발하는 신약파이프 라인 및 기존 제품 등과 연동해서 동반진단 및 개인 맞춤의료의 새로운 연구개발 활동을 하고 있다. 특히 개인 맞춤 항암치료제와 개인 유전자 변이에 따른 면역항암치료제에 대한 연구개발 및 사업화를 진행하고 있다.

앞에서 잠시 언급했던 액체생검은 기존에 암 조직을 통해서 다양한 검사를 했던 것과는 다르게 혈액, 타액, 소변, 뇌척수액 등에서 생성되는 모든 체액을 시료로 채취하여 검사하는 방법이다. 따라서 환자에게 시료 채취에 대한 고통을 최소화할 수 있고 암의 진행단계(1기, 2기, 3기 등)에 크게 영향을 받지 않고서도 검사를 할 수 있다. 암 조직에 위치한 혈관 내 혈액에 존재하는 유전자, 단백질, 세포 등을 측정할 수 있지만 특정 장기의 어느 위치에서 유래되었는가에 대해서는 아직 풀어야 할 숙제이다.

비침습 산전검사

기존의 기형아 검사인 트리플·쿼드 검사는 약 60~90%의 정확도를 가지고 있고 위양성률이 5% 정도로 높은 편이며 검사 시기는 10주에서 15주 사이에 가능하다. 측정은 항원-항체를 이용한 방법이다. 만일 트리플·쿼드 검사에서 기형아 관련 위험도가 관측된 경우에는 양수·융모막 검사를 하고 있었다. 이 검사는 약 99.90%의 정확도를 나타내고 1%의 위양성률을 가지고 있다.

검사 시기는 16주에서 21주 사이에 가능하지만 침습 방법 때문에 산모에게 위험할 수 있다. 양수천자, 융모막생검 등은 태아 손상 및 감염, 유산, 진통 등과 같은 문제가 생길 수 있고 검사 과정에서의 추가적인 세포배양이 필요하기 때문에 많은 시간이 필요하다. 그러다 보니 침습도를 줄이고 빠른 결과를 제공하는 방법인 비침습 산전검사 기술이 개발되고 상업화되었다.

비침습 산전검사는 약 20년 전 홍콩중문대학교의 데니스 로Dennis Lo 교수팀의 연구로 상용화가 시작되었다. 산모의 혈액에 자유롭게 순환하고 있는 태아의 DNA를 발견했다. 이 기술을 기반으로 산모 혈액을 가지고 태아의 DNA를 검출하고 분석할 수 있게 되었다. 이 기술은 쌍둥이 검사, 성염색체 이상 검사, 성별, 유전자 돌연변이로 유발되는 기형아 검사 등을 임신 10주 이후부터 할 수 있게

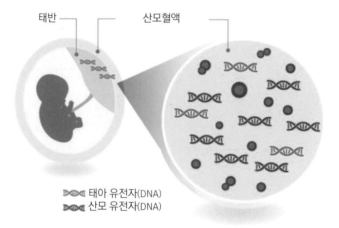

태반　　　　　　　　　　　산모혈액

▷◁ 태아 유전자(DNA)
▷◁ 산모 유전자(DNA)

되었다. 채혈량은 서비스 업체에 따라서 다르긴 하지만 10~20밀리리터를 채혈하여 약 2주의 검사 시간이 소요된다. 정확도는 약 99.90%를 나타내고 있다.

　여기서 산모의 DNA와 태아의 DNA의 차이점을 알아내기 위해서는 분자생물학적인 방법이 사용된다. 데이터의 측면에서 특별한 알고리즘의 고도화는 상당히 중요한 역할을 한다. 따라서 검사한 횟수가 많은 회사의 서비스일수록 더 안정되고 고도화된 알고리즘을 보유할 확률이 높다. 국내에서의 경우 검사가격은 제공자에 따라서 30만 원에서 60만 원 수준까지 다양하다. 한국 업체가 글로벌 업체와 협력하여 서비스를 제공하는 경우도 있고 한국 업체가 직접 키트와 검사 방법을 개발해서 서비스를 제공하는 경우도 있다. 검사 시에는 반드시 산부인과 전문의와 상의해서 진행하는 것을 추천한다.

맞춤치료제 진화

면역조절세포 치료제CAR-T, chimeric antigen receptor-modified T cells는 인체의 면역세포(T 세포)를 밖으로 꺼내서 유전자 조작을 통해서 암세포에 대한 면역성을 강화시킨 T-세포를 다시 넣어주는 방법이다. 유전자 재조합 변형을 통해서 암세포와 특이하게 반응하는 키메라 항원 수용체를 부착시킨 T세포CAR, Chimeric Antigen Receptor를 제조하여 암 환자에게 주입해 암세포를 사멸하는 방법이다.

특히 중국의 경우 최근 면역조절세포 치료제 관련 연구개발 및 임상시험에서 엄청난 성과를 이루고 있다. 중국은 전세계 면역조

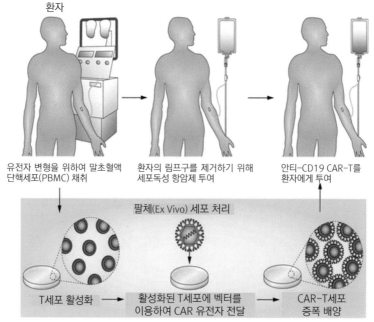

면역조절세포 치료제 제작 과정[95]

환자

유전자 변형을 위하여 말초혈액
단핵세포(PBMC) 채취

환자의 림프구를 제거하기 위해
세포독성 항암제 투여

안티-CD19 CAR-T를
환자에게 투여

팔체(Ex Vivo) 세포 처리

T세포 활성화 → 활성화된 T세포에 벡터를
이용하여 CAR 유전자 전달 → CAR-T세포
증폭 배양

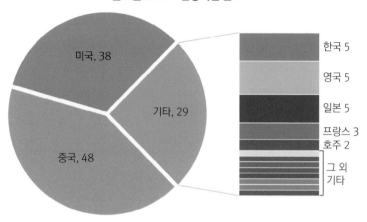

글로벌 CAR-T 임상시험 분포[96]

미국, 38
기타, 29
중국, 48

한국 5
영국 5
일본 5
프랑스 3
호주 2
그 외 기타

중국기업과 글로벌 제약회사의 협력 관계

LEGEND BIOTECH 레전드 바이오텍	Johnson&Johnson 존슨앤드존슨	B-cell maturation antigen (BCMA). B세포 성숙항원(BCMA)
FOSUN PHARMA 複星医药 푸싱파마	Kite Pharma GILEAD 카이트파마·길리어드	CD19 target CAR CD19 표적 CAR
上海末名旭珩生物 Shanghai Sinobioway Sunterra Biotech 상해 시노바이오웨이	bicatla F1 ONCOLOGY 바이오아트라	CAB-CAR-T's for Solid Tumors 고형암용 CAB-CAR-T
Unicar Therapy 유니카테라피		CD19 CAR-T, The first CAR-T therapy to launch an attack on central nervous system leukemia (CNS-L) CD19 CAR-T, 중추신경계 백혈병 치료
安科生物 ANKEBIO 안케바이오		CD19 target CAR CD19 표적 CAR

절세포 치료제 연구 약 40%를 차지하고 미국은 33% 차지하고 있다. 대부분의 기업은 2012년 이후 설립됐다. 그다음은 영국, 한국, 일본 기업이 차지하고 있다. 길리어드Gilead의 카이트팜Kite Pharm 인수, 셀진Celene의 주노테라퓨틱스Juno Therapeutics 인수처럼 인수합병이 일어났지만 여전히 면역조절세포 치료제 연구 관련 스타트업은 지속적인 확대가 일어나고 있다.

중국기업들은 글로벌 기업들과 함께 공동연구 과제뿐만 아니라 조인트 벤처를 설립하여 더 효율적이고 활발한 협력을 진행하고 있다. 특히 중국의 레전드 바이오텍Legend Biotech은 존슨앤드존슨의 계열사인 얀센과 함께 공동 진행하고 있다. 제약기업 푸싱 파마FOSUN PHARMA는 면역조절세포 치료제로 유명한 길리어드 사이언스Gilead Sciences(Kite Pharma)와 조인트 벤처를 설립해서 연구를 진행하고 있다. 대부분의 업체는 혈액암 치료제의 연구개발을 진행하고 있다.

개인 맞춤 재생의료

글로벌 재생의료 시장은 2017년 230억 달러에서 10년 후엔 2028년 약 2,140억 달러 규모로 연평균 22.7%가량 성장할 것으로 예측된다. 특히 유전자 치료제 시장은 연평균 25%가량으로 빠르게 성장하리라 예상된다. 또한 고령화 사회를 맞이하여 1인당 의료비가 지속적으로 증가하고 있고 다양한 희귀성 난치질환에 대한 의료비도 지속적으로 늘어나고 있다. 이러한 의료비 부담을 줄여줄 수 있는 재생의료 분야는 4차 산업혁명을 주도할 차세대 성장동력으로 주목받고 있다.

재생의료는 노화, 질병, 사고 및 선천적인 이유 등으로 인해 손상받거나 기능이 약화된 조직이나 장기를 교환하거나 재생시킴으로써 조직 및 장기가 원래 가지고 있었던 기능을 복원하는 첨단 융합기술 분야이다. 기존 외과적 수술이나 화학치료를 통해서 증상을 약하게 하거나 억제할 수 있지만 장기나 조직의 손상된 구조적 형태나 기능을 복원하는 것은 힘든 일이다. 그러나 재생의료는 줄기세포를 이용한 치료제와 유전자가위 기술을 통해서 근본적인 개인 맞춤형 치료가 가능할 수 있고 기존 치료 방법의 부작용을 최소화할 수 있다. 그렇기 때문에 치료가 어려웠던 만성질환 및 난치성질환에 새로운 치료 방법으로 부상하고 있다.

예를 들어 개인 맞춤형 세포 치료제 및 생체조직·인공 장기 개발 등 많은 분야에 활용될 수 있다. 재생의료의 실질적인 활용을 위해서는 줄기세포 배양, 분화 조절 및 바이오 신소재 개발 등을 포함하는 조직공학, 임상 적용 기술 등을 모두 포함하는 융복합 연구개발의 고도화가 필요하다. 재생의료가 현재 직면한 한계점들을 살펴보면 체세포 줄기세포의 연구는 생명윤리 가이드 라인에서 많은 논의가 필요한 상황이다.

그리고 이미 노벨상을 수상한 기술인 유도만능 줄기세포 역시 추가적인 암세포의 발현에 대한 위험성과 줄기세포 배양 및 분화에 대한 효율성에서 아직 해결해야 할 부분이 많이 있다. 세포이식에 대한 면역반응 등 임상실험과 실제 인체 치료에 대한 차이를 줄이는 노력이 필요하다. 아직 헤쳐 나가야 할 부분이 있지만 빅데이터 기술을 통한 줄기세포 신호처리 메커니즘 규명, 바이오 3D 프린팅을 통한 인공장기 및 조직 구조 구현 등과 같은 융복합 연구를 통한 개인 맞춤 복합치료 시대를 준비해야 한다.

글로벌 재생의료 현황을 살펴보도록 하겠다. 미국의 경우는 2009년 오바마 정부에서 처음으로 배아줄기세포 연구를 허용했지만 여전히 FDA 규제로 인해서 15개의 재생의료 제품들 중에서 조혈장애치료제만 사업화가 되었다. 영국의 경우는 재생의학 전문가 그룹RMEG, Regenerative Medicine Expert Group을 설립해 세포 치료제와 재생의료 분야에 대한 지속적인 투자를 진행하고 있다. 세계 최초로 유유전자가위CRISPR-Cas9 관련 기술을 연구 목적으로만 인간 배아에 사용하도록 승인했다.

캐나다의 경우에도 재생의료 기술 및 제품개발을 위해서 정부 기반의 조직CCRM을 설립했고 토론토 대학 등과 긴밀한 연구 네트워크를 구축하여 활발한 연구를 하고 있다. 일본의 경우는 지난 2015년 11월 전세계 최초로 '재생의료법'을 시행하며 배양한 줄기세포에 대해 의약품으로 허가받지 않더라도 후생성으로부터 안전성만 확인되면 투여할 수 있도록 규제를 완화했다. 이를 통해 줄기세포 연구개발 분위기를 더욱 끌어올리고 있다. 예를 들면 임상 1상~3상 시험이 아닌 1상 시험 이후에 안정성 검증이 되면 조건부로 승인해주기로 했다. 글로벌 기업 진입을 유도하고 국가 기반의 재생의료개발센터를 설립했다.

특히 일본의 경우 재생의료 산업을 구성하는 생태계 구성원들은 본인들의 역할에서 다양한 형태로 재생의료 관련된 연구개발과 사업화를 준비하고 있다. 카메라로 유명한 후지필름과 올림푸스도 각각 바이오의약품 위탁생산CMO과 엑스레이 사업에 뛰어들고 있다. 일본은 전방위에서 재생의료 관련 사업이 활성화되고 있다. 또한 지난 2012년 유도만능줄기세포iPS 개발로 노벨 생리의학상 수상을 계기로 줄기세포를 활용한 재생의료 연구개발에 속도를 내고 있다. 일본이 체외에서 배양한 환자의 줄기세포를 손상된 부위에 이식하는 기술인 재생의료에서 전세계에서 가장 앞서고 있다는 평가이다. 대표적인 제품으로는 제이텍의 자가 배양 표피 '제이스'와 중증 심부전 치료를 위한 '하트시트' 등이 있다. 모두 환자에게서 뽑은 줄기세포를 배양해 종이에 바른 뒤 몸에 붙여 치료하는 방식이다.

개인 맞춤 바이오 3D 프린팅

3D 프린팅 기술은 2017년 세계경제포럼에서 '12개의 핵심 융합 기술'로 선정되었다. 3D 프린팅 기술은 약 35년 전 미국의 찰스 홀Charles W. Hull이 설립한 회사인 3D 시스템즈3D SYSTEMS[97]에서 최초로 발명되었고 상업화되었다. 기존에는 항공, 자동차 산업 등에서 시제품을 만드는 용도로 산업용 3D 프린터가 사용되고 있었다. 조금 더 자세히 설명하면 다양한 물질을 사용해서 3차원적인 구조를 가지는 특정 형태의 물건을 만드는 것이다.

3D 프린팅 기술이 확대되기 전에는 어떠한 물체를 깎아서 만들거나 특정 형태를 가지는 틀을 만들어 압출 성형의 방식으로 물건을 만들었다. 그러다 보니 까다롭고 복잡하며 시간과 돈이 많이 드는 일이었다. 특정 제조업자가 아니면 어떤 물건을 만든다는 것이 쉬운 일이 아니었다. 그러나 이러한 과정을 3D 프린팅 기술로 조금 더 쉽게 해결할 수가 있게 되었다. 그래서 3D 프린팅 기술을 4차 산업혁명 시대의 중요한 기술 중 하나로 보는 것이다.

예를 들어 3D 프린팅 기술로 어떠한 의도된 형태의 물건을 만들려고 할 때는 세 가지가 필요하다. 첫 번째는 3D로 모델링된 이미지 데이터 파일이다. 두 번째는 3D 프린터 기기이다. 3D 프린터는 크게 두 가지로 나뉜다. 절삭형은 하나의 큰 덩어리를 조각하듯이 깎아내는 방식이며 적층형은 적은 부분씩 층층이 쌓아올리는 방식이다. 최근의 3D 프린터는 대부분 적층형 프린터이다. 세 번째는 3D 프린팅에 사용할 물질의 선정과 그에 따른 후 처리를 포함한다.

이해 관계자

한국에서 개인 맞춤의료에 부합하는 형태로 3D 프린팅 기술을 이용한 사례들이 많이 나오고 있다. 특히 정부에서는 아시아 태평양에서 유일하게 3D 프린팅 관련 인허가 규제와 품질 관리 관련 조항들을 만들고 있다. 한국의 3D 프린팅을 이용한 헬스케어의 적용은 의료기기뿐만 아니라 소비재 그리고 의약품 및 신약개발 관련된 인간 장기 모사 시스템 관련 많은 연구개발과 사업화가 진행 중이다.

3D 프린팅은 3D 프린팅 기기, 관련 소프트웨어, 바이오 잉크 등 삼박자가 골고루 이루어져야 완벽한 형태의 제품이 나올 수 있다. 따라서 바이오 기술-정보 기술-나노 기술 융합 기술의 집합체라고 할 수 있는 4차 산업혁명의 좋은 예시이다. 새로운 바이오 잉크의 개발과 다양한 물질을 사용할 수 있는 3D 프린터의 개발이 중요하다. 그리고 적합한 3차원 구조물을 효율적으로 설계하고 만들어낼 프로그램의 중요성이 더욱 커지고 있다.

3D 프린팅 장단점

4차 산업혁명을 이끌 유망기술 중의 하나로 주목받는 3D 프린팅은 제조 방식의 혁신을 가져올 수 있고 개인 맞춤형 구조물을 제작할 수 있기 때문에 많은 연구개발이 진행되고 있다. 이러한 3D 프린팅의 장단점에 대해서 알아보도록 하자. 장점은 디자인 가변성이 높다는 것이다. 디자인의 반복적인 수정이 쉽기 때문에 제품 디자인에 사용되는 시간을 단축할 수 있다. 대량생산할 수 없는 맞춤형 디자인 제품의 생산에 적합하다. 예를 들어 의족이나 임플란트처럼 개인 1대 1 맞춤 생산이 필요한 제품 관련해서 3D

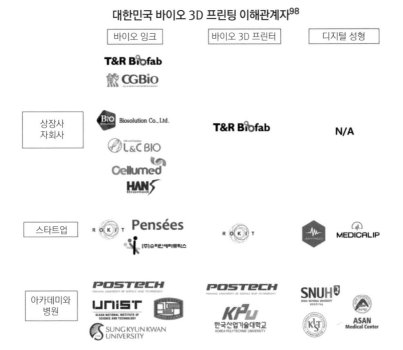

대한민국 바이오 3D 프린팅 이해관계자[98]

	바이오 잉크	바이오 3D 프린터	디지털 성형
상장사 자회사	T&R Biofab CGBio Biosolution Co., Ltd. L&C BIO Cellumed HANS	T&R Biofab	N/A
스타트업	ROKIT Pensées (주)슈퍼인세타뮤릭스	ROKIT	ANYMEDI MEDICALIP
아카데미와 병원	POSTECH UNIST SUNG KYUN KWAN UNIVERSITY	POSTECH KPU 한국산업기술대학교	SNUH KIT ASAN Medical Center

영상 스캔과 3D 프린터를 통해서 빠르게 맞춤제작이 가능할 수 있다.

또한 기존 절삭공정으로 구현하기 어려운 인공뼈 구조물과 같이 복잡한 구조물을 구현할 수 있고 재료의 특성에 따라서 다르겠지만, 금속 혹은 생체 적합 고분자를 사용함에 따라서 특정 강도 이상을 가지면서 생물학적 기능을 할 수 있는 3차원 인체 삽입 구조물들을 제작할 수 있다. 단점은 3D 프린터 기기에 의존하는 제작속도와 제품의 크기에 제약이 따를 수 있다. 또한 현재로서는 사용 가능한 소재에 제약이 있어 다양한 바이오 잉크의 개발이 필요하다.

각막과 기관지 제작

각종 영상진단 장비를 통해 얻은 이미지를 이용해서 개인 맞춤 3D 스캔 이미지 데이터를 얻는다. 이렇게 얻은 개인 맞춤 3D 프린팅용 데이터를 가지고 삽입 가능한 임플란트(보형물), 인공 뼈·관절, 장기, 혈관, 피부조직 등의 분야에서 매우 활발한 연구가 진행되고 있다. 국내의 대학과 국가 기반 연구소와 대학병원에서는 인공 각막, 인공 기관지, 인공 피부, 인공 연골 등에 대한 연구가 활발하게 진행되고 있다.

각막은 안구 앞쪽에 투명하고 혈관이 없는 조직으로 검은자위라고 부르는 부분이다. 외부로부터의 눈 보호 역할뿐 아니라 빛의 투과 및 굴절 역할을 해 물체를 볼 수 있게 하는 조직이다. WHO 기구는 전세계에 약 1,000만 명의 사람들이 트라코마와 같은 감염질환으로 인해서 발생하는 실명을 막기 위해서 수술이 필요하다는 보고를 했다. 또한 추가적으로 약 490만 명이 각막 흉터 때문에 실명한다. 아무리 적절한 수의 각막 기증자가 존재하더라도 이식 가능한 각막의 공급과 수요에는 많은 불일치가 있다. 따라서 바이오 3D 프린팅을 이용한 인공각막 연구 및 상용화는 큰 의미가 있을 것이다. 포스텍 기계과 조동우 교수팀에서는 소의 망막에서 세포를 분리하여 3D 프린팅용 바이오 잉크를 만들었다. 이렇게 생성된 바이오 잉크를 3D 프린팅 방법으로 인공 각막 구조체를 만드는 연구결과를 『저널 오브 티슈Journal of Tissue』 논문에 소개했다.

영국 뉴캐슬대학 조직공학과 체 커넌 교수팀은 해초에서 추출한 알긴산염과 콜라겐 그리고 기증받은 건강한 사람의 줄기세포를 혼합하여 바이오 잉크를 제조했다. 알긴산염과 콜라겐의 혼합율이 각막줄기세포가 살아 있도록 잘 지탱해주는 역할을 했다. 이렇게

바이오 3D 프린팅을 활용한 인공각막 제조[99]

소
(Bovine)

안구   각막   탈세포화   탈세포화된
세포외기질(dECM)
파우더   탈세포화된
세포외기질 겔(gel)   세포 및 동물
안정성 실험

생성된 구조물은 인간 각막을 3D 스캐닝한 데이터에서 유래되었
기 때문에 해부학적으로 유사한 구조를 보인다고 한다. 약 5년 뒤
에는 상용화가 되리라 기대하고 있다.

 연세대학교 의대 김대현 교수팀은 인공 기관지를 제작하는 데
3D 프린팅 기술을 활용했다. 미역과 다시마 등의 갈조류에서 추출
되는 끈끈한 점액질 성분인 알긴산 하이드로겔을 기반으로 코 점
막 상피세포와 연골세포를 이용해서 인공 기관지 제작 연구를 진
행했다.[101]

3D 프린팅을 활용한 인공각막 제조[100]

③ 3D 바이오 프린팅
카트리지에 바이
오 잉크를 장착하
여 각막 조직 인쇄

④ 각막 조직 매트리스
재건을 위해서 프린팅
및 생리학적 조건 조절

① 3D 이미지 스캐
닝을 통한 각막
디지털 모델링

② 바이오 재료 및
세포를 이용한
바이오 잉크 제조

심장 패치

알긴산을 그물뼈대로 만들고 거기에 인간의 관상동맥 내피세포를 3D 프린터로 겹겹이 형태를 만들었다. 이 심장 패치는 탄성을 가지고 있고 전기적인 자극에 반응하며 심장 근육 역할을 하는 구조적 특징을 가진 형태로 만들었다. 3D 프린팅한 구조물의 세포가 잘 살아 있는지에 대해서 약 25일간 테스트한 결과 문제가 없었고 쥐의 심장에 이식한 후 제대로 기능을 하는지도 확인했다.

코뼈 재건 성형수술

H성형외과 백정환 원장은 3D 프린팅 기술을 이용해서 코뼈의 재건 성형수술을 했다. 이 기술은 '조직 재형성Tissue reshaping'이라고 한다. 먼저 3D 프린팅을 통해서 PCL이라고 불리우는 고분자의 스캐폴더를 만들었다. 그리고 환자의 늑연골을 채취한 후 잘게 자르고 으깬 후 PCL 스캐폴드에 패킹했다. 그 후 환자의 늑연골 채취 부위에 이식하고 1개월 동안 배양한 후에 확인한 결과 환자 본인

바이오 3D 프린팅을 활용한 심장 패치 제작[102]

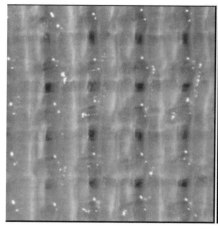
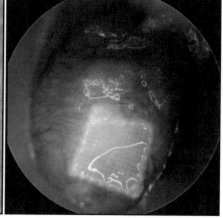

의 자가조직으로 잘 채워지고 미세혈관도 잘 형성됐다. 이런 개인 맞춤 3D 프린팅의 기술은 환자에게 더 정확하게 맞도록 수술 중에 기구로 형태를 재조정할 수 있다.[103]

유방 재건

유방암 치료 등으로 유방 재건이 필요할 때 3D 프린팅 기술은 두 가지 방법으로 사용되고 있다. 2015년 4월부터 유방암으로 유방 전절제를 받은 환자의 유방 재건에 국민건강보험 급여가 시행되어 본인부담금이 최대 1,400만 원에서 400만 원 수준으로 크게 줄었다. 따라서 유방암 환자들의 유방 재건에 대한 관심이 지속적으로 증가되고 있다. 유방 성형 전문 병원인 민병원 유방 재건 센터에서는 3D 프린팅 자기 근육·보형물 복합수술을 통해서 정상 유방과 재건 유방의 크기와 형태를 분석해서 수술하지 않은 유방과 대칭되는 형태의 복원을 추구하고 있다.[104] 즉 환자의 등 근육과 인공 보형물을 동시에 이식하는 방법이다.

3D 프린팅을 활용한 가슴 보형물 제작 및 유방 재건[105]

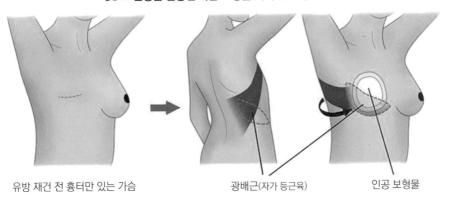

유방 재건 전 흉터만 있는 가슴   광배근(자가 등근육)   인공 보형물

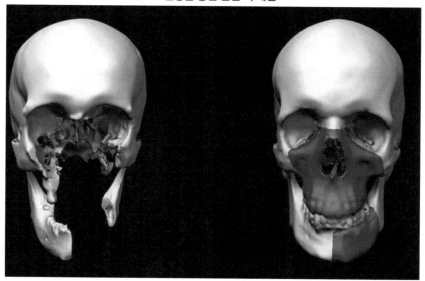

3D 프린팅을 통한 안면 뼈 재건[106]

안면이식

2011년 12월 겐트대학병원University Hospital of Ghent의 외과의 베르미르취H. Vermeersch 교수, 로슈N. Roche 박사, 스틸래어트F. Stillaert 박사를 포함한 필립 블론딜Phillip Blondeel 교수로 결성된 팀이 세계 최초로 안면이식 수술에 성공했다. 피부와 근육뿐만 아니라 중앙 안면 골격 뼈의 이식으로 복잡한 과정을 거쳐야 하는 세계에서 19번째로 하는 안면이식 수술이었다.

필립 블론딜 교수팀은 3D 프린팅의 광범위한 사용으로 수술 계획과 실행에 차별화를 가져올 수 있었다고 한다.

국내 및 해외 3D 프린팅 관련 업체

해외 기업들 중에서 머터리얼라이즈Materialize[107]는 벨기에 기업으로 3D 프린팅 관련 소프트웨어 솔루션, 3D 프린팅 서비스, 임플란트 의료기기 등 다양한 서비스와 제품군을 보유하고 있다. 항공우주, 건축, 자동차, 컨슈머, 장비제조뿐 아니라 헬스케어 사업군 등 다양한 분야에서 많은 노력을 하고 있다.

3D시스템즈[108]는 1986년에 미국 캘리포니아에서 창립된 기업이다. 3D 프린터, 프린팅 재료, 주문형 서비스, 디지털 설계 도구를 포함하는 종합 3D 프린팅 제품과 서비스를 제공한다. 특히 정밀의료 분야에서 수술 시뮬레이션 및 수술 계획 프로그램, 의료 및 치과 관련 임플란트 제품을 보유하고 있다.

스트라타시스Stratasys[109]는 1988년 미국 미네소타에서 창립된 기업으로 대부분의 글로벌 3D 프린팅 기업처럼 3D 프린터, 관련 소프트웨어, 3D 프린팅 서비스 등의 비즈니스 모델을 가지고 있다. 예를 들어 실제 환자의 수술할 장기를 스캔한 영상 이미지를 기반으로 3D 프린팅 모델을 제작해 최적의 수술계획을 세우도록 지원한다. 또한 수술팀이 3D 프린팅 모델을 이용해서 수술하는 동안 침습도와 수술 시간을 최소화해서 환자의 빠른 회복에 도움을 줄 수 있다.

카본3DCarbon3D[110]는 실리콘밸리의 스타트업으로 기존의 3D 프린팅 기법보다 시간을 단축하는 차별화 기술을 갖고 있다. 액상 계면 연속생산 조형방식CLIP, Continuous Liquid Interface Production이라는 기술이다. 특히 카본3D는 프린터, 솔루션, 새로운 재료들을 모두 보유하고 있다.

티앤알바이오팹[111]은 포스텍 조동우 교수팀이 개발한 기술을 기반으로 설립되었다. 바이오 3D 프린터와 관련 프로그램 그리고 다양한 바이오 잉크 제품 및 솔루션 등 3D 플랫폼 기반 기술 및 인프라를 보유한 업체이다. 우리나라에서 가장 많은 연구결과뿐 아니

글로벌 톱 3D 프린팅 회사

머터리얼라이즈

3D시스템즈

스트라타시스

카본3D

라 글로벌 기업들과의 협력관계를 유지하면서 더욱 다양한 형태의
바이오 3D 프린팅 응용 결과물들을 도출하고 있다.

팡세[112]는 바이오 3D 프린팅 기반의 오가노이드 기술을 보유한
업체이다. 오가노이드는 인체 세포를 자라게 해 실제 장기와 유사
한 입체 구조를 가지고 있다. 이 오가노이드는 신약개발 과정에서
약물의 효능과 안전성을 알아보는 데 사용되는데 전임상시험의 신
뢰도를 높이고 개발 시간을 단축시킨다. 오가노이드를 제작하기
위해서는 바이오 3D 프린터와 바이오 잉크가 필요하다. 팡세는 바
이오 3D 프린터와 바이오 잉크(줄기세포, 하이드로젤, 성장인자 등)를
보유하고 있다.

로킷[113]은 셀트리온 헬스케어의 공동 창업자인 유석환 대표가
창업한 기업으로 3D 프린터와 바이오 잉크 관련 기술과 제품을
보유하고 있다. 바이오 3D 프린터는 인공장기와 피부 등 세포 구
조체를 만들고 스캐폴드와 바이오 잉크를 동시에 출력할 수 있
다. 바이오 잉크는 7종을 보유하고 있으며 연조직용 알로이씨엠
AlloECM, 고순도 알지네이드, 콜라겐, 젤라틴, 플로닉스와 경조직용
바이오 잉크인 플렉스오스테로, 신오스테로 등이다.

바이오 잉크는 하이드로젤 타입의 형태로 피부나 근육 등을 제

다양한 바이오 3D 프린터

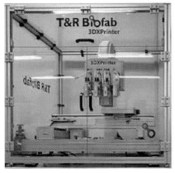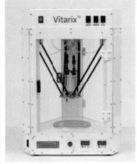

작할 때 사용이 가능하다. 알로이씨엠은 세포시트cell sheet 공정을 통해 100% 인체세포 유래 바이오 잉크이다. 또한 심근세포 재생 잉크도 보유하고 있다.[114]

시지바이오[115]는 질병 또는 노화에 따른 근골격계 조직 손상을 재건하는 데 필요한 치료 재료 관련 기술 보유 회사이다. 최근에는 미용과 성형 분야 치료 재료까지 영역을 확대하고 있다. 인공뼈는 척추디스크 수술 등에 쓰이고 있다. 병변이 있는 디스크를 제거한 빈 공간에 채워서 디스크를 접합할 때 사용한다. 또한 골절이나 뼈에 발생한 암 제거 수술과 같은 뼈 관련 외과수술에 사용되고 있다.

글로벌 시장에서는 스트라이커Stryker가 시장을 선도하고 있다. 경쟁사 제품들은 동물성 단백질에서 골형성 단백질을 만들지만 시지바이오는 대장균을 배양해서 만든 제품으로 가격경쟁력이 있다. 또한 뇌혈관 스텐트 관련 개발을 하고 있다. 시지바이오는 대응제약 관련 회사이다. 경쟁업체로는 L&C 바이오,[116] 한스 바이오메드,[117] 셀루 메드[118]가 있다. 시지바이오는 3D 프린팅 기술을 활용해서 개인 맞춤 인공 광대뼈 관련 제조허가를 KFDA로부터 인증받

인공 광대뼈와 본칩형 이식재의 기본 형태.[119]

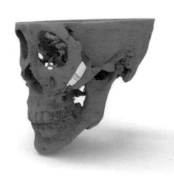
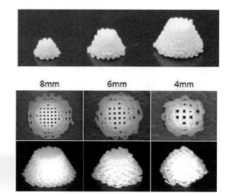

았다. 개인 맞춤 인공 광대뼈는 생체활성결정화 유리소재BGS-7*를 사용한 3D 프린팅을 활용하여 뼈의 다양한 결손 부위에 적용되리라 예상하고 있다.

바이오솔루션[120]은 줄기세포 관련 기술 및 재생의학 기술을 활용해서 관절 연골 치료제, 피부 세포 치료제, 인체조직 모델, 인체 줄기세포배양액 화장품 원료물질 등을 개발하고 있다. 주요 제품은 화상 치료용 자가 세포 치료제인 케라힐과 동종 세포 치료제인 케라힐-알로가 있다. 케라힐 제품은 스프레이 타입의 자가 피부 세포 치료제이기 때문에 상처에 밀착되는 것이 우수하며 화상 부위에 직접 분사가 가능하기 때문에 넓은 부위에 쉽게 이식이 가능하다. 자가피부 세포배양 이식술은 겨드랑이나 사타구니에서 피부를 채취한 자신의 피부 세포를 원하는 양만큼 배양하여 상처 부위에 이식하는 수술 방법이다. 이때 자기유래피부각질세포 치료제를 스프레이하기 전에 손상된 피부조직을 진피층까지 제거해야 한다.

---

* 고분자난 금속 소재와는 다르게 체내 이식 시 뼈에 직접 결합하는 것이 특징이다.

오염원을 제거해서 추가적인 염증 유발을 억제하기 위해서이다.

자가피부 세포배양 이식술은 1970년대 하버드대 그린 박사Dr. Green에 의해서 처음 기술 개발이 되고 제품화되어 전세계 많은 국가에서 화상, 족부궤양, 선천성 반점, 백반증 등의 치료에 사용되고 있다. 자기유래배양피부는 시트 형태와 스프레이 형태가 있다. 시트 형태는 국내 기업인 태고사이언스가 개발했고 스프레이 형태는 바이오솔루션이 개발했다.

미국 미네소타대 마이클 맥앨파인 교수는 의대 야쿱 툴라 교수와 함께 쥐의 상처 부위에 바이오 잉크를 이용해 생체 세포를 3D 프린팅하는 데 성공했다. 3D 프린터로 제작한 생체 세포를 피부에 이식한 결과 상처 치유에 효과가 있었다. 향후 인체 임상실험이 성공하면 새로운 피부이식 치료에 혁신을 가져다줄 것으로 예상된다.

추가적으로 미국 템플대학교 생명공학과 조나단 거스텐하버 교수도 3D 프린팅을 이용해서 피부 밀착도가 높은 붕대를 제작한 연구결과가 있다. 3D 프린터로 제작한 붕대는 손상 부위의 밀착도가 크기 때문에 상처 보호 및 회복에 더 큰 효과를 가져올 수 있다.[121] 또한 골관절염 치료제인 카티라이프는 자가 세포를 이용한 것으로 보건 신기술 인증 제품이다.

추가 제품 포트폴리오는 인체조직 모델 개발을 진행하고 있다. 이 제품은 환자 본인의 관절과 연골조직에서 분리 증식한 연골전구세포를 작은 구슬 형태로 연골조직화한 제품이다. 즉 개인의 젊은 연골조직과 유사한 형태로 이러한 구슬 형태의 연골전구세포들이 결손 부위를 채워주고 세포의 초자연골성 기질 및 항염 인자들을 분비하여 치료를 하게 된다.

메디컬아이피[122]는 3D 모델링, 3D 프린팅, 가상현실VR 기술을 활용해서 수술 시뮬레이션을 리허설 수준까지 가능하게 하는 의료영상 분석 및 3D 프린팅 솔루션 기술을 보유한 기업이다. 서울대학교병원 의과대학 영상의학과 박상준 교수가 창업한 기업으로 2015년 원내 벤처 1호 기업으로 시작했다. 수술 과정에서 침습도를 최소화하며 수술 시간 단축으로 환자에게 고통을 줄이는 개인 맞춤 수술 방법을 찾아내는 수술 시뮬레이션 솔루션을 제공한다.

박상준 대표는 2018년 북미영상의학회RSNA에서 아시아 기업 중 유일하게 의료 3D 프린팅 분야 키노트 발표자로 발표를 했다. 또한 2018년 8월에는 글로벌 시장조사 업체인 가트너로부터 3D 프린팅 관련 하이프 사이클과 헬스케어 프로바이더 관련 하이프 사이클 부분에서 수술 계획용 3D 프린팅 인체 장기 모형 참고 기업으로 선정되는 성과를 거두었다.

메디컬아이피는 두 개의 솔루션을 보유하고 있다. 메딥과 아낫델ANATDEL[123]이다. 메딥은 CT와 MRI에서 생성되는 2D 의료 영상 데이터를 3D 모델링을 통해서 3차원으로 시각화가 가능한 솔루션이다. 특히 인공지능 기반의 분석, 영상 이미지의 화질 개선, 특정 부분 추출, 가상현실 기술로 구체화할 수 있다. 메딥솔루션은 2017년 2월 KFDA 의료기기 2등급으로 승인받았다.

아낫델은 메딥을 통해서 3D로 시각화한 데이터를 기반으로 3D 프린팅을 실행하는 솔루션이다. 현재 국내 기업들과 컨소시엄을 구축해서 재료, 3D 프린터, 후처리 기술 등을 연구해서 환자 개인의 장기와 완전히 일치하는 형태로 질감과 촉감도가 유사한 개인 맞춤 장기를 모형화할 수 있다. 이러한 개인 맞춤형 솔루션은 앞에서 언급한 것처럼 환자 개인 맞춤 수술 시뮬레이션과 외과의사의

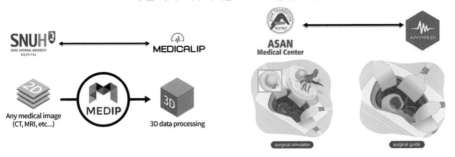

수술 가이드 및 계획용 3D 프린팅 솔루션

수술 기술 고도화 교육용으로도 활용이 가능하다.

원래 이 두 개의 솔루션은 사업화 목적보다는 임상적 미충족 수요clinical unmet needs를 충족하기 위한 소프트웨어를 고민하고 구체화하기 위해 만들어졌다. 또한 서울대학교병원의 의료진 100여 명으로부터 피드백을 받을 수 있었기 때문에 더욱 완성도가 높은 솔루션을 구축할 수 있었다고 한다. 글로벌 3D 프린팅 기업인 머터리얼라이즈와 스트라트시스와 같은 기업에서도 협력 제안을 받을 정도로 좋은 기술력과 의료 현장의 목소리를 잘 반영한 기업이다.[124]

애니메디솔루션[125]은 포스텍 기계공학과 출신 김국배 박사가 아산병원 김남국 교수 연구실에서 박사 후 과정을 한 후 스핀오프했다. 4차 산업혁명의 키워드인 3D 프린팅, 의료영상, 인공지능 등의 기술이 집약된 의료기기 회사이다. 환자에게 얻은 영상 이미지를 기반으로 3D 모델링을 한다. 그렇게 생성된 데이터를 클라우드 및 웹 기반으로 임상의사와 상의한 후에 3D 프린팅하여 수술 시뮬레이션에 사용한다. 이 회사의 기술은 메디컬아이피(서울대학교 병원 1호 벤처)와 유사한 기술로 수술 시뮬레이션을 통해서 수술 성공률을 높이고 또한 환자들에게 본인들이 받게 될 수술에 대한 이해도를 높여주는 역할도 한다. 국내 영상 분석 관련 차별화 기술을 가진 뷰노와 협력해서 영상 데이터와 인공지능과의 연결되는 부분에도 많은 준비를 하고 있다.[126]

최소 침습과 로봇 수술

로봇 수술Robotic Surgery은 의사가 수술 도구를 움직일 수 있는 로봇을 제어하며 하는 수술이다. 일반외과에서 시작되어 산부인과, 비뇨기과, 심장외과, 흉부외과 등의 여러 수술 분야에서 이용되고 있다. 현재 가장 많이 알려진 다빈치 수술 로봇은 미국 국방성에서 1980년대에 전시에서 사용할 목적으로 개발했다. 의사가 항시 있을 수 없는 곳에서 원격 조정이 가능한 수술 로봇이 필요해서 개발이 시작되었다. 인튜이티브서지컬Intuitive surgical 회사에서 1999년 처음으로 다빈치 수술 로봇이 출시되었다.

처음에는 심장이나 복강경 수술에 주로 사용되었으나 비뇨기과의 전립선 수술이나 산부인과의 자궁경부나 자궁 등 사람의 손이 접근하기 어려운 좁은 영역에서 특히 큰 효과를 나타냈다. 장점은 최소 절개를 통해 복잡한 수술을 원활히 수행할 수 있는 것이다. 최대 15배까지 확대되고 3D 영상 지원 기능을 활용하면 사람의 손보다 더 자유로운 수술기구의 행동 반경을 확보할 수 있으며 의사의 미세한 손 떨림을 방지하기 때문에 더욱 안전한 수술이 가능하다. 또한 절제 부위가 적기 때문에 출혈이나 감염의 위험이 상대적으로 적고 수술 후 적은 흉터와 통증으로 회복이 빨라 환자 삶의 질을 최대한 높일 수 있다.

다빈치 수술용 로봇 시스템[127]

반대로 로봇 수술 준비 시간이 필요하기 때문에 응급수술을 하기는 힘들다. 또한 의사가 로봇 수술 시에 환자의 장기를 직접적으로 만질 수 없기 때문에 장기나 암의 종류를 직관적으로 판단하기가 어렵다. 국내에서 로봇 수술은 비급여이기 때문에 수술 비용이 700만 원에서 2,000만 원 정도로 비싸다.

다빈치 로봇 수술기 설치 현황

2017년 12월 기준으로 전세계에 4,409대가 설치되어 있고 2018년 2월 말 기준으로 국내에는 55개 병원에 73대가 설치되어 있다. 전세계적으로 약 87만 5,000건의 다빈치 수술이 시행되었다.

로봇 수술의 임상활용 예시

비뇨기과의 전립선암 수술은 골반 안쪽의 깊고 좁은 공간에서 수술 시야를 확보해야 하고 전립선 주변에 배뇨 및 성 기능 관련한 신경들이 많아서 정밀한 수술이 필요하다. 로봇 수술을 이용하면 시야 확보와 정밀한 수술이 가능하다는 장점이 있다.

신장 절제술의 경우 암 발병 부위만 제거해서 신장 기능을 최대한 보전할 수가 있다. 특히 암 부위가 혈관에 가깝거나 신장 내부 깊숙이 위치해 있는 경우에는 복강경 수술보다 로봇 수술이 더 큰 장점을 제공할 수 있다. 산부인과의 자궁근종 제거 수술의 경우 로봇 수술을 이용하면 통증, 출혈, 난임이 있는 환자들에게 증상의 호전 및 임신 성공 확률도 높아지게 할 수 있다.

갑상선의 특정 부위로 전이된 진행성 갑상선암의 경우에 큰 흉터를 남기지 않고 수술이 가능하다. 대장과 직장암의 절제술에서 수술 후 장기 원래 기능을 보존하는 데 우수한 결과를 보여준다. 골반이 좁거나 살이 쪄서 수술 시야를 확보하기 어려운 직장암 환자나 측방골반임파선 전이가 많이 진행된 직장암 환자에게 기존 복강경 수술이나 개복수술보다 좋은 결과를 가져줄 수 있다.

위암의 경우에는 위 주변의 임파선의 완벽한 제거가 가능하다. 즉 암이 생성된 국소 부위와 그 주변 임파선도 함께 제거가 가능하다. 즉 로봇을 이용해서 좀 더 정밀하게 암 발생 부위를 완전히 제거할 수 있다.

이비인후과 수술의 경우, 두경부 암 조직 제거 수술을 하기 위해서는 정상적인 구조물을 절개할 수밖에 없었지만 로봇 수술을 하게 되면 접근이 어려운 부위도 다른 부위의 절개 없이 정교한 움직임으로 넓은 시야를 확보하고 수술이 가능하다. 두경부는 사람이 숨을 쉬고 먹고 말하기 위한 구조물이다. 따라서 이 구조물의 최소 침습 수술은 삶의 질을 높이는 데 큰 영향을 줄 수 있다.

흉부외과의 폐암 수술의 경우 혈관 및 기관지 절제가 수술의 성

다양한 수술용 로봇 시스템

다빈치 Xi 수술 로봇

타이탄 메디컬

구글-존슨앤드존슨
: 버브서지컬

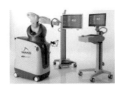
스트라이커:
무릎 수술 로봇

오리스 헬스:
더 모나크 플랫폼

메드로보틱스:
이비인후과 수술 로봇

패를 좌우할 정도로 매우 중요하다. 이 절제술을 하기 위한 자동 봉합기를 이용하면 폐 조직박리뿐만 아니라 혈관 및 기관지 절제 수술까지 한 번에 가능한 장점이 있다. 또한 폐는 해부학적으로 5개의 폐엽으로 구성되어 있는데 기관지가 이를 연결하고 있다. 그러다 보니 폐암 초기에도 암이 기관지 한가운데 있으면 다른 정상 폐엽도 절제할 수밖에 없었다.

그러나 로봇 수술을 이용하며 로봇 팔이 540도로 활발하고 자유 롭게 움직일 수 있어서 그전에 보이지 않았던 폐엽을 다각도로 관찰하며 수술할 수 있다. 암조직과 근처 기관지만 정교하게 제거하고 상관없는 폐엽은 다시 기관지에 붙일 수 있다. 즉 환자는 폐 기능을 최대한 보전할 수 있어 삶의 질이 향상될 수 있다.

로봇 수술의 미래

VR 연동 의료기기

가상현실은 컴퓨터로 특정 환경이나 상황을 가상으로 만들어주는 기술이다. 증강현실은 사용자가 눈으로 보는 현실세계에 가상 물체나 이미지를 겹쳐 보여주는 기술이다. 국내 식약처에서는 다음과 같은 형태의 의료기기 가이드라인을 만들었다.

- 종양 위치나 크기 등 CT·MRI 등으로 촬영한 영상을 증강현실 기술이 가능한 PC에 입력하여 환자 수술에 사용하는 기기
- 뇌파·근전도 등 생체신호와 헤드 마운트 디스플레이HMD를 활용하여 재활치료에 도움을 주는 기기
- CT 등 환자 개인의 영상 정보를 이용하여 치료 방법을 수립하거나 수술을 시뮬레이션하는 제품

대부분이 영상진단(CT, MRI 등)으로 생성된 영상 이미지를 기반으로 환자의 수술에 도움을 주는 기기를 의미한다. 환자 머리에 헤드 마운트 디스플레이를 장착해 입체 화면을 표시하고 머리 움직임을 검출하여 로봇이나 제어시스템에 이용하는 장치이다. 추가적으로 의료기기에 해당되지 않는 기기나 소프트웨어는 다음과 같다.

- 정맥주사 훈련 등 의료인 교육·훈련을 위한 제품
- 기억력 훈련 등 일상생활에서 건강관리를 목적으로 사용하는

제품

- 가상 발표 연습을 통해 무대 공포를 없애거나 운동선수가 경기 직전에 느끼는 긴장감을 완화하는 데 도움을 주는 등 사회생활 적응에 도움을 주는 제품

기존 게임산업에서 사용되었던 가상현실이 의료 분야로 확장되고 있다. 초고령화 시대와 경쟁 심화로 인한 심리질환 등 의료 서비스 수요 증가에 대응하기 위해 의료 전문가 육성 및 심리치료로 확장되고 있다. 가상현실 관련 기업들은 기존의 의료산업과의 공동협력을 통해서 가상현실 의료기술을 구체화시키고 있다.

구체적으로 영상진단, 수술 시뮬레이션 및 트레이닝, 재활훈련, 정신치료 등에 가상현실 기술을 적용하여 개인 맞춤의료 서비스 및 의료 서비스의 생산효율화와 고부가가치 창출을 예상하고 있다. 예를 들면 수술 전에 CT, MRI, PET 등의 영상 이미지를 기반으로 3D 모델을 만들 수 있다. 그리고 그 3D 모델에 암 부위 및 다른 비정상 조직에 대한 정보들을 시각화해서 수술 전 최소 침습 및 효율적인 수술 방법을 시뮬레이션함으로써 수술 위험도를 줄일 수 있다.

또한 수술실에서뿐만 아니라 다른 원격의 장소에서도 가상현실 기술로 실제 수술실에 있는 것처럼 느끼며 수술 연습 및 실행이 가능하다. 이러한 3D로 재구성한 환자의 이미지 정보들을 활용해서 복잡하고 민감한 수술에 대한 교육이 가능하게 되었다. 추가적으로 게임 기술을 활용해 정신질환 환자들을 치료하고 재활이 필요한 환자들에게 재활을 유도하고 치유하는 데 활용할 수가 있다.

메디컬리얼리티는[128] 샤피 암메드Shafi Ahmed가 창업한 회사로 4k

360(360도 카메라를 이용한 수술현장 녹화영상), 가상현실 수술 해부 VR Anatomy,* 셀프 시험(학습 전후 비교를 통한 실력 확인) 서비스를 제공하고 있다. 기어 가상현실, 구글 데이드림, 안드로이드, iOS 기술 환경에서 구동 가능하다.

비저블 페이턴트[129]는 환자의 CT, MRI의 2D 영상을 3D 모델로 변환해서 전달해주는 온라인 솔루션 회사이다. FDA 인허가와 CE 마크를 보유하고 있다. 모바일 형태의 프로그램은 인허가 준비 중에 있다. 환자의 3D 이미지를 기반으로 효율적인 수술계획을 수립하거나 환자에게 수술방법을 설명해주는 데 사용되고 있다.[130]

증강현실 연동 의료기기

대구경북과학기술원과 분당서울대병원 교수진들은 세계 최초로 골종양 수술용 증강현실 시스템을 태블릿 PC에서 작동하게 했다. CT, MRI 등의 영상진단 장비로 종양의 크기와 위치를 파악한 뒤 의사의 태블릿 PC에 그 데이터를 입력한다. 그러면 증강현실 기술을 이용해서 실제 환자의 신체 위 종양의 위치와 크기 정보를 실시간으로 확인할 수 있다. 증강현실을 이용한 수술은 뼈속 종양의 위치와 크기를 실시간으로 확인할 수가 있기 때문에 불필요한 절제를 최소화할 수 있다. 현재는 팔다리의 골 종양에 적용이 가능하지만 향후 다른 부분에도 확대가 가능하도록 개선하고 있다.

또한 중앙대학교 병원 박병준 교수가 창업한 기업 데카사이트 DecaSight에서도 증강현실을 이용한 기술 개발이 활발히 진행되고

---

* 수술 관련 해부 영상을 통한 해부구조 이해를 위한 세부 정보 제공.

있다. MRI, CT에서 얻은 영상 이미지를 환자의 수술 부위(종양 및 비정상 조직 등)에 입혀 수술해서 최소 부위 절제와 수술 시간 절약을 할 수가 있게 되었다. 해외의 경우는 SCOPI(현 스트라이커)의 기술로 증강현실이 가미된 내비게이션 시스템이다. 외과의사가 환자의 부비강 내 가상 통로로 장비를 움직여 시신경 및 경동맥과 같은 섬세한 부위 손상 없이 수술하게 하는 기술이다.[131]

존슨앤드존슨의 의료기기 기업 부분의 계열사인 데퓨이 신세스 DePuy Synthes는 정형외과 관련 로봇 수술에서 많은 기초를 다지고 있다. 외과의사와 환자를 위한 최적의 패키지를 제공하려고 한다. 글로벌 연구개발 책임자인 유안 톰슨Euan Thomson은 로봇 수술, 영상진단, 수술 관련 디지털 교육 시스템 등에 대해서 언급했다.

외과수술의 20~40%는 여전히 실패를 하고 무릎 재건 수술 환자의 약 20% 정도는 여전히 불만족 결과가 있다. 환자가 느끼게 되는 결과와 수술의 완성도는 병원별로 다르다. 수술 경험이 많은 의사일수록 결과가 좋다. 이러한 수술 결과들을 더 안정하고 균일하게 하기 위해서 오르쏘탁시Orthotaxy SAS라는 회사를 2018년 인수했다. 이 회사는 로봇 수술을 지원하는 수술 지원 솔루션을 가지고 있다.

데퓨이 신세스DePuy Synthes가 추구하는 방향성은 세 가지이다. 첫째, 가장 중요한 것은 기술이다. 존슨앤드존슨은 가능한 최고의 인체 삽입형 임플란트와 수술용 기구들을 개발하고 사업화하는 것을 목표로 하고 있다. 수술 기술은 항상 차이가 있고 환자들 또한 매우 다르다. 환자들은 각기 다른 체질량지수와 다른 생활습관(흡연, 음주 등)이 있다. 이러한 개인의 다른 환경들은 수술 후 회복에도 큰 영향을 미칠 수 있다. 수술 기술에는 인간의 실수를 언급할 수 있다. 로봇은 외과의사의 민첩성을 더 증가시킬 수 있고 더 일관된 움직임을 보여줄 수 있다. 결론적으로 더 좋은 수술 결과를 보여줄 수 있다.

둘째, 수술 전 환자의 상태 분석과 수술 후 환자 재활에 도움을 줄 수 있으며 전반적으로 케어하는 디지털 수술 준비를 해오고 있다고 한다. 셋째, 수술 방 밖에서 수술 전반의 프로세스를 표준화하는 기술도 준비하고 있다. 워싱턴 대학교에서 스핀아웃된 회사인 C-SATS를 최근에 인수했다. C-SATS는 수술실에서 생성되는 모든 영상 파일을 통해서 외과의사들의 역량들을 평가하는 기술을 가지고 있다.

오리스 헬스: 모나크 플랫폼

오리스 헬스Aurisj Health는 창업한 지 6년이 된 수술용 로봇 기술 업체이다. 인튜이티브 서지컬Intuitive Surgical의 공동 창업자인 프레데릭 몰Frederic Moll이 창업했다. 수술용 로봇 아레스ARES, Auris Robotic Endoscopy System는 FDA의 승인까지 받았다. 이 기기는 수술 부위를 절개하지 않고 입을 통해 유연하게 움직이는 로봇을 몸으로 들여보내는 새로운 개념의 수술용 로봇이다.

추가적으로 오리스 헬스는 모나크 플랫폼Monach Platform이라는 새로운 수술용 로봇 시스템을 출시했고 FDA로부터 승인을 받았다. 모나크는 소프트웨어, 데이터 분석, 로보틱스, 비주얼 이미징 등 4개의 핵심 기술을 이용해 폐암을 조기에 발견하는 로봇 시스템이다. 내시경 카메라를 기관지에 넣어서 폐 쪽으로 이동시켜 검사해 폐암 조기 진단을 할 수 있다.

오리스 측은 현재 폐암 환자 90% 이상의 사망 이유가 조기에 발

폐암 수술용 로봇 시스템[132]

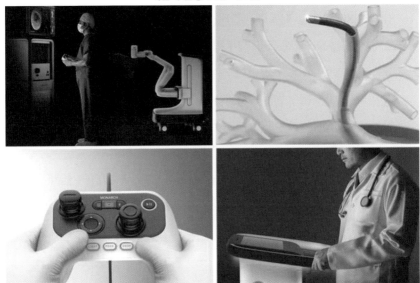

견하지 못해 제대로 치료할 수 없어서라고 언급했다. 모나크 플랫폼은 게임기 컨트롤러처럼 생긴 제어 장치를 이용해 조작할 수 있다. 최소 침습 방식으로 내시경 카메라를 기관지에 넣어 3D 디스플레이상에서 폐를 들여다볼 수 있다. 오리스는 모나크 플랫폼을 우선 폐암 진단에 활용하고 향후 다른 분야로 확대할 계획이다.

개인 맞춤치료 중에서 중요한 부분 중의 하나는 수술 최적화이다. 수술은 크게 세 가지로 구분된다. 첫째, 수술 전 단계에서는 의사들이 수술할 때 최소 침습 방법과 환자의 고통을 최소화하고 시간을 효율적으로 단축시켜주는 수술 계획과 설계 프로그램들이 많이 개발되고 있다. 특히 개인의 상태와 특성에 따라서 수술이 매우 정교하게 수정될 수가 있다. 그리고 환자들에게 수술 진행 방식을 알려줌으로 정신적인 안정을 줄 수 있다.

둘째, 수술은 세 가지의 형태로 진행되고 있다. 개복수술, 복강경 수술, 그리고 로봇을 이용한 수술로 구분할 수 있다. 그중에서 복강경을 이용한 수술에는 내시경의 시야를 더 넓게 확보해주며 정상조직과 비정상조직을 구분해주는 시각화 관련 기술이 많이 개발되고 있다. 또한 특정 조직이나 혈관 등을 자르고 고정하기 위한 에너지 기반 기구들의 개발도 매우 활발하다. 레이저, 초음파(고주파), 전기적 에너지를 이용하는 방법이 있다.

그리고 현재 가장 많은 연구가 진행되는 부분은 수술용 로봇 분야이다. 수술용 로봇은 디지털 수술digital surgery과 연결되어 더 많은 분야로 확장되고 구체화되고 있다. 초기에 개발된 수술용 로봇은 심혈관질환 관련 수술에서부터 비뇨기과, 산부인과, 그리고 일반 고형암의 제거 수술(소화기암, 간암, 폐암 등)까지 확장되었다.

셋째, 수술 후 단계에서는 주로 재활이나 수술 후 모니터링에 대해서 체계적으로 어떤 장치나 방법을 제공하는 솔루션들이 개발되었다. 그와 함께 외과 수술에 대한 체계적인 프로세스 정립과 그 수술 방법에 대한 교육과 전파를 가능하게 하는 프로그램 및 솔루션도 개발되었다. 개인별 특성에 따라 재활 및 회복 능력도 다르기 때문에 빅데이터 기반의 재활 솔루션에 대한 니즈가 있다. 외과의사의 수련도와 수술 방법들은 많이 다르다. 환자 개인 상태와 의사에 대한 변수가 너무 커지게 되면 수술 완성도 및 회복 관련된 만족도가 작을 수밖에 없다. 이런 미충족 수요unmet need를 충족하기 위해서 데이터와 증거 기반의 수술 프로세스 분석 및 수술의 질 분석 솔루션들이 나타나기 시작했다.

물론 수술 전체 과정을 영상 녹화하고 그 영상을 세밀하게 분석하고 사용된 수술 기구, 의사들의 수술 방법과 패턴, 환자의 질병 상태 등과의 상관관계를 분석하여 최적의 솔루션을 제안해주는 인

존슨앤드존슨의 '수술 전-수술 실행-수술 후' 통합관리 솔루션[133]

수술 전		수술 실행		수술 후	
Health Partner	TruMatch	ORTHOTAXY	SPI	C·SATS	Health Partner
수술 전 환자의 행동 변화 확인 솔루션	웹 기반 수술 계획	차세대 로봇 기술 지원 플랫폼	수술실 효율성 및 수술 결과 개선 솔루션	수술 과정 개선 및 수술 역량 관리 솔루션	수술 후 환자 모니터링 및 지원 솔루션

공지능 수술 방법 제안, 수술 후 재활 방법 추천에 대한 개인 맞춤 솔루션이 나오리라 예상한다.

수술 시 암 조직 실시간 검사 방법

통상적인 수술 과정 중에 비정상조직을 떼어내 조직검사(Immunohistochemistry, FISH, Real Time PCR 등)를 진행하고 있다. 수술 과정에서 거의 실시간으로 비정상조직과 정상조직에 대한 생화학적 차이를 바로 분석하는 기술이 개발되고 있다. 질량분석기를 이용한 암 조직검사 시간을 단축시킬 수 있다.

텍사스 대학교 오스틴 캠퍼스의 리비아 에벌린Livia Eberlin 교수는 질량분석기로 암 조직을 실시간 분석할 수 있는 펜Pen 형태의 디바이스를 고안했다. 매스스펙 펜MasSpec Pen이다. 암 조직 부분과 암-정상 조직 경계면tumor margin 분석 기술이다. 이 기술은 암 조직의 제거 수술 시에 실시간으로 사용이 가능하며 더 확실히 제거할 수가 있다.

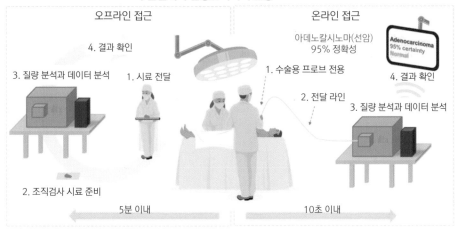

수술실에서 질량분석기의 활용[134]

오프라인 접근

4. 결과 확인

3. 질량 분석과 데이터 분석   1. 시료 전달

2. 조직검사 시료 준비

5분 이내

온라인 접근

아데노칼시노마(선암)
95% 정확성

Adenocarcinoma
95% certainty
Normal

1. 수술용 프로브 전용

2. 전달 라인

3. 질량 분석과 데이터 분석

4. 결과 확인

10초 이내

암세포 림프절 전이

기초과학 연구원IBS 혈관 연구단 고규영 단장 연구팀은 세계 최
초로 암세포가 림프절로 전이하는 데 지방산fatty acid을 핵심 에너지
원으로 활용한다는 사실을 규명했다. 기존 암 전이 연구는 주로 폐
나 간 등 다른 장기로의 전이에 집중했다. 그러나 이번 연구는 림
프절과 암세포의 전이에 대한 메커니즘으로 새로운 암 연구의 돌
파구가 될 것으로 평가된다.

암의 림프절 전이는 암 환자의 생존율과 직접적으로 연관되며
생존율 및 치료 방향 결정에 매우 주요한 의사결정 기준이 될 수
있다. 그러나 아직도 암의 림프절 전이에 대한 세부적인 메커니즘
과 과정은 확실하게 규명되지 않았다. 또한 림프절에서 암세포가
어떻게 증식하고 생존하는지에 대해서도 많은 연구가 진행되지 않
았다.

이번 연구에서는 흑생종과 유방암을 유발시킨 마우스 모델에 지
방산 대사를 억제하는 약물을 주입하여 림프절 전이 억제 여부를

확인했다. 즉 암세포가 더 이상 에너지원인 지방산을 태우지 못하게 돼 전이가 진행되지 않는다. 향후 림프절 전이를 표적으로 하는 차세대 항암제 개발에 중요한 기초가 될 것으로 예상하고 있다.[135]

차세대 내시경 시술 및 수술의 혁신

암 조직 제거 수술 시 암과 정상조직을 구분하는 기술은 두 가지가 있다. 가장 일반적인 방법은 생검을 통해서 확인하는 방법과 FDA 인증받은 형광염료를 도포한 후 형광 카메라로 암과 정상조직을 구분하는 방법이다. 이러한 방법은 암 제거 수술 시 대기 시간이 오래 걸리기도 하고 복강경 기반 수술에서 형광 염료를 이용해 형광 카메라로 판독하는 방법은 해상도가 높지 않은 상황이다.

특히 치매, 알츠하이머, 뇌암, 파킨슨병 등과 같은 뇌질환 관련 연구의 경우 살아 있는 동물의 세포 수준의 영상을 얻기가 매우 어렵다. 그래서 이러한 내시경 형태로 세포 영상을 획득하고자 하는 수요가 있으며 신약개발 과정에서 세포 치료제, 유전자 치료제, 면역 치료제 등이 제대로 작동을 하는가에 대한 세포 관찰에 대한 수요가 있다. 또한 약물전달의 현상을 실시간적으로 세포 수준에서 확인하려는 수요도 늘어나는 상황이다.

이렇게 연구개발 수준에서의 니즈와 임상의학에서의 한 필요점 등을 보완하기 위해서 초소형 현미경이 개발되고 있다. 복강 내시경에 접목하거나 작은 휴대용 형태로 제작하는 기술이 개발되고 있다. 현재 많은 연구그룹 중에서 상용화가 준비된 회사가 두 개있다.

프랑스 회사인 마우나 키 테크놀로지Mauna Kea Technologies[136]는 셀비지오Cellvizio라는 제품을 보유하고 있다. 셀비지오는 프로브probe 기반 공초점 내시현미경pCLE, probe-based Confocal Laser Endomicroscopy 시스템이다. 판매가격은 약 1억 6,000만 원 정도이다. 호주 기업인 옵티스캔Optiscan[137]은 FIVE2ViewnVivo라는 제품을 보유하고 있다. 서브마이크로미터 수준의 해상도를 가지고 있고 3차원 이미지를 얻을 수 있다. 복강경 형태의 내시경 공초점 현미경 시스템은 기존에 복강경을 이용한 외과적 수술에 유용하게 사용될 가능성이 있고 로봇 수술의 팔에 부착되는 액세서리로 함께 접목될 가능성도 있다.

또한 고주파 절제술이나 레이저 절제술을 할 경우 암 조직을 포함한 비정상조직 제거 기준을 제시할 수 있다. 추가적으로 신경외과 수술 시 두개골 뼈를 조금만 절개하고 펜 형태의 프로브를 접목하게 되면 최소 침습의 진단 및 수술에 적용될 수 있다.

산부인과나 비뇨기과 관련 수술 시 시야 확보가 어려운 부분에서도 장점이 있을 것으로 생각된다. 만일 프로브를 더 가늘게 하거나 굽힐 수 있다면 이비인후과 수술 시에도 활용이 될 것이다. 현재는 식도를 포함한 위장관, 대장, 췌장, 방광, 폐질환 수술용 프로브를 보유하고 있다.

앞에서 언급한 맞춤형 수술의 경우에서 암-정상조직 경계면tumor margin 확인을 위해서 많은 장점이 있겠지만 복강경 의료기기 업체와 내시경 업체들과의 협업이 필요할 것이다. 추가적인 기회는 암세포의 구역 확인, 정상세포의 구역 확인, 그리고 근처 림프절 전이 여부를 분석하는 머신러닝 기법을 적용한 이미지 분석 기능이 포함된다면 미래 가능성이 더 클 것이다.

연구 논문에 발표한 하나의 예를 보면 다음과 같다. 일반적으로

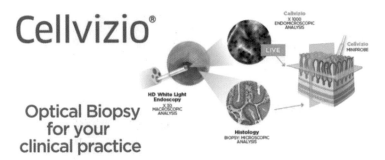

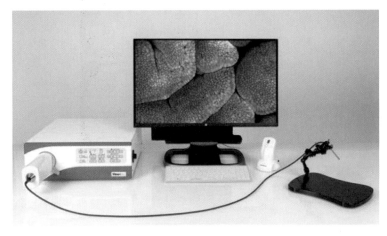

우리가 조직검사 시에 사용하는 헤마톡실린과 이오신H&E 방법의 영상과 내시현미경 방식으로 관찰한 세포 이미지들에 대한 비교 분석이다. 세 가지 다른 허혈 조건ischemia에서 일반적인 조직검사 방법인 H&E로 검사한 사진(a, c, e)과 셀비지오 기기로 내시경 기반의 공초점 현미경 방식으로 측정한 사진(b, d, f)을 비교해보았다.

정상조직은 (a, b)이고 허혈 조건이 어느 정도 진행되어서 점막 하 충혈 및 부종 상태(c, d)이다. 부종이 확대되고 상피세포에 괴사necrosis가 일어난 상태의 사진은 (e ,f)이다. 기존의 기본 조직검사 standard H&E와 내시경 기반의 공초점 광학현미경 방식으로 비교한

초소형 내시현미경으로 획득한
세포 이미지와 조직검사 이미지 비교[139]

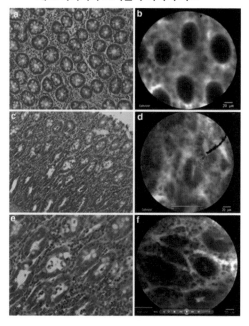

결과 허혈성의 수준과 진행 정도를 파악할 수 있다. 따라서 외과 수술 시 활용이 가능하다.

전자치료

합성 의약품과 바이오 의약품의 다음 혁신 기술로 '전자약electro-ceuticals'이 확산되고 있다. 인체에 삽입하거나 피부에 이식한 전자장비가 신경에 흐르는 전기신호를 분석해 질병 혹은 정상 여부를 진단하고 적절한 전기 자극을 전달해서 치료하고 관리하는 것을 의미한다. 인체는 신경신호, 즉 전기신호를 통해서 다양한 조절을 하고 있다. 신경은 신호를 전달하는 전선 혹은 랜선의 개념이라고 생각하면 된다. 이러한 전기신호가 질병에 걸리면 제대로 전달되지 않거나 잘못 전달될 수 있다.

전자약은 이러한 현상을 정량적, 정성적으로 측정한 뒤에 정상 상태로 바로잡아서 치료할 수 있다. 지금까지 보고된 연구결과에 따르면 류마티즘 관절염 환자에게서 효능을 입증했다. 치료 대상을 천식, 비만, 당뇨에 이어 암으로까지 넓히고 있다.[141]

셋포인트 메디컬SetPoint Medical[142] 회사는 류마티스 관절염, 크론병, 다발성 경화증과 같은 만성 자가면역질환을 치료하는 전자치료 플랫폼 기술을 보유하고 있다. 현재 류마티스 관절염 개발이 가장 앞서 있는 상황이다. 목 안쪽 미주신경에 전기자극을 주면 면역세포의 과도한 활동이 억제되어서 염증이 줄어든다. 미주신경은 10번째 뇌신경이며 신체에서 가장 긴 뇌신경으로 많은 생리 기능을 가지고 있으며 체중, 식욕, 에너지 섭취뿐만 아니라 내장 기능을 조절하는 것으로 알려져 왔다. 미주신경은 위장관과 뇌 사이의 통신 연결이라고 할 수 있다.

예를 들어 류마티스 관절염은 면역세포가 정상세포를 과도하게 공격해서 일어나는 현상이다. 이전에 미주신경 자극 방법은 간질과 같은 정신질환을 치료하는 데 성공적이었다. 하지만 류마티스 관절염과 같은 만성 자가면역질환의 치료에도 적용이 된 것이다.

셋포인트 메디컬에서 1인치 크기의 작은 장치를 개발했는데 간단한 수술을 통해서 미주신경에 위치하게 되면 미리 설정해놓은 전기적인 신호 방출을 자동 조절할 수 있도록 프로그램되어 있다. 기존의 류마티스 관절염 치료 방법은 많은 환자들에게 효과적이지 않고 심각한 부작용을 일으키거나 치료 비용 또한 많이 들기도 한

전자약[140]

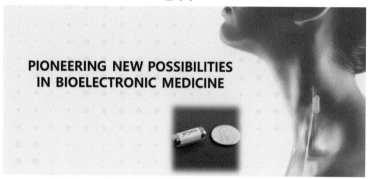

다. 따라서 기존의 치료 방법이 듣지 않는 류마티스 환자들에게 새로운 치료 방법이 될 것으로 예상된다. 글로벌 제약회사인 글락소스미스클라인GSK과 코비디엔Coviden이 2,400억 원(2020년 2월 기준) 투자했다.[143]

인스파이어 메디컬 시스템즈Inspire Medical Systems[145]는 2014년 5월 수면 무호흡증을 치료하는 장치로 FDA 승인을 받았다. 이 장치는 호흡 센서, 전기자극을 전달하는 부분, 전기 발생장치로 구성되어 있다. 호흡 패턴을 인식한 뒤 목구멍의 조직을 자극해서 기도가 열린 상태를 유지하도록 유도하는 장치이다. 임상시험을 통해서 수면 무호흡증 환자의 약 78%가 감소된 것을 확인했다. 현재 기업가치는 2.3조 원(2020년 2월 기준)이다.

엘렉트로코어Electrocore[146] 제품은 비침습적으로 미주신경을 자극해서 뇌로 들어가는 고통 신호들을 차단하는 데 도움을 주어서 편두통Migraine Pain 환자들에게 사용되고 있다. 기존 미주신경 자극 방법은 수술을 통해서 피부 밑에 신경자극 장치를 삽입해야 했지만 감마코어GammaCore[147]라고 불리는 장치는 수술 없이 피부 표면에서 사용이 가능하다. 또한 두통약이나 진통제의 부작용을 줄일 수

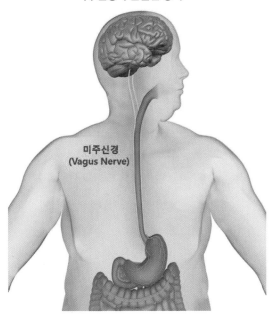

미주신경과 연결된 장기[144]

미주신경
(Vagus Nerve)

전기자극을 이용한 질병치료 기술

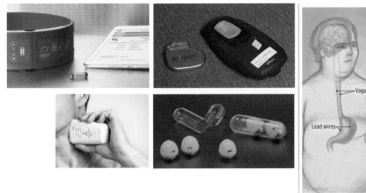
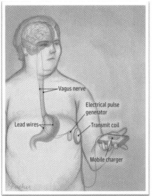

있다. 이 기기는 현재 의사의 처방전을 받아서 사용을 할 수 있다.
2020년 2월 기준 기업가치는 372억 원이다.

MIT 대학의 로버트 랭거 교수와 하버드 의대가 공동개발한 인슐린 주사 캡슐은 블루베리 정도 크기이다. 캡슐 속에는 생분해성 고분자 바늘이 있고 그 바늘 끝에는 인슐린이 들어 있다. 평상시에는 인슐린이 분해되지 않도록 캡슐에 싸여 있다. 위 속으로 들어가 위산에 캡슐이 녹으면 바늘이 노출되면서 인슐린을 투여할 수 있게 된다. 앞으로 이 캡슐은 다른 치료제의 전달체로 사용할 가능성이 있다.[148]

노보큐어Novocure는 뇌종양인 교모세포종 치료용 웨어러블 기기에서 차별화 기술을 가지고 있다.[149] 세포가 증식하려면 세포분열을 해야 한다. 암세포는 정상세포보다 더 빠른 분열 과정을 통해서 빠르게 증식된다. 이러한 세포분열 과정은 마이크로 튜블린micro tublin 이라는 단백질과 전기장의 영향으로 일어난다. 이때 암세포에 특정한 전자기장을 가하게 되면 세포분열에 방해를 받기 때문에 암세포의 사멸이 일어나게 된다. 특정한 세기의 전자기장을 가해서 일반세포에는 영향을 주지 않고 교모세포종 암세포에만 영향을 미칠 수 있도록 했다. 노보큐어의 기술은 2015년 FDA 인증을 받고 기존 항암화학요법과 함께 치료에 사용되고 있다.

시선 추적을 통한 질병 모니터링

많은 기업들이 시선 추적eye tracking 기술의 연구개발과 사업화를 진행하고 있다. 일반적으로 카메라가 눈의 움직임을 세밀하게 측정하고 분석해서 다양한 인사이트를 도출해내는 기술이다.

인간의 눈은 전기가 통하는 전도체이다. 전기안구법EOG, Electro-oculography이라는 기술로 불리운다. 안경에 붙은 센서를 통해서 안구 운동을 측정하는 전극이 포함되어 있다. 이 전극은 눈 옆 근육의 수축과 이완에 따라서 변하는 미세한 전위차를 분석해서 안구

  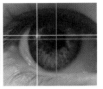

시선 추적 기술 보유 회사

이모션스

토비프로

엘시 테크놀러지스

아이테크 디지털시스템스

디아이트리브

에이에스엘

게이즈포인트

브레인리서치이노베이션

비주얼캠프

스마트 아이

에스엠아이

의 움직임을 트래킹할 수 있다. 이 측정 방법은 눈이 얼마나 긴장하고 있고 얼마나 피로한가를 알 수 있다. 이 데이터를 통해서 다음과 같은 몸의 상태를 유추할 수 있다.

- 몸의 상태: 피곤한 정도, 휴식 상태, 운전 상태, 운동 능력, 업무 집중 상태
- 정신 상태: 마음의 상태, 흥미 및 관심도 분석, 자폐증, 신경장애
- 장애인의 의사표현 지원

아이멕imec이라는 회사는 기존 기술 대비 5배 저렴하며 4배 더

빠르게 눈의 움직임을 측정할 수 있는 차세대 장치를 개발했다. 이 장치는 시선이 한 지점에서 다른 지점으로 움직일 때의 급격한 시선 이동 같은 아주 빠른 움직임도 측정할 수가 있다고 한다. 이런 측정 역량은 증강현실이나 가상현실에서의 응용이 가능하게 할 수 있다.[150]

국내 기업인 브레인앤리서치 이노베이션은 시선 추적 데이터를 기반으로 뇌파 측정, fMRI 분석 데이터, 행동 데이터들을 종합해 뉴로마케팅의 수단으로 활용 가능한 기술과 서비스를 제공하고 있다.[151] 또한 비주얼캠프는 인공지능 기반의 세계 최초 모바일 시선 추적 기술을 보유하고 있다. 시선 추적으로 수집한 데이터는 고객들의 관심도를 분석할 수 있어 마케팅 활용이 가능하고 난독증 진단, 치료, 학습 몰입도 측정이 가능하다.

최근에 비주얼캠프는 신한은행 현금자동입출금기ATM에 시선 추적 기술을 접목해 사지가 불편하지만 시선 처리에 문제가 없는 장애인용 기기를 개발했다.

신경자극 기술

뉴아인은 신경자극 기술 관련 바이오 스타트업이다. 각막의 시신경을 전기로 자극해서 다양한 안구질환을 치료하고 관리하는 기술을 보유하고 있다. 미세 전기자극을 통해서 각막신경의 재생 속도를 증가시키는 것이 차별화된 기술이다. 향후 라섹이나 라식 수술을 받은 환자의 빠른 시력회복, 각막통증 감소, 안구건조증 완화 등으로 확장할 수 있다.

미국 앨러간사의 제품 트루티어TrueTear는 콧속으로 삽입하는 1회용 팁을 이용해 신경을 자극함으로써 일시적으로 눈물을 생성시

신경자극 기술의 예시

트루티어　　　　　사이픽스　　　　　와이브레인

뉴아인　　　　　리메드　　　　　뉴로핏

키는 기구이다. 비침습적이고 약물처방이 아닌 신경자극술을 활용하는 기술이다. 기기는 300달러이며 1회용 팁은 1개월치 분량이 25~30달러 정도이다.

사이픽스ScyFix는 뉴로트로핀이라는 단백질의 생성을 자극하도록 전기자극을 주는 기술을 가지고 있다. 이 뉴로트로핀은 시신경, 망막신경, 시세포 등에 관련된 단백질이다. 신경자극 방법은 영양분을 흡수하고 나쁜 노폐물을 방출해 세포막을 재건할 수도 있다. 그리고 눈으로 가는 혈류량을 증가시키고 손상된 시신경을 다시 연결시킬 수 있다.[153]

와이브레인은 카이스트 출신 연구원들이 창업한 회사로 비침습적인 전기자극을 통하여 우울증과 같은 정신질환으로 고통받는 환자들에게 도움을 주는 뇌자극 시스템과 뇌파 측정 시스템이다. 이러한 시스템을 통하여 우울증과 같은 정신질환을 좀 더 정확하게 진단하고 치료하고 관리할 수 있는 솔루션을 연구개발하고 있다. 핵심기술은 미세전류 기반의 뇌신경 기능을 조절할 수 있는 뉴로모듈레이션neuromodulation 기술이다.[154]

리메드는 우울증이나 치매와 같은 난치성 뇌질환을 치료하고 관리하는 경두개 자기자극TMS, Transcarnial Magnetic Stimulation과 신경 자기장 자극 장치NMS, Neuro-Magnetic Stimulation 기반의 제품을 보유하고 있다. 독일 의료기기 회사인 짐머Zimmer에게 주문자 개발생산ODM을 통해 공급하고 있다.

뉴로핏은 뇌 과학 분야 연구용 및 의료용 소프트웨어를 개발하는 스타트업으로 기술적 차별성을 인정받아 필립스의 스타트업 육성 프로그램에 선정되었다. 인공지능 기반으로 개인 맞춤형 뇌 자극 효과를 시뮬레이션하는 프로그램과 경두개전기자극TES, Transcranial electrical stimulation 기기도 함께 연구개발을 하고 있다.[155]

접촉의 과학 및 응용

성인의 피부는 5~6제곱미터로 체중의 약 16~18% 정도를 차지하고 있다. 인체의 가장 큰 기관이다. 우리의 감각 중 접촉 또는 촉감은 가장 먼저 발달되는 첫 번째 감각이고 외부 세상과 연결하는 기본적인 수단이다.

엄마 뱃속의 태아는 6주 정도만 되어도 피부가 발달하면서 촉감을 느낄 수 있다고 한다. 성인이 된 후에도 피부 세포는 각질화되어 떨어지고 다시 신규 세포가 만들어지는 과정이 반복된다. 이런 피부는 얼굴, 입술, 손끝, 생식기 등에서 각기 다른 형태로 분화되어 역할을 한다. 신생아들은 태어난 뒤 접촉을 통해 세상을 알아가기 시작한다.

피부 아래에는 약 500만 개의 촉감 수용체가 있는데 척수 신경을 통해서 뇌로 신호를 전달한다. 이런 촉감 수용체 감각 신경 말단으로 생명체 내외부 환경의 자극에 반응하여 감각을 전달하는 역할을 한다. 피부에는 다양한 수용체가 있다. 수용체들은 감정을 생성하기도 하고 그렇지 않기도 한다.

예를 들어 엄마와 아기 사이의 접촉, 즉 아기의 얼굴이나 몸을 부드럽게 만져주면 아기의 스트레스 호르몬이 줄고 뇌신경세포가 증가한다는 연구결과가 있다. 엄마-아기의 피부 접촉은 아기가 고통을 조절하고 발육이 잘되게 하며 잠도 잘 오게 하고 심박수를 조절하며 심리적인 안정을 준다. 또 다른 예로 우리는 아기가 울 때 꼭 안아주면서 접촉하게 된다. 우리가 화가 날 때 편안하고 따뜻한 접촉을 찾는 것도 좋은 예라고 할 수 있다. 포유류의 경우에는 서로 털을 만져주면서 감정을 주고받기도 한다. 주인과 반려동물 간에도 이러한 애착관계 형성에 접촉이 큰 역할을 한다.

미국 매튜 헤르텐슈타인Matthew J. Hertenstein 교수 팀은 「터치를 통한 감정의 교류The communication of emotion via touch」라는 연구 논문에서 접촉을 통해서 여덟 가지 감정인 화, 두려움, 행복, 슬픔, 혐오, 사랑, 감사, 동정을 다른 사람에게 전달하는 실험을 했다.

이때 '남성→남성' '남성→여성' '여성→여성' '여성→남성'으로

구분해서 실험했다. 접촉을 당하는 사람은 눈을 가리고 있기 때문에 만지는 사람이 남성인지 여성인지를 알지 못하는 조건에서 실험했다. 접촉을 통해서 감정이 전달되는 비율은 약 50~78% 정도였다. 말이나 표정을 통해서 전달되는 감정보다 약 11%나 더 높게 나타났다. 접촉의 영향력이 상당히 컸고 약 5초 정도의 짧은 접촉을 통해서도 감정을 명확하게 전달할 수 있었다.

현재 접촉에 대한 매우 다양한 연구가 진행되고 있다. 피부에 존재하는 수용체들이 느끼는 부분과 이러한 수용체들이 전해주는 신호들이 뇌의 어떠한 부분에서 어떻게 역할을 하는지에 대한 연구가 진행되고 있다. 사회 심리학적으로 접촉이 다른 사람들에게 어떤 영향을 미칠 수 있는지, 차별화된 감정 소통의 수단으로 활용될 수 있는지에 대한 연구도 진행되고 있다. 미래에는 가상현실과 로봇 관련 접촉 연구도 많은 부분을 차지할 것으로 예상된다.

인간이 살아오면서 다양하게 발달된 문화인류학적인 측면과 사

표¹⁵⁷

Table 1
Percentage of Decoding Accuracy for All Emotions

Emotion	Encoder–decoder group				
	Male–male	Male–female	Female–female	Female–male	Average
Well-studied emotions					
Anger	80**	77**	75**	83**	78**
Fear	60**	58**	48**	67**	56**
Happiness	44*	61**	59**	75**	60**
Sadness	44*	52**	57**	42*	50**
Disgust	48**	48**	43**	67**	50**
Prosocial emotions					
Love	64**	71**	61**	79**	68**
Gratitude	76**	77**	70**	75**	74**
Sympathy	64**	65**	70**	67**	67**

* $p < .05$. ** $p < .01$.

회심리학에서도 터치 혹은 접촉은 많은 연구가 진행되고 있으며 인지과학과 신경과학의 측면에서도 많은 연구가 진행되고 있다. 특히 최근에 산업이 다양해지고 융합적 산업 개발이 진행됨에 따라서 새로운 마케팅 기법에 대한 니즈가 늘어났다.

감성, 터치, 접촉을 가지고 인지과학과 신경과학 기반으로 고객의 심리 분석 및 구매 욕구를 높일 과학적 방법들이 개발되고 있으며 가상현실, 로보틱스, 인체공학 관련에서도 접촉의 과학을 접목하여 재활 프로그램, 로봇 수술 시 외과의사와 수술 로봇의 연결 등에 활용하고 있다. 추가로 인간의 정신적 안정과 인지능력 강화 등의 목적과 감정 소통의 확실한 수단으로 접촉에 대한 연구는 꾸준하게 진행될 것으로 예상된다.

휴스턴 대학의 쿤지앵 유_{Cunjiang Yu} 교수는 차가움과 뜨거움을 느끼고 신축성도 있는 전자 소재 기반의 인공피부를 개발했다. 이 인공피부는 실리콘 기반의 고분자인 PDMS와 금나노입자-나노와이어를 통한 바이오 센서이다. 향후에 이러한 인공피부는 건강 모니

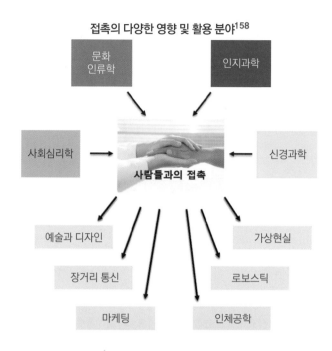

접촉의 다양한 영향 및 활용 분야[158]

문화
인류학

인지과학

사회심리학

사람들과의 접촉

신경과학

예술과 디자인

가상현실

장거리 통신

로보스틱

마케팅

인체공학

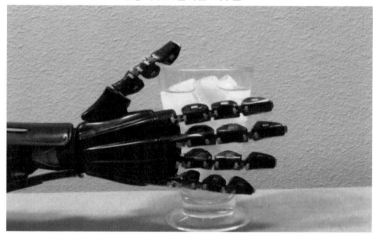

인공피부로 둘러싼 로봇 손[159]

터링, 신체 내부의 임플란트, 인간-기계의 인터페이스로 사용될 것
이다.

디지털 헬스와 자폐 진단

미국 어린아이 68명 중 1명이 자폐증에 걸린다. 여자아이보다 남자아이가 걸릴 확률이 5배 높다고 한다. 평균적으로 1년에 자폐 환자의 치료와 관리 비용이 약 6만 달러가 든다. 인생 전체로 계산할 경우, 지적장애를 동반한 자폐 환자의 치료와 관리 비용은 약 140만 달러에서 240만 달러가 필요한 것으로 추정된다. 유럽의 경우는 약 550만 명 정도의 환자가 있고 약 70%의 자폐 환자는 불안장애, 우울, 혹은 간질 등과 같은 복합 질환이 함께 온다.

자폐증은 다양한 표현형을 가지고 있으며 나이, 성별, 인종 등에 따라서 매우 다르다. 복합적인 추가 질환이 함께 오는 경우가 많기 때문에 치료와 관리가 쉽지 않다. 전세계적으로 약 7,000만 명 이상의 환자가 있는데 다른 질환 관련한 연구비 중의 약 1% 정도만 자폐증에 배정되어 있다. 자폐증에 대한 진단, 치료, 관리에 대한 니즈는 상당히 크다고 생각한다.

특히 디지털 헬스 측면에서 이런 니즈를 만족해줄 수 있는 기술과 솔루션이 나오리라 생각된다.[160] 자폐증의 불규칙heterogeneity하고 복잡complexity한 특성은 자폐 증상들을 측정하기 위한 임상시험을 좀 더 명확하게 하고 싶어한다. 우리가 '디지털 표현형'이라고 하는 것들은 자폐 증상들을 구분하고 정량적으로 분석하며 지속적으로 관찰하기 위해서 사용되는 디지털 헬스의 방법과 데이터이다. 다른 표현으로 하면 자폐증 바이오마커라고도 할 수 있다.

미국에서는 예일대학교를 주축으로 임상실험을 위한 자폐 바이오마커 컨소시엄ABC-CT, Autism Biomarker Consortium for Clinical Trials이 진행되고 있다. 2016년에 시작해서 2020년에 완료될 예정이며 275명의 임상시험자를 통해 임상연구가 진행되고 있다.[161] 여기서 사용되는 디지털 헬스 기술은 뇌파와 시선 추적 바이오마커를 사용한다.

캐나다에서는 폰드POND, Province of Ontario Neurodevelopmental Disorders[162]라는 연구 네트워크가 설립되었다. 폰드는 신경발달질환들, 과민성행동장애ADHD, 자폐 스펙트럼, 지적장애, 강박장애 등에 대한 신경생리를 연구하고 효과적인 새로운 치료 방법들을 찾기 위해 노력하고 있다. 유럽에서는 자폐 혁신 치료제 연구 관련 임상시험 AIMS-2-TRIALS, Autism Innovative Medicine Studies-2-Trials[163] 프로젝트가 2018년부터 2023년까지 5년 동안 14개 국가에서 48개의 파트너들과 함께 진행되고 있다. 자폐 혁신 치료 연구 관련 임상시험은 자폐증이 출생 전부터 성인이 될 때까지 어떻게 발전되고 정상인과 어떻게 다른가에 대해 연구하는 프로젝트이다. 생물학적 바이오마커와 치료제들에 대해서도 함께 연구하고 있다.

자폐증을 진단하고 연구하기 위해서는 유전자 분석, 행동과 인지, 후성유전학, 뇌 영상 이미지 분석, 면역체계 분석, 성별 차이에 대한 연구를 진행해야 한다. 그중에서 디지털 헬스를 통해서 얻을 수 있는 중요한 데이터와 정보는 다음과 같은 항목들이 포함될 수 있다.

모바일이나 웹을 통한 행동 분석 데이터, 뇌파 측정을 통한 뇌의 전기적 활동 분석 데이터, 시선 추적을 통한 집중도 분석 데이터, 수면 각성 활동량 검사 데이터, 얼굴 표정 분석 데이터, 목소리·어감·언어 표현 분석 데이터, 그리고 행동 패턴 분석 데이터 등을 종합적으로 분석한다. 이러한 임상적 표현형 데이터와 디지털 표현형

디지털 표현형과 자폐 진단[164]

센서·기술	임상 표현형(예시)	바이오마커 개발진행도	
모바일·앱	디지털 표현형, 행동, 원격 비디오 평가 등		높음
뇌파	뇌전기 활동, 뇌파 변화 분석 등		
시선 추적	주목, 사회적 시선, 시선 추적, 동공 반응 등		
수면-각성 활동기록기	활동도, 제한된 관심과 반복적인 행동, 수면 등		
얼굴 표정 분석	정량화된 영향, 동적범위, 복잡성 등		
말투·목소리	말하는 기간, 언어의 질, 단어 순환, 언어 운율, 어조, 어휘 등		
피부전기활동 분석	정서적 반응성·감정 조절 이상, 불안 장애 등		낮음
행동패턴 분석	실험실 기반 행동 패턴 평가		

데이터들은 의학적 이론, 환자의 임상 증상, 알려진 자폐증의 원인들과 함께 종합적으로 분석돼 자폐증의 바이오마커 개발을 고도화하고 있다.

디지털 헬스 방법으로 얻어진 데이터와 정보를 통해서 자폐증을 진단할 수 있게 되었다. 존슨앤드존슨의 계열사인 얀센에서는 자폐증에 대한 임상시험을 최적화하는 툴과 기술 시스템으로 제이크 JAKE, Janssen Autism Knowledge Engine를 보유하고 있다.

제이크는 모바일과 웹 양쪽 모두에서 구현될 수 있는 디지털 표현형 지식 포털이다. 이 포털을 통해서 축적된 데이터들은 임상시험 디자인 담당자가 효율적으로 활용할 수 있다. 예를 들어 모든 의료 기록을 매일 추적할 수 있고 자폐증 관련 학술 논문이나 학회 등을 확인할 수 있다. 또한 자폐증의 경중을 표현해줄 수 있고 임상시험 시스템과 연동될 수 있다. 추가로 자폐증 진단이 가능한 다양한 바이오 센서에서 나오는 데이터를 주기적으로 연속 저장할 수 있다.

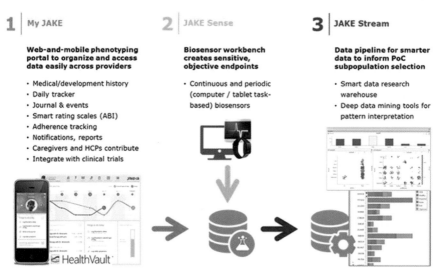

그리고 얻어진 모든 데이터들에 대한 패턴 분석과 같은 데이터 마이닝 기능도 가지고 있다. 요약하면 자폐 환자의 데이터 취합, 분석, 관리 역할을 할 수 있다. 임상시험과 연동하여 새로운 인사이트를 얻어낼 수 있는 매우 훌륭한 시스템이다.

우울증과 디지털 헬스

우울증은 다양한 임상의 형태를 나타내는 질환군이기 때문에 그 특성에 따른 치료법과 진행경과가 매우 다를 수 있다. 따라서 우울증의 진단은 향후 치료법의 선택과 진행경과에 대한 예측을 고려할 때 매우 중요하다. 우울증은 다른 정신과 질환과 함께 발생하는 경우가 많다. 예를 들어 알코올 중독이나 불안장애 등이다.

우울증은 갑상선 질환, 뇌졸중, 관절염, 암, 당뇨, 고혈압, 심장질환 등과 동반될 가능성이 높다고 한다. 물론 마약과 같은 향정신성의약품 등과의 상관관계가 높다. 또한 자살 충동이나 위험성과의 상관관계를 분석하는 것도 매우 중요하다. 과학자들과 의사들은 우울증의 명확한 원인을 알아내기 위해서 많은 노력을 기울이고 있지만 아직 밝혀내지 못하고 있다. 생물학적인 요인(유전적, 호르몬 불균형, 신체적 장애, 약물부작용 등)과 사회 심리적 요인을 들 수가 있다.

생물학적인 요인을 알아보도록 하겠다. 유전적인 이상으로 세로토닌, 멜라토닌, 도파민, 노르에피네프린 등과 관련된 호르몬들이 부족하거나 결핍될 때 나타난다. 남자보다는 여자가 2배 정도 많이 나타난다. 여자는 일반적으로 세로토닌 수치가 높지만 생리 주기 전후로 에스트로겐과 프로게스테론과 같은 여성 호르몬의 균형이 깨져 세로토닌 농도에 변화를 일으키기 때문이라고 한다.[167]

사회 심리학적인 요인은 정신적 트라우마, 스트레스, 자존감, 생활 수준 등과 연관이 있다. 치열한 경쟁 사회에서 얻게 되는 스트레스와 자존감 결여가 원인이라고 할 수 있다. 또한 글로벌 사회가 되면서 생활 수준 차이가 더 커지게 되었다. 성공에 대한 갈망이 큰 만큼 괴리감도 크다.

생물학적 요인과 사회 심리적 요인으로 발생하는 우울증은 정신과 전문의가 다양한 질의응답을 통해서 진단하게 된다. 이때 디지털 헬스 측면에서 우울증을 조기에 진단해주는 데 도움을 주는 기술들이 있다.

비바링크VIVALNK의 웨어러블 기기 바이탈 스카우트Vital Scout는 신체에 붙일 수 있는 밴드 형태로 되어 있다. 일반적인 심전도 센서와 심박수의 변화를 측정하고 활동량, 수면의 질, 호흡율 측정을 한 후 고유 알고리즘을 통해서 하루 동안 우리의 몸이 어떠한 상태일지를 알려준다. 특히 스탠퍼드 대학교 연구진은 10대의 스트레스와 우울증 사이의 연관관계에 대해서 공동연구를 진행했다. 스트레스는 우리의 호흡과 수면 패턴에도 영향을 줄 수 있다. 웨어러블 기기를 통해서 생리학적인 데이터를 분석하고 이해함으로써 하루를 더 행복하게 보낼 근거를 마련할 수 있을 것이다.

한 예로 피셔 월라스 스티뮬레이터Fisher Wallace Stimulator는 두개 전기자극을 통한 우울증 치료 장치이다. 전류로 뇌를 자극하는 기술로 나사의 과학자가 개발했다. 대뇌변연계* 조절 능력을 강화해서 세로토닌을 분비하게 하는 웨어러블 기기이다. 우울증, 불안과 수면장애, 그리고 섬유근통증후군과 같은 만성통증의 치료 분야에 사용되고 FDA 허가를 받았다.

무드빔Moodbeam은 웨어러블 기기로 착용자가 기분이 좋을 때는 노란색 버튼을 누르고 기분이 나쁠 때는 파란색 버튼을 누르게 한다. 수면기록, 활동기록 등을 종합적으로 판단해주고 날짜별로 기록해주는 솔루션이다. 이러한 기록을 통해서 착용자가 각각의 하루 또는 일주일에 느꼈던 기분에 대해서 알려주고 그럼으로써 스스로 왜 기분이 좋았고 나빴는지를 파악하게 해준다.

이모시스Emosys는 기분장애를 치료하는 웨어러블 기기로 웃음과 미소와 연관된 신경을 자극하는 전기펄스를 생성한다. 우리가 보통 행복하면 뇌의 특정 부위에서 신호를 보내고 웃음이나 미소가

---

* 대뇌피질과 시상하부 사이의 경계에 위치한 부위로 귀 바로 위쪽에 존재하는 뇌의 부위이다.

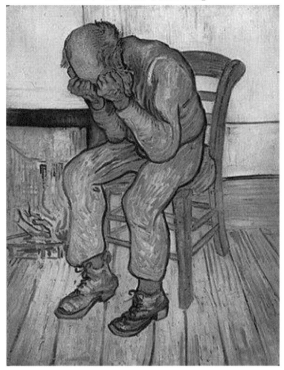

고흐의 작품「비탄에 잠긴 노인」[166]

나온다. 이모시스 웨어러블 디바이스는 뇌신경을 자극하여 감정을 조절하는 것이 핵심 기술이다. 약 2주 정도 사용하면 효과를 얻을 수 있다.

웨어러블 기기는 우울증을 진단하는 것도 있고 개인의 기분 상태를 분석하여 스스로 조절하게도 한다. 또한 우울증과 관련 있는 세로토닌 호르몬의 자연적인 발생량을 증가시키기도 하며 웃음과 미소에 관련 있는 뇌신경을 자극하는 다양한 솔루션을 지속적으로 개발하고 있다.

MIT 대학교 컴퓨터 과학 및 인공지능 연구소에서는 개인이 사용하는 문장이나 음성 등을 분석하여 특별한 어려움을 느끼는 징

후를 알게 되면 모바일 앱을 통해서 알림을 제공하는 기술을 개발했다. 사용자가 사용하는 단어, 억양, 음성 등을 분석하고 많은 경우의 수를 인공지능을 통해서 학습한 뒤에 추출되는 음성과 단어의 특정 패턴을 분석하는 알고리즘이다. 이러한 우울증의 조기 진단 방법은 정신과 전문의를 만나러 가는 시간과 비용 등을 줄여주고 우울증에 대한 인식이 부족한 경우에도 초기 진단의 가능성을 높여준다.

인간과 동물

2019년 4월에 중국 과학자들은 인간의 두뇌 발달을 촉진하는 유전자인 MCPH1microcephalin1을 붉은 원숭이에게 집어넣어 인지능력 향상을 확인하는 연구를 진행했다. 유전자 MCPH1은 약 3만 7,000년 전에 만들어졌다고 한다.[169]

MCPH1 유전자는 인간의 두뇌 크기를 결정하는 데 관여하고 전뇌 형성에도 중요한 역할을 한다. 이 유전자에 돌연변이가 생기면

정신질환 개선 웨어러블 기기 및 솔루션

소두증microcephaly이 생긴다. 앞에서 언급한 것처럼 MCPH1 유전자를 집어넣은 11마리 원숭이 중에서 5마리가 생존했다. 단기 기억력과 뇌 반응 속도가 향상된 부분을 확인했고 원숭이의 뇌 조직에서 인간의 조직과 유사한 패턴이 관찰되었다. 하지만 원숭이 뇌 크기에는 어떠한 변화도 일어나지 않았다.

여기에는 윤리적 이슈가 논쟁이 될 수도 있지만 과학자들에게는 형질변형 원숭이 모델transgenic monkey model을 사용해 인간 뇌 발달의 기원에 대한 유전적 기본 현상을 조사한 최초의 시도였다. 우리 인간들만이 보유한 특별한 능력인 지능이 어떻게 발전되는가에 대한 중요한 연구이다.

중국 쿤밍 동물학 연구소Kunming Institute of Zoology의 유전학자 빙 수Bing Su는 『MIT 테크놀러지 리뷰』와의 인터뷰에서 뇌의 진화에 관련된 다른 유전자들에 대한 실험도 진행하고 있다고 언급했다. SRGAP2C라는 유전자이다. 이 유전자는 작은 뇌를 가진 오스트랄로피테신Australopithecine에서 큰 뇌를 가진 사람속Species of Homo으로 진화되는 시간대인 약 240만 년 전에 나타난 것으로 추정하고 있다. 이 유전자는 인간 지능에 중요한 역할을 했을 것으로 추정되는데

현재 실험결과는 공개하지 않았다.[171] 추가적으로 언어 유전자라고 하는 FOXP2 유전자에 대해서도 언급했다. 원숭이가 갑자기 말을 할 수 있는 것이 아니라 어떤 행동 변화가 있어야 한다고 언급했다.

유럽에서는 영장류 이용 연구들이 윤리적 이슈, 재정적 제한, 인허가 규제 등으로 인해서 2008년부터 2011년 사이에 약 28% 정도 거절되었다. 그리고 몇몇 연구원은 유럽에서의 영장류 연구를 중단했다. 그러나 중국은 지방 정부와 중앙 정부의 지원을 받아 선전, 항저우, 수저우, 광저우에 훌륭한 영장류 연구시설이 많이 설립되고 있다.

특히 쿤밍 동물학 연구소에는 2011년 설립된 이후 약 1,500마리 정도의 원숭이가 사육되고 있다. 비유하자면 거대하고 훌륭한 연구 인프라인 스위스의 세른CERN처럼 전세계 모든 연구원들이 새로운 연구결과를 얻기 위해서 중국으로 모여들 수밖에 없을 것

인간-원숭이 키메라 관련[170]

이다. 앞으로 중국은 헬스케어 치료제를 비롯한 의료기기 등에 대한 임상시험의 많은 부분을 실행하는 곳이 될 것이다.

인간-동물 키메라

최근 5년간 인간-동물 간의 키메라Chimera에 대한 연구가 많이 진행되고 있다. 2015년 미국에서는 양이나 돼지 등에 인간 줄기세포를 키우는 연구를 진행했다. 미국국립보건원NIH이 키메라 연구비 지원을 일부 허용했다. 이렇게 다시 미국국립보건원이 입장을 바꾼 것은 이러한 동물-인간의 키메라 연구를 통해 동물에서 인간 조직이나 장기를 만들 수도 있고 인간에게 발생하는 다양한 질병에 대한 이해와 새로운 치료 방법에 많은 가능성이 있기 때문이다.

2016년에는 명확한 가이드 라인을 준수한다는 조건하에서 키메라 배아 연구비의 지원 중단을 일부 해제했다. 2017년에는 돼지 배아에 인간 줄기세포를 넣은 돼지-인간 키메라를 개발했다. 2018

인간-동물 키메라 관련 연구 예시[172]

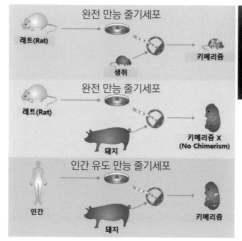

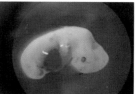

인간-돼지 키메라

마우스-래트 키메라

년 일본에서는 사람 췌장을 이식한 돼지 연구 계획을 발표했다. 같은 해에 일본과 미국은 양 배아에 인간 줄기세포를 넣어 양-인간 키메라를 개발했다. 2018년에 한국과 미국도 쥐 심장세포에 사람 심장세포를 섞는 실험을 진행했다. 이러한 키메라의 실험은 동물을 이용한 인간 장기 생산이 주요 목적이다.

인간-동물의 키메라 연구는 질병 극복에 많은 도움을 줄 수 있을 것이다. 물론 윤리적인 측면과 정부 관리 감독의 전제하에서 연구개발이 진행될 수 있도록 헬스케어 생태계 구성원들의 많은 협력과 도움이 필요할 것으로 판단된다.

돼지-사람 이종장기이식

유전자 교정 기술Gene-editing은 이종장기이식에서 큰 성과를 가져다 주었다. 과학자들은 돼지를 이용해서 다양한 이종장기와 조직 이식 연구를 진행하고 있다. 각막, 폐, 신장, 심장, 간, 췌장에 대한

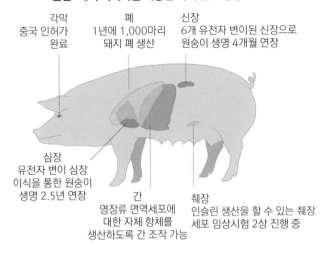

인간-돼지 키메라를 이용한 미래 연구 방향[173]

각막
중국 인허가
완료

폐
1년에 1,000마리
돼지 폐 생산

신장
6개 유전자 변이된 신장으로
원숭이 생명 4개월 연장

심장
유전자 변이 심장
이식을 통한 원숭이
생명 2.5년 연장

간
영장류 면역세포에
대한 자체 항체를
생산하도록 간 조작 가능

췌장
인슐린 생산을 할 수 있는 췌장
세포 임상시험 2상 진행 중

유전자 교정기술을 활용한 인공장기 연구 기업

egenesis
ENGINEERING LIFE

유전자 교정 기술을 통한 인간 이식 가능한
세포, 조직, 장기 연구

형질변형 돼지에서 생산한 폐 이식 연구

이종장기 이식에 대한 연구가 진행되고 있다.

현재 이제네시스Egenesis와 유나이티드 테라퓨틱스United Therapeutics
는 유전자 교정 기술을 기반으로 인간에게 이식 가능한 세포, 조
직, 장기 등에 대한 연구를 활발히 진행하고 있다. 동물 중에서 돼
지, 원숭이, 양, 쥐 등에서 다양한 시도를 진행하고 있다.

뇌-컴퓨터 연결

인간의 뇌와 컴퓨터(혹은 기계)를 직접 연결해서 컴퓨터나 어떤

기계를 직접 구동시키는 연구가 많이 진행되고 있다. 실제 제품으로 구체화된 경우도 많다. 통상적으로 뇌-컴퓨터 연결BCI, Brain-Computer Interface 혹은 뇌-기계 연결BMI, Brain-Machine Interface이라고 표현한다. 주로 뇌파 혹은 뇌세포에서 발생하는 전기적인 신호를 받아서 사고로 잃은 팔다리에 의료용 로봇을 부착해 움직이게 하고 뇌파, 즉 일반용어로 생각을 통해서 다른 어떤 물체를 움직이는 기술도 포함된다. 또한 생각(뇌파)을 분석해서 말로 바꾸는 기술도 현재 많은 연구가 진행 중이다.

특히 테슬라의 일론 머스크는 뉴럴링크[174]를 통해서 컴퓨터와 뇌를 물리적으로 연결하는 연구를 진행하고 있다. 또한 페이스북의 마크 주커버그는 뇌파를 이용해 1분에 약 100개의 단어를 입력하는 장치와 알고리즘을 개발하다가 2018년 12월에 8번 연구동 건물을 해체했다.[175]

뇌-컴퓨터 연결 관련해서는 SF 영화나 소설에 나오는 것처럼 생각만으로 언어를 입력하고 차량을 운전하며 다른 인간 혹은 동물 간 뇌 사이의 통신이 가능해질 것으로 예상하고 있다. 과학자들은 10년 이상의 추가적인 시간이 필요할 것으로 예상하고 있다.

뇌-컴퓨터 연결에 대해서 조금 자세히 살펴보면 뇌에서 신호를 받아서 특정 알고리즘을 통해 어떤 내용인지 분석하고 해석하게 된다. 그 후에 언어로 표현하거나 어떤 외부 기구들을 조정할 수 있다. 신체의 일부분으로 연결된 로봇 의수와 의족을 조절하고 다시 뇌에 신호를 전달해줄 수도 있다. 위의 그림에 나타난 것처럼 뇌파를 측정하는 것은 두 가지 방식이 있다.

비침습 방식은 헬멧이나 헤드셋처럼 머리에 착용하는 방식으로 뇌파를 측정한다. 간편한 반면 노이즈가 생성되는 단점이 있다. 비

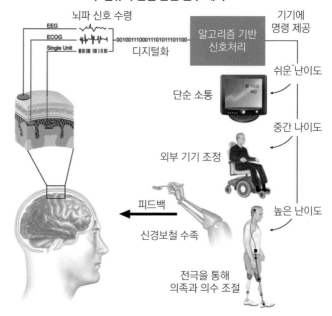

뇌-컴퓨터 연결 관련 연구 예시[176]

뇌파 신호 수령
기기에 명령 제공

EEG
ECOG
Single Unit

0010011100011101011101100
디지털화

알고리즘 기반
신호처리

쉬운 난이도

단순 소통

중간 난이도

외부 기기 조정

피드백

높은 난이도

신경보철 수족

전극을 통해
의족과 의수 조절

삽입형 뇌-컴퓨터 연결BCI은 뇌파측정EEG 단자를 붙이는 것이다. 반면 침습 방식은 뇌파를 측정할 수 있는 전극이 있는 칩을 머릿속에 삽입한다. 좀 더 정확한 뇌파 측정이 가능하지만 외과적 수술로 인한 부작용이 생길 수 있다. 삽입형은 두개골을 열고 뇌의 표면에 전극이 있는 칩 형태의 센서를 삽입하는 방법이다. 이 방식은 민감도가 좋고 뇌파뿐만 아니라 뇌세포의 신경 신호도 측정할 수가 있다.

미국 국방고등연구계획국DARPA은 뇌파로 드론을 조정하는 기술을 개발했다.[177] 우리는 입술, 혀, 턱관절, 후두 등의 미세한 움직임을 통해 말을 한다. 조금 더 자세히 설명하면 실험자(간질 치료를 받고 있는 환자 5명)의 두개골 안쪽 대뇌피질의 표면에 다음의 그림과 같은 전극을 붙여서 신호를 측정할 수 있게 했다. 전극을 부착한 환자들에게 수백 개의 문장을 말하게 했다. 그때 뇌가 만들어내는

뇌-컴퓨터 연결을 위한 다양한 전극 관련 연구개발 예시[178]

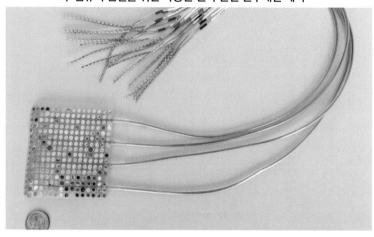

전기 신호를 측정하고 분석한다.

그후 입술, 혀, 턱관절, 후두에서의 움직임에 따라서 어떻게 다른 소리가 나오는지를 인공지능 프로그램을 통해서 시뮬레이션하게 된다. 그러고 나서 가상의 합성된 소리를 만들 수가 있었다. 약 70% 정도의 단어들이 정확하게 표현되었다고 한다.[179] 에드워드 챙Edward Chang 교수는 특정 질병, 예를 들어 뇌손상, 후두암, 뇌졸증, 뇌전증 등으로 의사소통이 불가능하게 된 환자들에게 큰 도움을 줄 것이라고 말했다(참고; UCSF, 에드워드 챙 교수 연구실 홈페이지[180]).

향후 인간-동물의 키메라와 더불어서 인간-기계 시스템 연결 시스템은 인간에 대한 새로운 윤리적인 개념과 자아의식 등에 대한 근본적인 해결책들도 함께 필요할 것으로 예상된다. 더 먼 미래에는 인간에 대한 새로운 정의도 나타나지 않을까 생각해본다.

오픈 이노베이션

오픈 이노베이션은 다양한 산업에서 빠른 성장과 효율적인 고도화를 위한 방법론 중 하나이다. 오픈 이노베이션의 개념은 2003년 미국 캘리포니아 대학교 버클리 캠퍼스의 헨리 체스브루Henry Chesbrough 교수가 처음 제시하면서 유명해지게 되었다.[181] 연구개발부터 사업화에 이르는 전반적인 가치사슬에서 일어날 수 있다. 학교, 연구소, 다른 기업들 등으로부터 외부의 아이디어, 지식, 기술 등을 활용함으로써 혁신을 완성하는 비용을 줄이고 성공 가능성을 높이면서 차별화된 가치를 극대화하는 기업 혁신 방법론이다.

기업이 위치한 생태계에서 관계를 맺는 이해관계자 간의 다양한 네트워크와 파트너십 등을 기반으로 한 활동이다. 근데 약 15년이 지난 지금 왜 오픈 이노베이션이 강조되는 것일까? 답은 바로 4차 산업혁명 시대의 도래에서 찾을 수 있다. 4차 산업혁명은 디지털, 생물학, 물리학 등의 경계가 없어지고 연결성이 극대화되면서 상호 융합이 이루어지는 기술 융합의 시대이다.

4차 산업혁명 시대에서 언급되는 주요 기술은 사물인터넷, 로봇공학, 3D 프린팅, 빅데이터, 인공지능 등이다. 이러한 주요 기술은 전통적인 비즈니스 혹은 연구개발 방법의 접근으로는 한계가 있다. 즉 발생 가능한 모든 문제나 이슈들을 혼자서 해결할 수 없다. 그러다 보니 이러한 빠른 변화에 적응하기 위해서 유연하고 개방된 협력이 중요하게 되었다. 이러한 외부의 빠른 환경 변화가 오픈 이노베이션을 다시 중요한 화두로 만든 것이다. 특히 이러한 오픈 이노베이션은 전통적인 제조업보다는 하이테크 기반의 제조업, 특히 헬스케어 영역에서 활발한 추진이 일어나고 있다.

헬스케어 생태계에서 중요한 이해관계인 대한민국 정부는 보건복지부와 함께 헬스케어 오픈 이노베이션 협의체H+OIC, Healthcare Open Innovation Committee를 2018년 7월에 출범했다. 이 협의체는 국내 바이오 헬스케어 클러스터(송도, 오송, 대구, 대전, 서울 홍릉 등), 헬스케어 기업, 병원, 투자자 등의 원활한 소통과 협력을 통해서 오픈 이노베이션이 활성화될 수 있는 환경 조성을 위해서 출범하게 되었다.

세부 내용으로는 바이오 클러스터(16개), 유관협회(4개), 연구 중심 병원(10개), 의료기기 중개임상시험지원센터(9개) 등 63개 기관으로 구성되어 있다. 보건산업혁신창업센터K-BIC[182]가 중재 역할을 하고 있다. 현재 지방자치단체에 의해서 조성되었거나 계획 중인 바이오 클러스터를 보면 전체 16개이며 정부 주도형, 자생형 단지, 지자체 조성으로 구분될 수 있다. 정부 주도형은 충북 오송과 대구경북에 위치한 첨단의료복합단지이다. 충북 오송 단지는 바이오 산업(의료기기 전반, 바이오 신약) 관련 비임상 및 임상을 주도하고 있고 대구경북 단지는 IT 기반 의료기기 및 합성 신약에 대한 연구 및 생산 관련에 중심이 되어 있다.

자생형 단지인 서울 KIST 주변의 홍릉 바이오 클러스터는 대형 병원, 대학, 연구소, 스타트업 창업 지원에 대해서 집중되어 있다. 경기 판교, 광교 테크노 밸리는 IT, BT, NT 등 기술 기반 융합산업을 집중하고 있다.

인천 송도에는 바이오의약품 생산 중심의 클러스터이고 대전 대덕단지는 바이오 벤처기업 위주로 나노, 바이오 융복합 기술이 주력이다. 정부 출연연과 대학이 밀집해 있기 때문에 산-학-연 연계

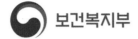  

가 우수하다. 원주는 의료기기 산업 특화로 연구개발뿐 아니라 생산 인프라에 대한 지원도 하고 있다. 나머지 지자체 조성 바이오 클러스터는 그린 바이오 융합의 충북 서산, 한방 바이오 분야의 충북 제천, 천연물 관련된 강원 춘천, 백신 및 바이오 관련 경북 안동, 당뇨 관련 바이오 의약품의 충북 충주, 식품 관련 전북 익산, 바이오 메디컬 관련 전남 화순, 생물 산업 관련 경남 진주, 테크노 파크와 사이언스 파크 중심의 제주를 들 수 있다.

지역별 클러스터의 강점과 집중 분야를 파악해두면 향후에 협력 기회 모색에 용이할 것이다. 여기서 서울 바이오허브가 유일하게 창업 인큐베이션이다. 현재 60여 개 스타트업이 입주해 있으며 입주 희망 기업들이 늘어나는 추세이다. 추가적으로 투자 연계가 조금 더 부드럽게 진행되어서 창업 인큐베이션 생태계 구축의 활성화가 필요할 것으로 보인다. 또한 다양한 형태의 스타트업 경진대회를 통해서 우수한 창업기업을 모집하는 방안과 산-학-연-병-정부 간의 활발한 협력을 기대해본다.

연구 중심 병원

연구 중심 병원은 병원의 임상지식을 기반으로 연구개발과 기술 사업화를 통해서 의료 서비스 고도화와 차세대 의료기술의 선도를 추구하는 세계적 수준의 병원이 되는 것을 목표로 보건복지부가 지정했다. 현재 10개의 병원이 선정되어 있다. 다음의 표와 같

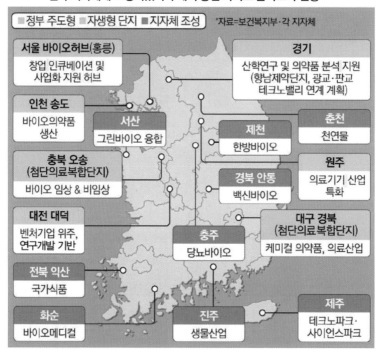

전국 지자체에 조성되었거나 계획 중인 바이오 클러스터 현황[183]

■정부 주도형 ■자생형 단지 ■지자체 조성   *자료=보건복지부·각 지자체

서울 바이오허브(홍릉)
창업 인큐베이션 및
사업화 지원 허브

인천 송도
바이오의약품
생산

충북 오송
(첨단의료복합단지)
바이오 임상 & 비임상

대전 대덕
벤처기업 위주,
연구개발 기반

전북 익산
국가식품

화순
바이오메디컬

서산
그린바이오 융합

충주
당뇨바이오

경기
산학연구 및 의약품 분석 지원
(향남제약단지, 광교·판교
테크노밸리 연계 계획)

제천
한방바이오

춘천
천연물

경북 안동
백신바이오

원주
의료기기 산업
특화

대구 경북
(첨단의료복합단지)
케미컬 의약품, 의료산업

진주
생물산업

제주
테크노파크·
사이언스파크

은 세부 집중 분야를 통해서 연구개발 및 기술 사업화를 활발하게 진행하고 있다.

선정된 연구 중심 병원은 각기 다른 질환 및 차별화된 연구과제들을 진행하고 있다. 연구 중심 병원에서 얻은 연구결과물은 임상에서 적용할 수 있는 기초 기반 연구가 될 것이다. 연구 분야는 주로 질환 정복과 차세대 헬스케어 플랫폼 연구로 이루어져 있다. 질환은 대사질환, 뇌질환, 암질환, 면역질환, 재생의료, 세포 치료제, 치료가 어렵거나 힘든 질환에 대한 미충족 의학적 수요clinical unmet needs를 해결하고자 하는 연구에 집중하고 있다. 플랫폼 분야 중 중개연구의 활성화와 기술 사업화에 집중하고 있다.

10대 연구 중심 병원[184]

병원	집중 분야
가천대 길병원 (2개 유닛)	대사성 질환에 특화된 플랫폼 구축과 혁신 타깃에 기반한 글로벌 수준의 신약개발, 노인성 뇌질환 조기진단을 위한 오픈 플랫폼 구축, 세계 최고 수준의 융복합 뇌영상 기기 개발, 융복합 영상진단기기 기반의 뇌질환 조기진단법 개발
서울대병원 (2개 유닛)	오픈 이노베이션과 융합 연구를 토대로 산학연병의 연구개발 협력을 촉진하고 그 결과물의 실용화 플랫폼을 구축하여 2025년 세계 10위의 연구 중심 병원 달성. 연구 중심 병원 목표 달성을 위한 2개 핵심 분야 연구개발 및 플랫폼 구축
연대세브란스 병원 (2개 유닛)	'암'과 '감염면역' 두 개 유닛을 구성하고 '진단'과 '치료'에 근거한 다양한 개발 플랫폼 구축을 기반으로 지속적인 수익을 창출함은 물론 국가 보건의료 산업의 발전 및 글로벌 의료 수요 해결에 기여
고대안암병원	개방형 네트워크에 기반한 HT R&D 기술 및 사업화 플랫폼 구축을 통한 연구 중심 병원 자립화
삼성서울병원	불치·난치 질환의 의학적 미충족 수요를 해소하기 위한 산학연병 공동연구 플랫폼 및 재생의료 연구개발 비즈니스 모델을 구축하고 산업화를 통한 수익 모델 확장으로 연구 중심 병원의 자립화 달성
경북대병원	쉽고 빠른 중개임상연구 착수와 신속하고 더 좋은 연구결과 창출
분당차병원	세계 최초 원천 기술 및 선도적 역량 기반을 통한 글로벌 수준의 융합, 확장형 세포 치료제 개발 및 개방형 R&BD 비즈니스 플랫폼 구축 및 이를 통한 의료산업화와 글로벌 의료시장 진입
아주대병원	의료 현장 기반의 혁신적 수요자 요구 맞춤형 면역질환 임상중개연구 플랫폼을 통한 사업화 및 기술경영을 촉진하여 선순환 자립형 연구 중심 병원 체계를 구축하고 진단 및 치료기술의 발전을 통한 보건의료 질 향상 및 면역질환 분야에서의 글로벌 경쟁력 확보

3장

개인 맞춤의료
진단

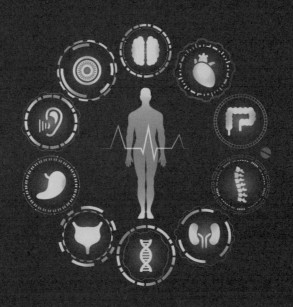

개인 맞춤의료는 많은 장점을 보유하고 있다. 먼저 신약 선도물질lead compounds 도출에 드는 시간과 비용을 줄일 수 있다. 특정 암의 세부 그룹 환자들에 대한 표적 치료제 개발의 근거evidence로 사용될 수 있다. 그리고 효율적인 임상시험을 위해서 개선된 환자군을 선택할 수 있으며 임상시험의 시간과 비용 또한 줄일 수 있다. 추가적으로 오래된 약물의 새로운 적응증 발굴 가능성도 존재한다. 이러한 개인 맞춤치료의 장점을 알아보기 전에 체외진단과 동반진단의 개념을 알아보도록 하겠다.

특히 개인 맞춤치료라고 하면 특정 치료제를 처방하기 전에 특정 바이오마커를 지표로 환자의 혈액과 조직 검사를 하고 치료제의 반응성 및 안전성을 예측하고 그 결과에 따라서 적합한 약을 처방하는 것을 말한다. 국내에는 아직 익숙하지 않은 개념이지만 '동반진단CDx, Companion diagnostics'은 새로운 치료제 개발 성공률을 높이고 치료제의 반응성을 높이기 위한 방법이다. 동반진단 혹은 개인 맞춤의료는 의사와 보험회사의 한정된 자원을 더욱 효과적으로 이용할 수 있도록 도움을 주는 것이라고 정의할 수 있다. "그 사람이 어떤 질병에 걸렸는지 아는 것보다 어떤 사람이 그 질병에 걸렸는지 아는 것이 훨씬 더 중요하다." 히포크라테스[185]가 한 말이다.

체내진단과 체외진단

진단은 하드웨어 중심의 체내진단(영상진단)과 콘텐츠 중심의 체외진단으로 구분할 수 있다. 4차 산업혁명 시대에 맞추어 헬스케어 업체들은 체외진단 분야에 진출하기 위해서 융복합 사업 역량을 확보하고 있다.

체내진단(영상진단)은 내시경을 활용하여 소화기관(위장, 대장 등)을 직접 검사해 비정상 조직을 찾아내거나 조직검사를 하기 위해서 소량의 검체를 떼어내는 역할도 한다. 그리고 방사선, 초음파, 자기장 등의 물리적 에너지와 조영제를 사용해서 신체 장기나 조직을 더 확실하게 구분하는 진단 방법이다. 이때 얻어지는 영상 이미지를 포함한 데이터를 바탕으로 질병의 유무와 경중을 판단한다.

추가로 외과적 수술을 시행할 때 내시경을 이용한 기술은 로봇을 이용한 외과수술에 큰 기여를 했다. 예를 들어 기관지를 통해서 삽입된 매우 정교하고 미세한 내시경은 폐의 끝까지 도달해서 이상 조직을 채취할 수 있게 되었다. 조영제 분야에서는 영상진단 후 얻어지는 이미지에서 하얀 부분은 더 하얗게 보여주고 검은 부분은 더 검게 보여질 수 있도록 도와주는 MRI용 조영제가 개발되었다. 또한 특정 장기의 영상 이미지를 더 잘 볼 수 있는 표적 조영제도 연구개발이 진행되고 있다.

암 환자의 경우 PET-CT와 MRI를 찍어서 암의 전이 확인 및 치료 후 모니터링에 활용하고 있다. 다기능 조영제multi-model contrast agent에 대한 연구개발이 활발하게 진행되고 있다. 여러 개의 조영제를 투여하지 않고 한 번의 주사로 영상 검사를 할 수 있는 조영제 개발도 진행되고 있다. 조영제의 영향을 제외하면 고해상도 영상 이미지를 얻기 위해 전자공학, 광학, 기계공학 및 이미지 분석 처리에 대한 융복합 기술 개발이 꾸준히 진행되고 있다. 최근 4차 산업혁명 시대와 더불어 엑스레이나 CT-MRI에서 얻은 이미지들을 분석하고 머신러닝, 인공지능 기술들을 활용해서 의사의 판단과 유사한 수준의 질병의 진단 및 정상 혹은 비정상의 판단에 활용되고 있다. 이렇게 체내진단에서 혁신이 일어나게 된 데는 빅데이터 기반 기술과 의료기술의 접목 덕분이다.

체외진단은 인체로부터 채취한 다양한 검체들에 대해서 생화학적 반응을 활용하여 얻은 데이터를 바탕으로 질병의 유무와 경중을 판단하는 검사 방법이다. 체외진단은 기본적으로 생명공학, 유전공학, 면역학, 생화학, 광학, 전자공학, 반도체 기술 등 다양한 기술이 복합된 융복합 산업으로 최적화된 시약, 검사 항목, 측정기기를 종합한 시스템 혹은 솔루션이 핵심이다.

체외진단 산업에서 사용되는 측정기기는 대형장비와 중소형장비 그리고 휴대용 장비 등으로 나누어질 수 있다. 대형 및 중소형 장비들은 대부분 대여나 기증을 하는 형태로 운영이 된다. 나머지는 그 분석장비에 사용되는 카트리지나 시약으로 수익을 내는 비즈니스 모델이다. 따라서 '면도기-면도날' 혹은 '프린터-잉크 카트

체내진단과 체외진단의 **구분**[186]

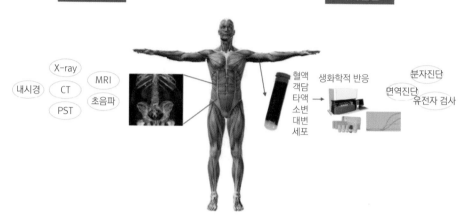

리지' 사업 모델과 유사하다.

앞에서 언급했듯이 인체로부터 채취한 검체, 예를 들어 혈액, 객담 및 콧물, 타액, 정액, 뇌척수액, 소변, 대변, 세포, 조직 등을 가지고 다양한 생화학 반응을 통해서 질병의 여부와 심각도를 분석하는 방법이다. 체외진단 방법과 비즈니스 모델은 더 많은 사람들이 낮은 비용으로 고품질의 체외진단 서비스를 누리고 참여하는 방향으로 혁신되고 있다.

컴퓨터와 체외진단 기기의 진화를 비교해보면 기존의 대형 전산센터에만 존재하던 대형 컴퓨터가 데스크탑 또는 노트북 형태로 사무실과 가정에 보급되어 많은 사람들이 손쉽게 사용하게 되었다. 그 과정에서 우리는 많은 데이터를 생성할 수 있게 되었다. 그후 IT 기술 및 반도체 기술의 비약적인 발전에 따라 스마트폰 및 태블릿 PC 형태로 개인화된 형태로 진화되었다. 이제 스마트폰이나 태블릿 PC는 각 개인의 정체성을 대표할 수 있을 정도로 개인과의 끈끈한 연결고리가 형성되었다.

체외진단 비즈니스 모델 및 콘텐츠[187]

분석장비(대여·기증) 　 높은 마진 진단시약으로 수익

애프터마켓 사업

면도기-면도날 사업 　 프린터-잉크 카트리지 사업

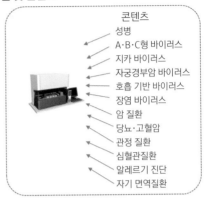

콘텐츠
성병
A·B·C형 바이러스
지카 바이러스
자궁경부암 바이러스
호흡 기반 바이러스
장염 바이러스
암 질환
당뇨·고혈압
관절 질환
심혈관질환
알레르기 진단
자기 면역질환

　이런 컴퓨터 산업에서의 패러다임 변화와 유사하게 체외진단 산업도 변화하게 되었다. 초기에 실험실에서 시험관을 통해 수동으로 생화학 반응 검사를 진행하다가 대형병원의 중앙검사센터의 대형기기가 개발되어서 중앙 조절식의 자동화 장비를 통해서 다양한 검사를 진행할 수 있었다. 그 후 반도체 기술과 나노기술의 비약적인 발전은 생명공학 기술의 고도화에 큰 영향을 미쳤다. 아주 작은 반도체의 구조물에서 생화학 반응을 진행할 수 있는 랩온어칩Lab-on-a Chip 기술이 적용되었다.

　랩온어칩 기술은 그야말로 작은 칩 한 곳에서 실험실의 다양하고 복잡한 기능과 역할을 진행할 수 있다는 의미이다. 따라서 체외진단 기기가 소형화가 가능해졌으며 IT 기술의 접목으로 인해서 다양한 연결성을 보유한 검사기기가 나오게 되었다. 또한 바이오센서 형태로 스마트폰과 연결하여 사용할 수 있는 기기들도 출시되었다

　체외진단은 앞에서 언급한 것처럼 채내외에서 얻을 수 있는 모든 인체시료를 가지고 생화학 반응을 통해서 다양한 검사를 한다.

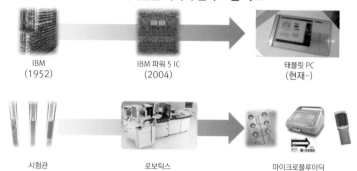

컴퓨터와 체외진단 기기의 진화 모델 비교[188]

IBM
(1952)

IBM 파워 5 IC
(2004)

태블릿 PC
(현재~)

시험관

로보틱스

마이크로플루이딕

또한 그로부터 얻어진 데이터를 통해서 범죄감식에도 활용할 수 있고 질병의 예측, 진단, 예후, 그리고 치료 후 모니터링에도 활용할 수 있는 매우 넓은 활용성을 가지고 있다. 일반적으로 우리가 채혈, 대변검사, 소변검사 등 1~2년에 한 번씩 하는 건강검진 항목들 대부분이 체외진단 검사라고 생각하면 된다. 쉽게 생각하면 혈액을 포함한 체액을 채취하여 빈혈, 임신, 당뇨, 고혈압, 고지혈증, 감염질환, 암, 대사질환, 알레르기 질환, 면역질환 등 수많은 질병의 검사를 진행할 수가 있다. 우리 몸을 구성하고 있는 피부조직, 각종 장기, 혈액, 뼈, 머리카락, 손발톱 등에서 채취할 시료는 매우 다양하다.

암의 종류 판별과 질병의 심각도를 확인하기 위해서 영상진단검사를 하기도 하지만 특정 장기에서 조직을 채취해서 다양한 생화학 반응 검사를 하게 된다. 이때 암 조직을 얇은 형태로 포를 뜨는 것처럼 만들고 유리 슬라이드에 올려놓고 생화학 약품 처리를 하고 초에 사용되는 성분인 파라핀 등을 이용해서 분석용 시료를 만들게 된다. 우리는 이러한 암 조직 샘플에서 다양한 검사를 할 수가 있다. 가장 먼저 조직을 특수 화학 시료를 가지고 처리하면 정상

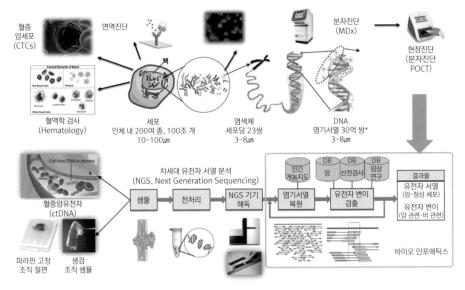

체외진단의 세부 분야

혈중 암세포 (CTCs)

면역진단

분자진단 (MDx)

현장진단 (분자진단 POCT)

혈액학 검사 (Hematology)

세포 인체 내 200여 종, 100조 개 10~100μm

염색체 세포당 23쌍 3~8μm

DNA 염기서열 30억 쌍* 3~8μm

혈중암유전자 (ctDNA)

차세대 유전자 서열 분석 (NGS, Next Generation Sequencing)

샘플 → 전처리 → NGS 기기 해독

염기서열 복원 → 유전자 변이 검출

인간 게놈지도 / DB 암 / DB 산전검사 / DB 임상연구

결과물 유전자 서열 (암·정상 세포) 유전자 변이 (암 관련·비 관련)

파라핀 고정 조직 절편

생검 조직 샘플

바이오 인포매틱스

세포와 암세포를 구분할 수가 있게 된다. 그리고 세포가 가진 염색체 안에 존재하는 유전자들을 분석하고 검사도 할 수 있다. 또한 이 조직에 특수 화학처리를 해서 단백질이나 유전자를 뽑아내 정상인 경우와 질병이 있는 경우의 단백질이나 유전자들을 비교 분석할 수 있다.

좀 더 정밀한 분석이 필요할 경우는 추출된 유전자의 서열분석을 통해서 특정 유전자의 돌연변이를 분석할 수가 있다. 이때 빅데이터와 차별화된 유전자 분석 알고리즘을 통해서 의학적으로 유의미한 데이터와 정보를 추출할 수 있다. 또한 환자 혹은 건강한 사람에게서 채취한 혈액으로 혈액에 떠다니는 세포, 단백질, 유전자, 저분자, 이온 등의 수많은 물질들을 정량적으로 분석할 수 있다. 현미경을 통해서 적혈구와 백혈구의 정상 및 비정상을 검사하기도 하며 혈액에 존재하는 단백질의 종류 및 양을 통해서 질병의 여부 혹은 경중을 확인할 수가 있다.

민감한 분석장비, 예를 들어 질량분석기기를 통해서 혈액에 존재하는 수많은 물질들의 질량을 분석해 어떠한 물질들이 어느 정도의 양으로 포함되는지를 분석할 수가 있다. 따라서 우리가 질병 치료를 위한 의료행위를 하기 전과 후에 변화될 수 있는 혈액 혹은 조직상의 변화를 분석하고 데이터를 통해서 질병의 예후와 치료제의 반응성과 효용성을 추정할 수가 있다. 추가적으로 적합한 치료 방법을 선택할 수 있는 임상의학적 가치를 얻을 수 있다.

체외진단 검사의 예시

체외진단에서 가장 많이 사용되는 검사는 암 조직검사, 단백질을 이용한 면역진단, 유전자를 분석하는 분자진단, 체내 생화학 물질의 농도를 측정하는 임상화학 진단이 있다. 여기서 장기의 조직을 검사하는 방법은 나머지 방법과는 조금 다르게 진행된다.

① 면역조직화학염색법Immunohistochemistry: 항체-항원 간의 반응을 이용하여 세포나 특정 조직 내에 존재하는 물질들을 검사하는 방법이다. 주로 조직의 정상세포와 암세포의 구분에 사용된다.

② 면역진단Immunoassay: 질병과 관련한 특이 단백질을 항원-항체 반응을 통해서 검출하는 방법이다. 예를 들어 독감진단이나 B형 간염진단의 경우에 사용하는 방법이다. 주로 몸에 감염성 세균이나 바이러스가 외부로부터 유입되면 체내의 면역반

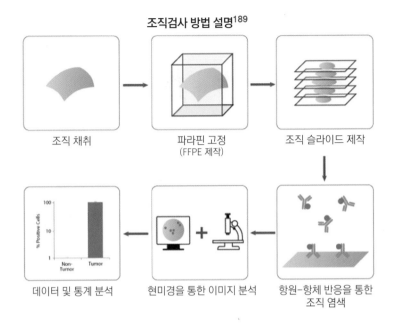

조직검사 방법 설명[189]

조직 채취 → 파라핀 고정 (FFPE 제작) → 조직 슬라이드 제작

데이터 및 통계 분석 ← 현미경을 통한 이미지 분석 ← 항원-항체 반응을 통한 조직 염색

응으로 인해서 몸에 항체가 생성된다. 이때 우리가 생성된 항체의 종류와 양을 항원-항체 반응을 이용하고 광학적 전기적 측정 방법을 통해서 정성 혹은 정량 분석하는 방법이다.

③ 분자진단Molecular Diagnostics: 특정 질환을 유발하는 유전자를 판독해 검사하거나 체내로 유입된 외부 세균 및 바이러스로부 유전자를 추출, 증폭, 검출하는 방법이다. 신체에 존재하는 유전자들을 분석하는 것과 외부로부터 체내로 유입된 세균과 바이러스를 분석하는 것으로 구분할 수 있다. 또한 암 조직에 존재하는 특정 유전자들을 분석하는 데도 사용되며 범죄 현장에서 신분 확인에도 사용되는 진단 방법이다. 분석 방법이 다소 까다롭기는 하지만 정밀하고 정확한 분석에는 매우 효율적인 방법이다. 현재 전세계적으로 이슈가 되는 코로나19 바이러스의 확진 검사에 사용되는 방법이다.

면역진단 방법 설명[190]

질병 특이 단백질	항원·항체 반응	광학·전기적 방법으로 측정

감염성 질환

만성질환
(심혈관, 신장, 갑상선 등)

항원-항체 반응

쥐, 토끼, 염소를 통한 항체
생산 (항원 주사 후 항체 생성)

형광·발광 측정법
(특정 파장 측정)

전기화학 측정법
(전류, 전압 차이)

④ 임상화학Clinical Chemistry: 주로 혈액, 소변, 정액, 타액에 존재
하는 생화학 물질들, 혈중 당분자, 콜레스테롤, 고밀도지단백
HDL, 저밀도지단백LDL, 중성지방, 잔류 약물 및 마약류, 요산,
간수치(ALP, GOT, GPT 등), 호르몬 농도, 임신 테스트 등의 검
사이다. 건강검사에서 주로 확인하는 항목으로 대사질환, 간,
신장 기능을 확인할 수 있다. 또한 혈액에 존재하는 각종 이
온 농도와 응급실에서 검사하는 혈액가스의 농도 측정도 임

분자진단 과정 설명[191]

 → → →

시료　　　DNA　　　증폭된 DNA　　　판별

전처리 (핵산 추출)	핵산 증폭	검출
혈액 등의 시료에서 DNA·RNA만을 순수하게 추출	DNA·RNA 중 질환을 일으키는 타깃만을 선별하여 대량으로 증폭	증폭된 대량의 DNA·RNA를 관이나 전기신호 등 측정 가능한 형태로 변환하여 판별

원심분리기　DNA 추출기　　　DNA 증폭기　　　전기영동기　멀티플렉스
　　　　　　　　　　　　　　　　　　　　　　분석기기

체외진단의 종류: 임상 화학진단, 면역진단, 분자진단[192]

임상화학 진단
- 질병과 관련 있는 체내 생화학 물질 농도 측정
  - 예: 혈중 콜레스테롤 수치, 혈당 수치 등

면역진단
- 질병과 관련한 특이 단백질을 항원·항체 반응으로 검출
  - 예: 전립선암 발병 시 생성되는 단백질
  - PSA에 항체·형광 물질을 붙인 후 광학을 사용하여 용량 검출

분자진단
- 특정 질환을 유발하는 유전자를 판독하여 검사
  - 예: 유방암 유발 DNA인 BRCA, B형 간염의 원인 바이러스HBV Virus, 코로나 바이러스 등

상화학의 한 부분이다. 인체의 다양한 대사 과정에서 생성되는 대사체를 질량분석기 등을 통해 단백질 대사, 약물대사 등의 정보를 얻을 수 있는 진단 방법이다.

현장진단 검사장비

기존 고가의 대형 검사장비들이 소형화되고 정밀화되어 언제 어디에서든지 빠르고 정밀하게 검사할 수 있게 되었다. 장비에서도 IT 기술 및 바이오 센싱 관련 기술의 발달로 매우 큰 변화가 왔고 앞으로도 지속적인 발전이 일어나고 있다.

우리가 친숙하게 알고 있는 현장진단 검사 키트는 크게 세 가지로 구분할 수 있다. 가장 익숙한 검사 키트는 혈액을 이용하는 혈당 측정 키트, 소변을 이용하는 임신진단 키트, 마지막으로 각종 전염성 감염질환 검사 키트로 구분할 수 있다. 혈당 검사 키트는 혈액에 존재하는 당 농도를 측정해서 당뇨병의 심각도 여부를 측

디지털 혈당 측정기기[193]

아이헬스

다리오

아이비지스타

정할 수 있다. 디지털 헬스 기능이 강화되면서 측정한 결과 관리를 휴대용 장비뿐 아니라 스마트폰에 연동되어서 측정할 수 있도록 개발되었고 상업화되었다.

그다음은 소변을 이용하는 임신진단 키트가 있다. QR 코드와 디지털로 검사결과를 보여주는 기능을 가지고 있다. 고객에게 확실한 결과를 보여줄 수 있고 검사 이력 및 결과에 대한 데이터 관리를 할 수 있다. BISU는 소변을 이용한 대사질환, 신장질환 진단 시스템으로 스마트폰과 연동 가능하며 미세유체 역학 기술Microfluidics이 핵심기술이다. 향후 변기에 녹는 형태로 제작할 예정이다.

다음 전염성 감염질환 키트는 종류가 매우 많다. 국가별로 인허가 기준이 다르지만 대부분의 검사는 병원에서 의사의 감독하에 한다. 검사 항목은 성병(매독), 인플루엔자 A·B, 간염(A형, B형, C형 항원, 항체 검사), 에이즈, 지카 바이러스. 뎅기열, 말라리아, 결핵, 대변 잠혈, 헬리코박터균, 호흡기 질환 등 많은 검사가 있다. 검사 방법은 질병이 걸리고 나서 생성되는 항체들에 대해 하는 것이 대부분이다. 즉 항원-항체 반응을 이용해서 질병의 유무를 판단하는 목적으로 사용된다. 항원-항체를 이용한 현장진단 검사는 질병에 걸린 후 특정 시간 후 몸에 형성되는 항체와 항원들을 검사하는 것이다. 그래서 질병의 확진으로 사용되기는 어렵다.

디지털 현장진단 검사 키트[194]

| 큐어스택 | 수젠텍 | BISU |

몸에 침투하여 감염질환을 일으킨 균(바이러스, 박테리아 등)을 전처리하고 그 균들에서 나온 DNA나 RNA를 가지고 중합효소연쇄반응PCR, Polymerase Chain Reaction이라는 유전자 증폭 방법을 통해 정량검사를 하면 실제 몸에 존재하는 균을 정량할 수 있다. 실제 어떠한 균들이 있는지를 확인할 수 있고 그에 적합한 항생제 및 항바이러스제를 선택하여 처방할 수가 있다. 물론 약물 내성에 대해서도 판단할 수 있는 검사 방법이 개발되었다. 또한 만성질환으로 관리되는 간염과 에이즈의 치료 예후 및 모니터링을 할 수 있게 되었다.

분자진단 현장진단Point-of-care testing 검사 시스템은 혈액, 가래(콧물), 침을 포함한 체액과 조직 등에서 시료를 채취하고 카트리지 형태로 복잡한 분자생물학적 실험 과정을 연구자가 따로 할 필요 없이 카트리지 형태에 바로 시료를 집어넣게 되면 검사결과를 빠르게 알려주는 현장진단이라고 한다. 이러한 분자진단 현장진단 검사 시스템은 결핵검사, 약물내성 설사질환균, 인플루엔자, 각종 호흡기 질환 등을 두세 시간 내 검사하고 결과 확인까지 가능하다.

따라서 감염질환의 확산을 방지하고 데이터를 통해서 모든 정보들을 관리하면 국가 방역 시스템에 큰 도움을 줄 수 있다. 또한 공

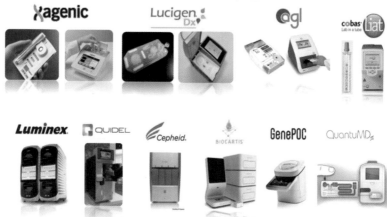

분자진단 현장진단 검사 시스템[195]

항 입국심사대에서 의심 질환자들을 빨리 진단할 수 있다. 또한 환자에게는 항생제 혹은 항바이러스제의 빠른 처방 선택을 제공하여 빠른 회복에 도움을 줄 수 있다.

진단검사의 역할 및 임상적 의의

질병의 진행 단계를 위험도 예측에서부터 조기질환 스크리닝, 진단, 질병의 경중도 분석, 예후예측, 효율적인 치료제 선택, 그리고 치료 후 모니터링으로 구분할 경우에 각각의 단계에 적합한 체외진단 방법이 있다. 위험도 예측 단계는 부모로부터 유전된 유전적인 문제나 식생활습관으로 생성될 수 있는 위험도를 예측하는 검사로 주로 유전자 검사에 사용된다. 스크리닝은 고 위험군 잠재 환자군들에게 조기 질병 스크리닝을 하는 단계이다. 앞으로 질병의 종류에 따라서 분자진단, 면역진단, 임상화학 방법이 사용될 수

단계	위험도 예측	스크리닝	진단
설명	위험도 예측을 위한 진단검사	고 위험군 환자들에게 조기질병 확인 검사 적용	확정진단(최종진단) 검사, 침술적 진단검사 필요에 대한 언급
진단 종류	유전자 검사	분자진단, 면역진단, 임상화학	모든 체외진단

단계	진행단계 및 예후	치료제 선택	치료 후 모니터링
설명	진행단계 혹은 재발 위험성	표적치료에 대한 효율 및 안정성 예측	재발 모니터링 치료효율에 대한 모니터링
진단 종류	분자진단, 유전자, 조직검사	유전자검사, 세포진단, 조직검사	유전자검사, 분자진단, 세포진단

있다.

진단은 질병을 확정 진단하는 것이다. 암은 조직검사를 통해서 진행하고 외부 세균이나 바이러스의 유입을 통한 감염성 질환의 확진은 분자진단을 통해서 진행한다. 암 진행 및 예후는 질병의 진행단계를 추정하거나 재발 위험성을 알아내는 단계이다. 적절한 치료의 선택, 예를 들어 외과적 수술 혹은 약물치료에 대한 의사결정을 하는 단계이다. 따라서 조직검사 및 유전자 검사를 통해서 암 1, 2기 혹은 3기 등의 진행을 알 수 있다.

치료제 선택Therapy Selection은 앞에서 언급했던 개인 맞춤치료 및 동반진단과 상관도가 높은 단계이다. 표적치료에 대한 효율성과 안정성을 예측할 수 있다. 이때에는 조직검사, 유전자 검사, 세포 검사의 복합 검사를 통해서 의사결정을 할 수 있다. 마지막으로 치료 후 모니터링은 외과적 수술이나 약물치료를 하고 나서 재발이나 치료 효율에 대한 모니터링을 한다. 유전자 검사, 분자진단, 세포진단을 통해서 치료 방법을 유지할지 아니면 변경할지를 결정한

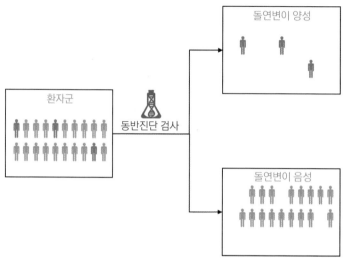

동반진단 검사를 통한 환자군의 분류

환자군

동반진단 검사

돌연변이 양성

돌연변이 음성

다. 검사한 결과를 토대로 질병의 완치 여부를 결정한다.

동반진단 개요

동반진단은 앞에서 설명했던 체외진단 방법을 통해서 환자들에 적합한 개인 맞춤치료제를 선택해주고 적절한 투여량을 권장해주는 방법이다. 동반진단을 통해서 치료제 효율성과 반응성에서 반응군과 비반응군으로 구분해주는 데이터를 얻을 수 있다. 또한 동반진단은 안정성에서 환자의 위험을 최소화시키는 데 도움을 줄 수 있다.

질병의 진행단계에 따라서 치료 방법 변경 가이드를 제시할 수 있다. 도식화하면 동반진단 검사를 통해서 다양한 환자군에서 특정 돌연변이에 양성인 그룹과 음성인 그룹을 구분하게 된다. 그리

회사	VERMILLION	agendia	CARDIODX	IMMUNICON VERIDEX	biodesix	Genomic Health	GUARDANT HEALTH
검사	OVA1	맘마프린트	Corus CAD	셀서치	베리스탯	온코타입	가던트 360
내용	난소비대증과 난소암 구분	신규 유방암 환자의 예후 예측	심장질환 위험도 예측	암환자 모니터링을 위한 혈중 암세포 진단	엘로티닙 치료제의 약물 반응성 예측	ER 양성 유방암 환자의 재발 가능성 예측	액체생검을 통한 혈중 DNA 분석
가격	600달러	1,650달러	1,200달러	1,500달러	2,860달러	4,380달러	5,700달러

고 그러한 구분은 앞에서 언급했던 치료제의 적절한 선택과 효율적 투여를 하는 데 좋은 근거로 사용될 수 있다.

새로운 암 진단 방법 사례

암 진단, 예후 예측, 치료제 반응성, 재발 가능성 등의 진단 서비스 예시를 소개하도록 하겠다. OVA1은 여러 개의 바이오마커를 측정해서 난소암과 난소 비대증을 구분해낼 수 있는 데이터를 제공한다. 맘마프린트Mammaprint는 유방암에 처음 걸린 환자의 예후를 예측해주는 서비스이다. 맘마프린트는 마이크로어레이microarray 기술을 이용해서 데이터를 얻는다. 셀서치cellsearch는 현재 다른 회사로 매각되었지만 혈액에 존재할 수 있는 암세포의 수를 측정하고 항암제 처방 전후에 변화되는 상황을 모니터링할 수 있다.

베리스탯VeriStat은 폐암 표적치료제인 타세바Tarceva의 약물 반응성에 대해 예측해주는 검사이다. 온코타입DxOncotypeDx는 ER 양성인 유방암 환자의 재발 가능성에 대한 예측 데이터를 제공해준다. 가던트360GUARDANT 360 검사는 액체생검으로 혈액에 존재하는 암 유래 DNA를 분석하여 다양한 정보를 제공한다.

액체생검

액체생검 기술은 아직 완벽하게 성숙된 기술은 아니지만 파괴적 의료혁신 기술 중의 하나이다. 의사들이 적절한 치료제의 선택을 할 수 있도록 도움을 주는 기술이다. 액체생검이 활용될 수 있는 분야는 다양하다. 첫 번째로 동반진단 또는 테라노스틱스Theragnostics*에 활용될 수 있다. 적절한 진단 결과에 따른 표적치료제와 결합된 것을 가리키는 말로써 액체생검이 사용될 수 있는 부분이다. 두 번째는 질병의 진행 단계와 관련해서 예측이 필요할 때 액체생검이 사용될 수 있다. 세 번째는 치료 모니터링 단계에 활용될 수 있다. 특정 약물치료를 하는 동안 약물내성 돌연변이들을 모니터링하는 데 액체생검이 사용될 수 있다. 네 번째는 스크리닝 검사에서 사용될 수 있다. 장기적인 측면으로 볼 때 매년 하는 건강검진에서 어떤 질병의 징후가 예견되는 잠재 환자들의 스크리닝 목적으로 사용될 수 있다.

이렇게 액체생검은 다양한 분야에서 사용이 가능하다. 구체적으로 보면 일곱 가지 장점이 있다. 첫째, 비침습 검사 특징이 있다. 여러 번의 조직검사가 필요한 환자들에게 기존의 조직검사와는 다르게 고통을 줄일 수 있다.

둘째, 검사 비용 절약이다. 기존의 조직검사에는 조직 샘플을 채취하기 위해서 매우 정교하고 전문적으로 훈련받은 전문가가 필요하다. 하지만 액체생검은 혈액 혹은 체액을 통해서 샘플을 채집하

---

* 치료제와 진단의 합성어

기 때문에 상대적으로 적은 비용이 소모된다.

셋째. 빠른 검사 시간이다. 기존의 조직검사는 3주 정도의 시간이 필요하지만 액체생검은 10~12일 정도의 시간으로 검사할 수 있다.

넷째, 실시간 모니터링이다. 많은 환자들이 약물내성 돌연변이 때문에 부작용을 겪고 불필요한 치료비를 쓴다. 그러나 액체생검을 사용하면 약물 반응과 약물내성 돌연변이에 대해서 비교적 잦은 모니터링을 할 수 있어서 비용절약과 불필요하고 부적절한 치료에 따른 부작용을 최소화할 수 있다.

다섯째, 종양 이질성이다. 기존 조직검사 방법은 생검한 종양조직의 위치에 따라서 종양 관련 분자 프로파일이 다르기 때문에 종종 매우 중요한 돌연변이의 검출을 놓칠 가능성이 있다.

여섯째, 재발 예측 분야의 장점이다. 암의 증상 완화 기간 동안 완치에 대한 검사 혹은 암의 재발에 대한 정량검사결과를 암 생존자들에게 제공함으로써 '정량적 마음의 평화'를 제공할 수 있다.

일곱째, 폭넓은 스크리닝의 가능성이다. 스크리닝을 통해서 치료 가능한 조기 질병 상태를 잡아낼 수 있다. 특히 잠재 환자군들에게 부담이 되는 장기간의 치료 비용 절감을 가져다 줄 수 있다.

액체생검은 장점이 많지만 도전하고 개선해야 할 부분도 가지고 있다. 우선적으로 액체생검의 민감도 개선이 필요하며 안정적인 상업화를 위해서는 유전자서열 검사 비용에 대한 효율화가 필요하다. 다양한 임상 목적의 적용을 위해 필요한 유전자 서열 검사의 민감도를 만족하기 위해서 액체생검의 상업화에 큰 도전이 있다.

그리고 임상의사 및 보험사의 낮은 인지도이다. 아직 액체생검에 대한 임상적인 인지도가 낮은 상황이다. 임상의사와 보험사들

액체생검의 장점[198]

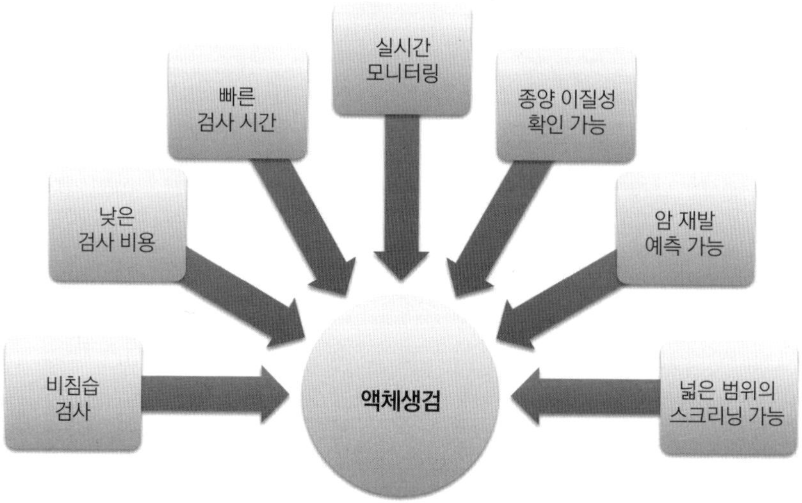

빠른
검사 시간

실시간
모니터링

종양 이질성
확인 가능

낮은
검사 비용

암 재발
예측 가능

비침습
검사

액체생검

넓은 범위의
스크리닝 가능

은 불과 몇 년 전에서야 종양에 대한 분자 프로파일링을 얻기 위한 새로운 기술로서 액체생검을 인지하기 시작했다.

마지막으로 보험수가 부분이다. 파운데이션메디신Foundation Medicine의 서비스 중 하나인 파운데이션원FoundationOne과 같은 암 패널 검사들의 보험수가 등재에 대한 어려움이 존재한다. 보험수가를 받기 위해서 국가별 인허가 상황과 제약회사와의 협업이 필요하다.

혈중암세포, 혈중암 DNA

서큘레이팅 튜머셀CTCs, Circulating tumor cells은 혈중암세포 혹은 순환 종양세포라고 표현한다. 1969년 호주 의사인 토마스 애스워스Thomas Asworth가 처음 명명했다. 그는 암으로 사망한 환자의 혈액 속

암세포를 현미경으로 관찰했다. 그는 암세포가 원발암에서 나와서 혈액을 매개체로 혈관을 따라서 순환하다가 다른 장소에 정착하고 다시 암세포가 증식하여 암전이를 일으킨다고 보고했다.

혈액에는 암에서 기원한 두 가지 형태의 물질을 포함하고 있다. 순환 종양세포라고 하는 혈중암세포와 순환 암유전자라고 하는 ctDNA가 있다. 혈중암세포는 원발암 조직 혹은 전이암에서 혈관으로 흘러 들어간다. 주로 말초혈관 내에서 순환하는 암세포로 정의한다. 이런 혈중암세포는 원발암에서부터 국부적으로 침윤이 일어나서 혈관 안으로 유입이 된다. 그 후 혈관을 따라서 이동하다가 다양한 기관의 미세혈관에 머물게 된다. 그 후 다시 혈관을 빠져나와서 다른 위치에 정착하면서 암 전이가 일어나게 되는 것이다. 암세포의 침윤-이동-전이가 일어나는 과정에서 혈관에 순환하는 암세포를 관찰할 수가 있다.

순환 암세포는 혈구세포 10억 개당 약 1~100개 정도의 극미량이 존재한다. 따라서 혈액에서 암세포를 분리하는 기술과 특히 살아 있는 형태로 분리해낸 후 세포 내 존재하는 다양한 생물학적 표지자들을 분석하는 것이 중요하다. 혈중암세포는 임상학적으로 다음의 용도로 활용이 가능하다. 암의 재발 예측, 항암제의 치료 효능에 대한 관찰, 영상진단으로 확인하기 쉽지 않은 미세암 전이 분석, 조직검사가 쉽지 않은 암의 조기진단 등에 사용이 가능하다. 현재 FDA 허가를 받은 혈중암세포 진단 제품은 셀서치 제품이 유일하다.

혈액에서 암세포를 분리하는 기술은 암세포의 크기를 기준으로 작거나 큰 세포들을 분리해내는 방법이다. 혈액에 존재하는 세포들은 적혈구, 백혈구, 혈소판, 그리고 혈중암세포로 볼 수 있다. 백

혈중암세포와 혈중암 유전자 비교[199]

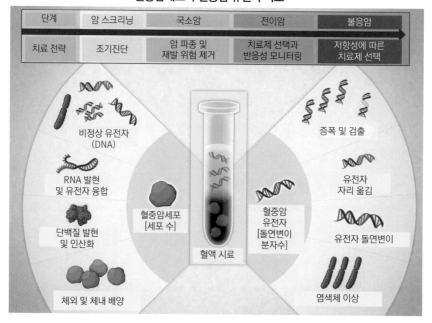

단계	암 스크리닝	국소암	전이암	불응암
치료 전략	조기진단	암 파종 및 재발 위험 제거	치료제 선택과 반응성 모니터링	저항성에 따른 치료제 선택

비정상 유전자 (DNA)
RNA 발현 및 유전자 융합
단백질 발현 및 인산화
체외 및 체내 배양
혈중암세포 [세포 수]
혈액 시료
증폭 및 검출
유전자 자리 옮김
유전자 돌연변이
염색체 이상
혈중암 유전자 [돌연변이 분자수]

혈구는 네 가지 다른 종류의 세포가 있다. 호산구, 호염기구, 호중구, 단핵구, 림프구이고 크기는 12~25마이크로미터이다. 적혈구는 5~7마이크로미터이고 혈소판은 0.5~2.5마이크로미터이다. 이때 혈중암세포는 백혈구와 유사한 크기인데 약 12~25마이크로미터로 알려져 있다. 따라서 크기 하나의 요소로 분리하는 것은 쉽지 않다.

다른 기술은 암세포가 보통 표피세포의 성질을 나타낸다는 것을 이용해 암세포 표면에 존재하는 표면 항원을 이용해서 암세포를 골라내는 방법을 많이 사용하고 있다. 자성입자의 표면에 암세포의 표면 항원과 반응을 할 수 있는 항체를 붙여서 암세포를 골라내는 방법이다. 그러나 이 방법은 모든 혈중암세포에서 효율이 높지 않기 때문에 암세포별로 특화된 다른 항원-항체 반응을 이용해서

셀서치의 혈중암세포 분석 기기[200]

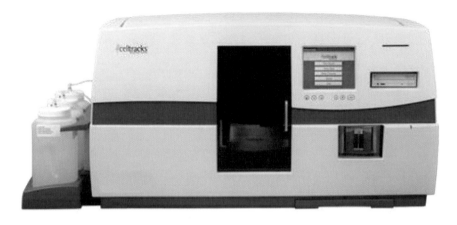

분리해내는 방법을 사용하기도 한다.

앞에서 언급한 방법 중에서 혈중암세포의 크기와 밀도를 이용한 방법, 자성입자를 통한 분리와 자기장을 이용하는 방법, 전기화학적인 방법을 이용하는 등 물리화학적인 방법이 사용되고 있으며 생물학적인 상호작용(암세포 표면 존재 단백질 등)을 통해서 암세포의 분리에 대한 선택성을 높이는 방법에 대한 연구가 지속적으로 진행되고 있다.

국내에는 싸이토젠이 있다. 삼성 출신 임원들이 모여서 설립한 코스닥 상장 회사로 글로벌 제약회사와 함께 많은 연구를 진행하고 있다. 또한 클리노믹스는 울산과학기술원UNIST 조윤경 교수가 개발한 기술을 사업화하여 많은 연구를 진행 중에 있다. 해외에는 다음과 같은 업체들이 CTC에 대한 분리 및 분석에 대한 제품들을 판매하고 있다. 클리어브리지 바이오메딕스Clearbridge Biomedics는 싱가포르 기반의 회사로 마이크로플루이딕스칩 기술을 통해서 CTC 분리하는 제품을 보유하고 있으며 사이토루미나CytoLumina는 암세포를 잡을 수 있는 나노구조체 관련 기술을 보유하고 있다. 또한 앵글ANGLE은 영국 기반의 회사로 마이크로플루이딕스칩microfluidic chip 기술로 CTC를 분리하는 제품을 보유하고 있다.

혈중암세포와 혈중암 DNA 비교

암 환자의 혈액은 앞에 언급했던 혈중암세포, 혈중암 DNA, 순환종양 DNA라고 하며 아직 명확한 기작은 밝혀지지 않았다. 암세포가 사멸할 때 배출되는 셀프리 DNA가 혈장으로 침윤될 것으로 예상하고 있다. 이런 혈중암 DNA는 앞에서 설명했던 비침습 산전검사NIPT에서 사용되는 기술과 유사한 방법이다.

분석 방법은 혈중암 DNA를 찾아내 중합효소연쇄반응PCR 방법을 통해서 유전자 변이가 얼마나 되고 어떤 부분에서 일어났는지를 확인하는 것이다. 차세대 유전자서열분석NGS 방법을 통해서 유전자 변이 정보를 분석하는 방법도 지속적인 혁신이 일어나고 있다. 혈중암 DNA의 변화는 암 크기와 상관관계가 있음이 보고되었다. 혈중암 DNA도 암의 조기진단, 예후에 대한 예측, 항암제의 효과 모니터링에 대한 임상적 효과가 있음이 보고되었다.

항암제의 효율적인 치료와 반응성이 없는 치료제의 경우에 혈중암세포와 혈중암 DNA가 혈액에 나타나는 형태가 다름이 보고되었다. 만일 항암제가 효율적인 반응성을 환자에게 나타내는 경우에는 원발암이나 전이암의 경우 모두 많은 암세포들이 파괴된다. 즉 항암제에 잘 반응하는 암세포(오렌지색의 세포)는 암세포의 사멸이 일어나고 암세포 안에 있었던 혈중암 DNA가 혈액으로 나오게 된다. 그러나 항암제 내성을 약간 보이고 있는 암세포(보라색 세포)는 계속 자라게 되고 혈액으로 혈중암세포를 내보내게 된다. 이런

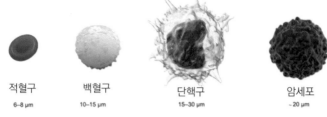

혈중암세포와 각종 혈구의 크기 비교[201]

적혈구
6~8 μm

백혈구
10~15 μm

단핵구
15~30 μm

암세포
~20 μm

혈중암세포 관련 기업[202]

보라색 세포는 향후 세포 사멸이 되고 보라색의 혈중암 DNA를 혈액으로 내보내게 된다.

따라서 항암제가 투여 전의 혈중암세포 및 혈중암 DNA 검사를 하고 효과적인 항암제 투여 후에 다시 측정 비교하게 되면 항암제의 반응성 정도와 어떠한 항암제가 적합한지를 추정할 수 있게 된다.

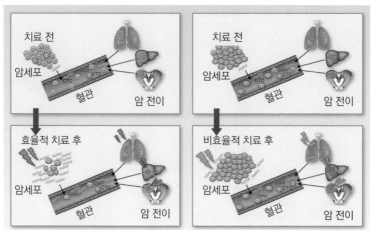

암 치료 시 혈중암세포와 혈중암유전자의 특성 비교[203]

개인 맞춤치료를 위한 종양 회의

암은 매우 불규칙한 양상을 가진 복합질환이다. 다양한 분야의 전문의사가 모여서 의견을 교류해야 한다. 특히 영상진단과 체외진단을 통해 얻어진 데이터를 기반으로 환자 개개인의 맞춤치료 방법을 제안하기 위해서 외과의사, 종양의사, 영상의학과 의사, 병리과 의사 등이 모여서 암 발생 원인, 암 발생 위치, 유전적 요인, 외부 요인 등을 논의하고 암 치료를 위해서 수술적인 방법과 어떠한 치료제를 투여할지에 대한 논의를 하게 된다.

의학은 매우 빠르게 발전하기 때문에 각 분야의 전문가가 최신 업데이트된 지식을 공유하고 실제 임상에 어떻게 적용할지를 논의하는 것이 중요하다. 이러한 논의를 통해서 종양의 성질과 환자의 유전적 특성에 맞는 치료 계획을 수립할 수 있다. 중요한 것은 참석한 다양한 전문가들 간의 적극적인 소통이 제일 중요하다.

대한민국은 2017년 5월부터 특정 유전체 검사가 건강보험 선

종양 관련 다학제 회의 시스템[204]

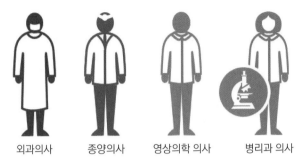

외과의사 종양의사 영상의학 의사 병리과 의사

별급여 대상으로 선정이 되었다. 복지부가 차세대 유전자 서열분석NGS, Next Generation Sequencing 검사를 조건부로 선별급여(본인부담률 50%) 형태로 도입했고 급여대상 질환으로는 위암, 폐암, 대장암, 유방암, 난소암, 흑색종, 위장관 기질종양, 뇌척수의 악성종양, 소아신경모세포종 등을 지정했다. 이런 복지부의 지원에 따라 실제 의료 현장에서 암 환자 대상의 유전체 검사가 진행되고 있다. 특히 서울대병원은 정밀의료 기반 맞춤의료를 하기 위해서 미국의 암 정밀의료 플랫폼인 사이앱스SYAPSE를 도입했다.

현재 암 환자 유전체 검사 데이터와 기존 임상 데이터를 통합하고 분석해서 환자의 개인 맞춤치료 과정에 적용하고 있다. 국내 및 해외 의료기관들과 유전체 검사 데이터를 교환하고 공유하는 방법을 제안했다. 사이앱스는 암환자의 임상과 유전체 데이터를 통합 관리해 데이터 활용도를 극대화하고 환자 중심으로 효율적인 치료 방법을 제안하는 플랫폼이다.

특징은 암 정밀의료를 기반으로 치료 의사결정에 대한 흐름을 간소화할 수 있고 유전체 기반의 질환에 대한 치료 의사결정 기능을 강화할 수가 있다. 그리고 유사한 환자들에게 최적의 개인 맞춤

사이앱스의 세부 내용[205]

검사센터

사이앱스

인터페이스 시스템

시료 전달

유전자 서열 분석

처방전달 시스템

임상병리 시스템

등록 시스템

의료 영상 저장 전송 시스템

통합의료 정보 시스템

전자 의무기록

전자 행정기록

의료 치료와 최적의 표적항암 치료제를 제안할 수 있다. 또한 종양 회의 미팅에 필요한 자료들을 플랫폼에서 공유할 수가 있다.

4장

국가 주도 통합
연구개발과 임상시험

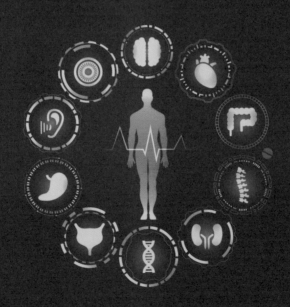

대한민국 임상시험 인프라

임상시험 점유율을 나라로 분석하면 1위가 미국(24.5%)이고 독일(5.3%), 영국(5.05), 캐나다(3.9%), 중국(3.7%) 순이다. 한국은 3.7%로 세계 6위이다. 임상시험을 도시별로 분석하면 다음의 표와 같다. 임상시험 인프라는 2013년부터 2017년까지 분석한 결과 5위를 차지했다. 나머지 도시는 미국의 뉴욕, 휴스턴, 마이애미와 스페인의 마드리드, 그리고 영국의 런던이 위치했다. 이 자료는 한국 임상시험 산업본부KoNect에서 미국국립보건원의 분석자료를 토대로 발표했다.

한국의 서울이 항상 우수한 위치를 차지한 이유는 다음과 같다. 첫 번째, 국내 대형 의료기관의 질이 매우 높기 때문이다. 예상치 못한 문제가 발생했을 때 대처능력이 뛰어나며 임상시험을 진행할 때 임상기관의 실수 발생 가능성이 적다. 두 번째, 신약의 유효성과

한국임상시험 산업본부[206]

순위 \ 연도	2013		2014		2015		2016		2017	
1	서울	🇰🇷	서울	🇰🇷	휴스턴	🇺🇸	휴스턴	🇺🇸	서울	🇰🇷
2	뉴욕	🇺🇸	휴스턴	🇺🇸	서울	🇰🇷	뉴욕	🇺🇸	휴스턴	🇺🇸
3	휴스턴	🇺🇸	뉴욕	🇺🇸	뉴욕	🇺🇸	서울	🇰🇷	뉴욕	🇺🇸
4	마드리드	🇪🇸	런던	🇬🇧	런던	🇬🇧	보스턴	🇺🇸	마드리드	🇪🇸
5	런던	🇬🇧	보스턴	🇺🇸	마드리드	🇪🇸	마이애미	🇺🇸	보스턴	🇺🇸

국내 대형병원

ASAN
Medical Center
아산병원

YONSEI UNIVERSITY
HEALTH SYSTEM
세브란스병원

SAMSUNG
SAMSUNG MEDICAL CENTER
삼성서울병원

SNUH⒥
서울대학교 병원

ST. MARY'S
HOSPITAL
서울성모병원

안정성을 입증하기 위한 프로토콜에 적합한 환자 데이터베이스가
많다. 서울시에 위치한 대형병원에는 전국 암환자의 약 35%가 등
록되어 있기 때문에 환자 관리를 위한 의료진 역시 집중되어 있다.
세 번째, 보건복지부가 진행한 '제2차 제약산업 육성, 지원 5개년
종합계획' 같은 정부 정책 지원이 긍정적인 역할을 했다.

디지털 혁신과 임상시험

통상적인 신약개발 프로세스는 전임상 연구, 임상연구, 그리고
인허가 과정 후 포스트 마케팅 과정을 진행하게 된다. 신약 후보물
질을 발굴하는 데 짧게는 보통 6~8년 정도 시간이 든다. 1만 개의
후보물질 중에서 수백 개의 물질로 좁히는 과정을 진행하게 되고
임상 1~3까지 6~7년이라는 긴 여정이 필요하다. 통상적인 신약
개발 비용은 약 1억 6,000만 달러에서 20억 달러 정도까지 필요

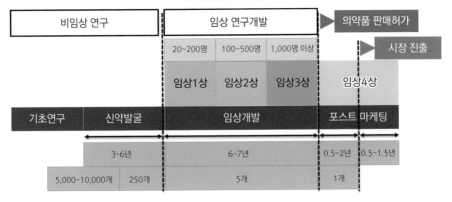

신약개발 프로세스

비임상 연구		임상 연구개발			의약품 판매허가
		20~200명	100~500명	1,000명 이상	시장 진출
		임상1상	임상2상	임상3상	임상4상
기초연구	신약발굴	임상개발			포스트 마케팅
	3~6년	6~7년			0.5~2년 / 0.5~1.5년
5,000~10,000개	250개	5개			1개

하다.

신약개발의 임상시험 프로세스 중에서 중요한 포인트는 임상시험 대상자인 환자를 리쿠르팅하고 유지하는 것이다. 다양한 디지털 헬스 기술과 사물인터넷, 블록체인, 바이오센싱 등을 이용해서 데이터를 수집하는 것, 그리고 인공지능 기반으로 수집된 데이터를 가지고 분석하고 예측하는 알고리즘의 고도화가 중요하다.

적합한 임상시험 환자들의 리쿠르팅은 매우 중요한 포인트이다. 환자의 전자의무기록 자료를 기반으로 가족력, 과거 수술 기록, 랩 검사 기록, 영상진단 결과, 약물 반응성, 알레르기 반응, 유전자 정

제약회사의 변화 요소

보 등을 확인해야 한다. 이러한 번거로운 과정들을 거쳐서 임상시험 환자들을 선별하는 작업을 하게 된다. 트라이얼젝토리TrialJectory[207] 회사는 인공지능 기반의 솔루션을 통해서 환자의 전자의무기록 프로파일과 현재 진행되는 암 관련 임상시험의 데이터베이스를 검토하여 적합한 매칭을 찾아주는 솔루션을 제공한다.

임상시험 환자 선정 후 약물들을 언제 얼마나 어떠한 세부적인 사항에 따라서 복용하는지 철저한 관리 및 모니터링이 필요하다. 특히 만성질환의 경우에 과량이나 잘못된 치료는 치명적인 결과를 가져올 수 있다. 세심한 주의가 필요하다.

제약회사나 임상시험대행기관CRO은 환자의 기억 및 참여에 전적으로 의지할 수밖에 없다. 만약의 경우에 있을 사고를 대비하기 위한 조절이 필요한 상황이다. 이러한 니즈에 따라서 모바일 앱 기반의 서비스인 메디세이프Medisafe[209]가 출시되었다. 복용시간 알람을 해주고 함께 투약하면 안 되는 것들도 알려준다. 담당 의사와의 소통과 약국 쿠폰 지급도 해준다. 현재 500만 건 이상 다운로드되

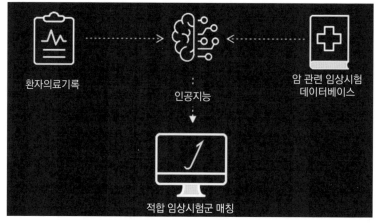

인공지능 기반 임상시험 환자 매칭 시스템[208]

환자의료기록

인공지능

암 관련 임상시험 데이터베이스

적합 임상시험군 매칭

었고 신장질환, 다발성 경화증, 간질 및 통증, 크론병, 뇌암 등에 대한 경우를 보유하고 있다.

환자들의 약물 반응성을 확인하기 위해서 임상시험 사이트에 방문해야만 하는 경우가 많다. 어떨 때는 이런 번거로움 때문에 임상시험을 하다가 포기하기도 한다. 따라서 특정 의료용 웨어러블 디바이스를 통해서 약물 투약 후 환자 데이터를 원격으로 수집하는 디지털 기반의 임상시험을 사노피와 화이자에서는 진행하고 있다.

시네오스헬스Syneos Health[210]는 글로벌 임상시험 대행CRO 회사로 리얼 월드 데이터real world data를 판매하는 활동도 하고 있다. 또한 임상시험 데이터를 환자에게 다시 돌려주면서 투명성을 높여준 사례도 있다. 미국과 유럽의 글로벌 제약회사들은 신약개발 과정에서 나타나는 도전들에 대한 솔루션을 발굴하고 신약개발 프로세스를 고도화할 목적으로 비영리 기관인 트랜스셀러레이트 바이오파마 TransCelerate BioPharma[211]를 설립했다

애보트, 아스트라제네카, 베링거인겔하임, 브리스톨 마이어 스퀴브, 일라이 릴리, 글락소스미스클라인, 존슨앤드존슨, 화이자, 로슈, 사노피 등의 글로벌 우수 제약기업들이 참여하고 있다. 존슨앤드존슨에서 부회장을 역임한 게리 네일 박사가 대표를 맡고 있다. 이 비영리 기관은 임상시험 데이터 연계와 공유로 특정 임상시험이 진행되기 좋은 위치와 연구자를 선택할 수 있는 데이터를 제공해준다. 임상시험 효율 및 참여하는 환자들의 안정성 확보, 리얼 월드 에비던스 확보, 데이터의 질 향상 등에 많은 기여를 하리라 예상된다.

데이터 기반 임상시험 관련 서비스[212]

글로벌 제약회사[213]

abbvie 애브비	Allergan 알러간	AMGEN 암젠
astellas 아스텔라스	AstraZeneca 아스트라제네카	Boehringer Ingelheim 베링커 인겔하임
Bristol-Myers Squibb 브리스톨-마이어스 스퀴브	EMD SERONO MERCK 머크	gsk GlaxoSmithKline 지에스케이
Johnson&Johnson 존슨앤드존슨	Lilly 릴리	MERCK & CO., INC. Kenilworth, N.J., U.S.A. 머크
NOVARTIS 노바티스	novo nordisk 노보노디스크	Pfizer 화이자
REGENERON SCIENCE TO MEDICINE° 리제너론	Roche 로슈	SANOFI 사노피
SHIONOGI 시오노기	ucb 유시비	

개방형 보건의료 빅데이터

대한민국은 보건의료 빅데이터 개방 시스템[214]을 보유하고 있다. 건강보험심사평가원이 운영하고 있는데 민간 및 공공 부분의 산학연 관계자들에게 건강심사평가원의 다양하고 방대한 진료정보와 의료자원 등의 빅데이터를 제공하고 공유하고 있다. 현재 빅데이터 센터는 210계정으로 운영되고 있다. 방문 혹은 원격으로 분석 지원이 가능하다. 방문의 경우에는 유관기관 및 학계 연구자료 분석을 활용하는 공간을 보유하고 있다. 또한 의료계와 산업계의 연구개발 활용하는 공간도 보유하고 있다.

본원(원주)은 15석, 서울 13석, 부산 2석, 대구 2석, 광주 2석, 대전 2석, 수원 2석, 의정부 2석, 전주 2석, 인천 2석으로 총 44석을 보유하고 있다. 9시 30분부터 5시 30분(점심시간 12:00~13:00)까지 운영하며 주말은 휴무이다. 원격분석 시스템은 시스템 점검할 때를 제외하고 항상 사용 가능하다.

활용 가능한 빅데이터는 크게 세 가지이다. 공공 데이터, 의료 빅데이터, 의료통계이다. 공공 데이터는 현재 36건을 활용할 수가 있

보건의료 빅데이터 센터[215]

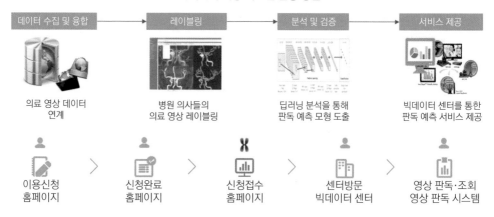

보건의료 빅데이터 개방 시스템 활용 방법[216]

데이터 수집 및 융합	레이블링	분석 및 검증	서비스 제공
의료 영상 데이터 연계	병원 의사들의 의료 영상 레이블링	딥러닝 분석을 통해 판독 예측 모형 도출	빅데이터 센터를 통한 판독 예측 서비스 제공
이용신청 홈페이지	신청완료 홈페이지	신청접수 홈페이지	센터방문 빅데이터 센터	영상 판독·조회 영상 판독 시스템

다. 환자 표본 정보만 유료이고 나머지는 무료로 이용이 가능하다. 의료영상 판독에 사용되는 알고리즘 정보도 공유하고 있다. 인공지능을 이용한 의료영상 판독은 폐암과 뇌동맥류 판독 지원 알고리즘 소스 코드도 포함되어 있다.

판독 서비스는 의료 영상 데이터(Axial, MIP 등)를 기반으로 데이터 수집, 레이블링, 딥러닝을 학습하여 판독 예측하는 서비스이다. 나머지는 의약품 관련 정보, 요양기관에 대한 정보, 급여·비급여에 대한 진료정보를 활용할 수 있다.

디지털 헬스 관련 연구개발 인프라

대한민국 국토 면적은 미국 캘리포니아주의 4분의 1 정도 크기이지만 우수한 학교, 대학병원, 그리고 국가에서 지원해주는 연구원들이 4차 산업혁명 시대에 맞추어서 다양하고 많은 연구개발 과제들을 진행하고 있다. 과학기술 중심의 학교인 카이스트KAIST, 포

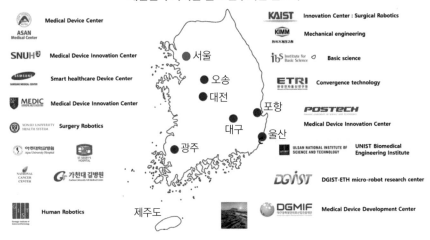

대한민국 디지털 헬스 연구기관 인프라[217]

ASAN Medical Center — Medical Device Center
SNUH — Medical Device Innovation Center
SAMSUNG — Smart healthcare Device Center
MEDIC — Medical Device Innovation Center
YONSEI UNIVERSITY HEALTH SYSTEM — Surgery Robotics
아주대학교병원 / ST. MARY'S HOSPITAL
NATIONAL CANCER CENTER / 가천대 길병원
GIST — Human Robotics

서울
오송
대전
포항
대구
울산
광주
제주도

KAIST — Innovation Center : Surgical Robotics
KIMM 한국기계연구원 — Mechanical engineering
ibs Institute for Basic Science — Basic science
ETRI 한국전자통신연구원 — Convergence technology
POSTECH — Medical Device Innovation Center
UNIST ULSAN NATIONAL INSTITUTE OF SCIENCE AND TECHNOLOGY — UNIST Biomedical Engineering Institute
DGIST — DGIST-ETH micro-robot research center
DGMIF 대구경북첨단의료산업진흥재단 — Medical Device Development Center

스텍POSTECH, 울산과학기술원UNIST, 광주과학기술원GIST, 대구경북과학기술원DGIST에서는 학교의 특성에 맞는 이노베이션 센터, 로봇연구소, 의공학 연구소 등을 보유하고 있다.

또한 보건복지부가 지원하고 있는 연구 중심 병원들은 4차 산업혁명과 관련된 수술용 로봇연구소, 의료기기 혁신센터, 스마트 헬스케어 디바이스센터, 의공학 연구소 등을 통해서 많은 융복합 연구과제들을 진행하고 있다. 복지부, 과학기술통신부, 산자부를 통한 국가 주도 범부처 연구개발이 진행되고 있다. 2012년 4월에 '빅데이터 국가전략포럼'이 나왔고 2012년 말부터 2013년 초에 걸쳐서 보건의료 빅데이터 구축 계획이 나오기 시작했다.

유전정보 빅데이터 구축 계획은 2012년 11월 27일에 발표되었고 '다부처 유전체 사업'이라는 이름으로 2014년부터 8년간 보건복지부에 1,577억 원을 투자하는 계획이다. 한국인 유전체를 수집하여 데이터베이스로 만드는 것이 목표이다. 2013년 초부터 건강보험심사평가원과 국민건강보험공단은 진료정보 빅데이터를 구축하기 시작했다. 2015년에는 한국보건사회 연구원에서 보건의료 빅데이터 활용을 위한 기본계획 수립연구를 제안했고 2017년 3월에 보건복지부는 '보건의료 빅데이터 추진단'을 구성했다. 추진단은 보건복지부, 공공기관, 민간제약기업 등으로 구성했다.

2017년 7월에 문재인 정부는 4차 산업혁명을 통한 성장을 이야기했고 그중 하나인 정밀의료 관련된 정책을 발표했다. 보건복지부는 보도자료를 통해서 정밀의료의 개념을 다음과 같이 정의했다. 정밀의료는 개인의 진료정보, 유전정보, 생활습관 정보 등 건강 관련 데이터를 통합하고 분석하여 치료 효과를 높이고 부작용은 낮춘 최적의 개인 맞춤의료라고 정의하고 있다. 정밀의료의 전제가 되는 것은 유전정보, 진료정보, 생활습관 정보가 통합된 보건의료 빅데이터라고 할 수 있다. 2017년 8월부터 시민단체들의 의견을 수렴하기 위해서 간담회를 진행했고 2017년 9월에는 보건복지부와 과학기술정보통신부가 추진하는 '정밀의료사업단'이 출범했다.

사업단의 핵심은 두 가지로 정의된다. 그중 하나는 정밀의료 병원정보 시스템의 개발로서 세부 실행 계획에는 보건의료 빅데이터 계획이 포함되어 있다. 포스트 게놈 다부처 유전체 사업[218]에 대해서 살펴보면 주관 부처는 7개 부와 청(과학기술정보통신부, 보건복지부, 산업통상지원부, 해양수산부, 농림 축산식품부, 농촌진흥청, 산림청)으로 구성되어 있다.

총 사업기간은 총 8개년(2014~2021년)이며 총사업비는 5,788억 원으로 진행되고 있다. 보건복지부 주관으로 개인별 맞춤의료를 실현하기 위한 질병진단치료법 개발과제가 진행되고 있다. 농림축산식품부, 농촌진흥청, 산림청, 해양수산부 주관으로는 동식물, 해양생물 등 유전정보를 활용한 고부가가치 생명자원개발 사업이 진행되고 있다. 그리고 과학기술정보통신부, 산업통상자원부 주관으로는 유전체 분석 기술 등 연구 기반 확보 과제가 진행되고 있다.

다부처 공동연구 사업을 통한 성과 극대화를 위해서 질병기전 규명 유전체 연구와 호스트 마이크로브 인터랙션Host-Microbe Interaction을 규명하고 있다. 또한 인간 게놈 표준지도 작성, 국제협력 공동연구, 유전체 전문인력 양성을 활발하게 진행하고 있다. 다부처 유전체 사업의 성과 목표는 진단치료법 8건 개발과 유용유전자원 30건 발굴을 통해서 세계 5위권 연구 역량 확보에 있다.

게놈 인프라넷 시스템GINs은 2014년부터 범부처 차원에서 시작된 '포스트 게놈 다부처 유전체 사업'에서 생산된 모든 유전체 정보를 통합 관리하는 시스템이다. 포스트 게놈 다부처 유전체 사업은 유전체 연구를 통한 국민건강 증진과 산업화 연계 시스템 구현을 목표로 2014~2021년까지 세 가지 미션을 수행한다. 첫째, 맞춤의료 및 예방의료 구현을 위한 예방, 진단, 치료기술 개발이다. 둘째, 동식물 해양생물 등 유전정보를 활용한 고부가가치 생명자원 개발이다. 셋째, 유전체 원천기술 및 고도의 정보분석 기술확보, 인력양성, 국제협력이다.

또한 정부 7개 부처(과기정통부, 보건복지부, 산업부, 해수부, 농림축산부, 산림청, 농진청)의 다부처 유전체 과제에서 생산되는 유전체 정보는 일차적으로 연구자들이 해당 부처의 정보센터에 등록을 하고 각 부처 정보센터는 등록된 유전체 정보를 국가생명연구자원정보센터KOBIC로 등록이 된다.

국가생명연구자원정보센터는 각 부처 정보센터에서 등록된 유전체 정보를 위한 통합 시스템인 게놈 인프라넷 시스템GINs을 구축

포스트 게놈 다부처 유전체 사업 구도[219]

포스트 게놈 다부처 유전체 사업				
인간유전체	농생명자원	해양생명자원	기초·원천	기반·산업화
복지부 (1,577억 원)	**농식품부·농진청·산림청** (1,116억 원)	**해수부** (672억 원)	**과기정통부** (1,513억 원)	**산업부** (910억 원)
- 인간유전체 이행연구 사업 - 유전체 이행연구 지원 사업 - 한국인 유전체 연구지원 정보생산 및 활용 사업	- 산업화 지원 미생물 유전체 전략연구사업 - 밀레니엄 농생명자원 유전체해독ㅅ·업 - 산림자원 유전체해독사업 - 농림축산식품 바이오 정보 고도화 사업	- 해양생물 유전체 연구 및 활용 - 수산생명자원 유전체 연구	- 유전체 정보분석 공동 연구 기반 구축사업 - 유전체 미래 원천기술 개발 사업 - 미래 유전체 연구 인프라 고도화	- 유전체 산업 비즈니스 클러스터 구축 - 유전체 핵심기술 개발 및 표준화 - 유전체 비즈니스화를 통한 신시장 창출

공동연구 사업
질병기전 규명 유전체 연구 · 인간게놈 표준지도 작성 · 국제협력 공동 연구 · 유전체 전문인력 양성

했다. 게놈 인프라넷 시스템GINs을 통해서 등록된 유전체를 유전체 연구자 및 산업체에서 활용할 수 있는 서비스를 제공하고 있다. 따라서 국가생명연구자원정보센터는 5개 부처 정보센터와 긴밀히 협력하고 있으며 데이터의 등록을 위해서 표준작업절차서SOP, Standard Operation Protocol를 지정했다. 이를 기준으로 각 부처정보센터로부터 유전체 정보를 이관받고 있다.

국가생명연구자원정보센터는 유전체 정보 활용을 위하여 바이오 익스프레스Bio-Express라는 클라우드 기반의 유전체 정보 분석 서비스를 제공하고 있다. 바이오 익스프레스는 유전체 타입별 분석 방법에 따라서 다양한 분석 파이프라인을 제공하고 있으며 대용량 데이터의 업로드를 위해서 초고속 파일전송 프로그램인 KoDS를 개발하여 제공하고 있다.

대한민국의 다양한 형태의 지식 공동체가 있다. 특히 헬스케어 관련 부분에는 많은 정보를 얻을 수 있는 데이터베이스가 존재한다. 정부에서 제공하는 공공 데이터베이스와 단체 및 조합에서 제

공하는 데이터베이스가 있다. 4차 산업혁명 시대에 맞추어서 '데이터 기반-헬스케어' 혹은 '증거 기반 헬스케어'의 키워드에 맞추어서 제공하는 다양한 데이터베이스를 활용하면 좋을 것이다.

헬스케어 산업 관련 지식 데이터베이스

대한민국의 정부 기관 중에서 보건복지부, 과학기술정보통신부, 중소벤처기업부 산하의 진흥원은 우리나라 기초과학기술 발전 및 산업활성화의 밑바탕이 되는 많은 정보 및 성장의 밑거름을 제공하고 있다. 보건복지부 산하에 있는 보건산업진흥원[220] 웹페이지에는 정말로 풍부한 정보를 포함하고 있다. 보건사업에 대한 글로벌 동향, 보건의료 연구개발 성과 및 각종 보고서, 국가지원 연구과제 및 지원사업에 대한 정보를 얻을 수 있다.

헬스케어 관련 지식 데이터베이스 활용 가능한 기관 및 웹페이지[221]

또한 보건산업혁신창업센터[222] 헬스케어 관련 창업에 대해서 A부터 Z까지 전반적인 과정에 대한 해결책을 제안해주고 지원해주고 있다. 예를 들어 사업화 유망기술 발굴, 분야별 전문가 상담, 사업화 컨설팅, 투자자 연계, 글로벌 비즈니스 네트워킹 구축 등을 통해 헬스케어 관련 창업에 많은 지원을 해주고 있다. 많은 분들이 잘 알고 있는 코트라KOTRA[223]와 한국무역협회KITA[224]의 경우에도 디지털 헬스 및 다양한 헬스케어 관련 인사이트와 미래 기회에 대한 정보들을 공유해주고 있다.

이러한 정부에서 지원해주는 기회들을 잘 활용하면 4차 산업혁명 시대에 걸맞는 헬스케어 스타트업의 확산에 큰 도움이 될 것으로 생각된다. 과학기술정보통신부 산하에는 정부지원 국책연구과제들에 대한 정보를 얻을 수가 있다. 예를 들어 과학기술일자리진흥원[225]에서는 과학기술정보통신부 연구성과 중 유망한 기술을 발굴해 기술 컨설팅 및 추가 연구개발 등을 통해서 연구성과의 기술 사업화를 장려해주고 있다. 미래기술마당[226]은 정부출연 연구소, 대학 등 사업화 유망기술과 연구산업에 대한 기업정보, 기술 시장 정보, 정부 지원사업 정보를 통합하여 제공함으로써 산업계로의 기술활용 촉진에 기여하기 위한 온라인 정보 서비스이다.

특히 기술 분야별 사업화 유망기술과 수요기업 간의 기술매칭과 기술사업화를 지원하고 있다. 미래로[227]는 4개의 과학기술 특성화 대학 카이스트, 울산과학기술원, 광주과학기술원, 대구경북과학기술원의 연구개발 우수 성과기술을 선별하여 수용 기업에게 기술정보를 제공하는 통합 데이터베이스 시스템이다. 특허정보 기술패기지, 기술 마케팅 심층 기술 소개, 그리고 기술인력정보도 함께 제공한다. 각종 학회 및 협회에서는 헬스케어 산업의 정책, 규제, 산업체 간 협력구도 등에 대한 정보를 얻을 수 있다.

닥터 앤서 프로젝트

닥터 앤서는 한국형 인공지능 기반 의사이다. 의료 빅데이터를 통해 의사의 진단과 치료를 지원해준다. 무엇이든 다 대답해주는 인공지능 닥터라는 의미에서 닥터앤서로 이름이 지어졌다. 여기서 언급한 다양한 의료 빅데이터는 진단정보, 의료영상, 유전체 정보, 생활 패턴 등이 포함될 수 있다. 이러한 다양한 의료 빅데이터를 연계하고 분석하여 개인 특성에 맞는 질병 예측, 진단, 치료 등에 대한 지원을 해주는 서비스이다.

정부 지원 개발비는 3년간 총 357억 원이 투입될 예정이다. 이 프로젝트는 인공지능 기반 의료 빅데이터의 통합과 연계 기술이 중심이다. 또한 8대 질환인 유방암, 대장암, 전립선암, 심뇌혈관질환, 심장질환, 뇌전증, 치매, 소아희귀난치성유전질환에 집중할 예정이다. 조금 더 자세히 설명하면 세 가지로 구분된 추진 전략이 있다.

첫째, 의료정보가 학습 가능한 빅데이터 구축이다. EMR, PACS, 유전체 데이터 등을 통한 빅데이터 생성, 통합, 분석하기 위한 모듈로 구성된다. 총 1만 1,300여 명의 데이터를 확보할 예정이다. 세부적으로는 진료 1만 100건, 영상 데이터 1만 6,800건, 유전체 데이터 4,200건, 생활습관 3,000건 등이다.

둘째, 8대 질환의 예측·예방, 분석·진단, 치료, 예후관리·모니터링에 대한 단계별 인공지능 프로그램을 개발한다. 세부적으로는

예측·예방 관련 4건, 분석·진단 관련 10건, 치료 1건, 예후 3건 등
이다.

셋째, 의료 빅데이터 통합 시각화 프로그램 개발이다. 수술 전 교
육 훈련 및 수술 후 재활 치료 등에 활용 가능한 의료 빅데이터 통
합 프로그램 3건 개발을 목표로 한다.

한국형 정밀의료 서비스 닥터 앤서는 다양한 의료 데이터를 연
계 및 분석하여 개인 특성에 맞는 질병 예측, 진단, 치료 등을 지

닥터 앤서 프로젝트 개요[228]

원하는 서비스이다. 정밀의료 병원정보시스템과 연계하여 한국형 정밀의료 서비스를 높일 예정이며 의료 SW 신시장 창출 및 의료비 절감의 가능성을 제공할 것으로 기대된다. 1차 연도(2018년)에는 3개 이상의 질환 시제품을 개발하고 2차 연도(2019년)부터 국민 체감형 서비스를 제공할 계획이다. 실질적인 연구결과가 임상에 활용되기 위해서는 데이터에 대한 확보가 해결되어야 한다.

국내에서는 개인정보보호법과 생명윤리법 등에 따라서 의료정보의 병원 외부 유출이 매우 힘들다. 또한 병원 내에서도 임상시험 심사위원회IRB의 승인을 받고 연구용으로만 사용이 가능하다. 따라서 병원별로 보유한 의료 데이터의 포맷을 표준화해야만 빅데이터로 통합할 수가 있다. 중요한 점은 의료 데이터 간의 연결성이 매우 중요하며 양보다는 질적인 측면과 의미 있는 의료 빅데이터의 전처리 기술이 매우 중요하다.

5장

헬스케어 생태계의
변화와 새로운 기술

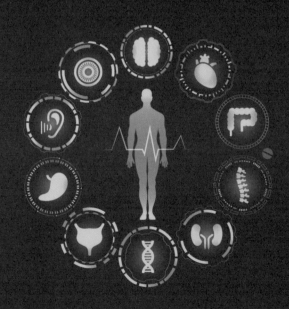

4차 산업혁명과 의료 관련해서는 다양한 형태의 기업들과 비즈니스 모델의 전환이 진행되고 있다. 스타트업은 크게 네 가지 정도로 요약될 수 있다. 첫째, 디지털 기반으로 한 수술과 재활 관련 기술 보유 기업. 둘째, 데이터 기반의 디지털 헬스케어 솔루션 기업. 셋째, 인공지능 기반의 영상 이미지 분석 기술 보유 기업. 넷째, 데이터 기반의 체외진단 분석 기술 보유 기업. 다섯째, 인공지능 기반 신약개발 기업으로 구분할 수 있다.

디지털 수술 관련 기업

디지털 수술에서 수술 전단계PRE-OP 수술 계획 관련 3D 영상 재구성 및 인공지능 활용 영상 이미지 분석 기술 보유 기업들, 수술 중에 로봇을 이용해서 최소 침습 수술을 할 수 있는 기술 보유 기

디지털 수술 관련 기업[229]

업들, 수술 후 재활에 도움을 줄 수 있는 기술을 보유한 기업들이다. 티엔알바이오팝T&R Biofab[230]은 3D 프린팅 관련 토털 솔루션을 가진 기업으로 3D 프린팅 기기, 바이오 잉크, 프린팅에 사용되는 프로그램 기술도 함께 보유하고 있다. 개인 맞춤형 치료에 데이터 기반으로 다양한 솔루션을 제안하고 있다.

큐렉소[231]는 하지재활로봇, 중재시술로봇, 인공관절 시술로봇, 자연분만유도기를 보유하고 있다. 미래 컴퍼니[232]는 복강경 수술용 로봇을 보유하고 있다. 고영테크놀로지[233]는 3D 뇌수술용 로봇 관련 기술과 제품을 가지고 있다. 엑소시스템즈는[234] 기존의 근골격 재활 기능의 장비들과는 다르게 관절 부위의 재활운동을 활성화시키고 전기자극을 통한 치료 기능을 갖고 있다. 또한 근전도 신호 측정 등 다양한 기능을 동시에 제공하는 편리성을 제공하고 있다. 또한 재활 프로그램이 내장된 태블릿 PC를 함께 제공함으로써 하드웨어의 기능성과 함께 언제 어디서든지 편리하게 재활 운동을 수행할 수 있다. 그리고 운동 능력 향상 관련 데이터를 분석한 후 인사이트를 제공하는 장점이 있다.

토닥Todoc[235]은 반도체 미세공정을 이용해서 가격경쟁력이 있는 인공와우 기술과 제품을 보유한 기업이다. 높은 해상도의 신경전극을 가지고 있고 귓속형 어음처리기를 가지고 있기 때문에 난청인들에게 큰 희망을 주는 제품이다.

디지털 헬스케어 솔루션 관련 기업

뉴아인[236]은 전기 자극으로 각막의 신경을 자극해 안구건조증을 치료하거나 각막 상피세포 재생 기술을 보유하고 있다. 전기자극 기술과 세포 재생 및 신경자극 간의 상관관계를 임상적으로 규명하고 기술 사업화를 하는 유망 스타트업이다. 향후 신경조절술 기술을 통해 연구개발을 넓혀가고 있다. 존슨앤드존슨에서 실시한 퀵파이어챌린지에서 상을 받았다.

지파워[237]는 사물인터넷 기반의 피부 측정 기기로 데이터 기반의 헬스케어 산업에서 우위 역량을 가진 기업이다. 피부 수분도를 측정하고 그 데이터 기반으로 개인 맞춤형 피부보습 제품에 대한 연

디지털 헬스케어 솔루션 기업

결성을 찾을 수 있다. 또한 아토피 질환에 대한 진단 및 예후 예측에 대한 임상시험을 진행 중에 있다. 지파워는 존슨앤드존슨의 퀵파이어챌린지에서 상을 받았다.

스카이랩[238]은 손가락의 혈류 흐름을 분석해 불규칙한 심장 전기적 신호에 대한 데이터를 분석하는 기술을 가지고 있다. 인공지능 알고리즘을 적용해서 종합적인 심장질환 예측 솔루션 기술을 갖고 있다. 여러 글로벌 기업의 스타트업 경진대회에서 러브콜을 받았다. 바이엘 스타트업 경진대회에서 상을 받았다.

아이메디신[239]의 아이싱크브레인iSyncBrain은 설문과 뇌파의 분석 정보 관리와 함께 뇌 기능평가 서비스, 정신질환 진단 지원 서비스, 이해하기 쉽게 설명할 수 있는 통합분석결과지 제공 등의 연계 서비스를 제공한다. 이를 통해 데이터 중심 근거 기반 의료 서비스와 일반인 자가 뇌 건강관리 서비스를 하고 있다.

디지털 영상진단 기술 관련 기업

영상 이미지 관련 솔루션 제공 기업들은 특히 인공지능과 빅데이터의 융합이 많은 분야이다. 우리가 잘 알고 있는 영상진단(엑스레이, CT, MRI, 초음파 등)에 대한 새로운 혁신적인 분석기기와 그 기기에서 나온 영상들은 분석하는 기술을 보유한 업체들이다. 삼성메디슨, 제노레이, 바텍, 알피니언 등은 엑스레이와 초음파 진단기기를 제공하고 있고 영상 분석 소프트웨어에 인공지능 기능을 추가적으로 삽입하고 있다. 인공지능 관련 스타트업 중에서 루닛[241]과 뷰노[242]가 많은 성과를 보여주고 있다. 루닛과 뷰노는 영상진단

디지털 영상진단 기술 기업[240]

에서 얻어진 이미지 분석에 인공지능을 도입하여 의사가 임상 결정을 할 때 도움이 될 결과를 제공해주고 있다.

뷰노의 기술은 엑스레이 이미지를 통해서 뼈의 나이를 예측해 주거나 CT 이미지를 통해서 폐 결절과 암 조직을 구분해주고 안구 질환과 퇴행성 신경질환을 예측해주는 솔루션을 가지고 있다. 이 기술은 모두 인공지능 기반의 영상 분석 기술과 딥러닝 기술이 접목된 융합 기술이다. 루닛은 뷰노와 유사하지만 심장 기능, 유방 질환 진단, 디지털 병리(유방암, 폐암, 대장암 등)에 대한 정밀의료 데이터를 제공하고 있다.

메디픽셀[243]은 인공지능 기술을 활용해 심혈관 중재 시술에서 시술 도구를 추천하고 제어하는 기술을 가지고 있다. 뉴로핏[244]은 인공지능 기술을 기반으로 개인 맞춤형 뇌 자극 효과 시뮬레이션 기술을 통해서 환자 개개인에게 더 정밀한 뇌자극을 전달할 수 있다. 이 기술은 MRI 영상 이미지를 바탕으로 딥러닝을 통해서 실제와 유사하게 3차원 모델링한 후 자극할 뇌 부위를 정확히 안내해준다. 이 기술은 뇌졸중 재활, 치매 예방, 우울증 치료에 활용된다.

체외진단 분석기기 관련 기업

체외진단 기술은 4차 산업혁명 관련해서 융복합 기술 응용의 좋은 예이다. 혈액에 존재하는 다양한 생화학 물질, 단백질, 유전자, 세포 등에 대한 분석과 그 데이터를 통해서 의학적인 소견을 제공할 수 있다. 4차 산업혁명 관련 빅데이터, 인공지능, 바이오 센서 기술 등이 종합된 분야이다.

마크로젠[246]의 경우는 개인유전체 분석 서비스를 통해서 질병 감수성(암, 일반질환), 약물 반응성, 신체특성(탈모, 피부 민감성 등)을 제공한다. 추가적으로 반려동물의 유전자 검사 서비스를 통해 유전질환 조기 예측, 예방관리, 건강한 번식, 개체 식별을 통한 분실 방지 등을 제공한다.

바이오스퀘어[247]는 퀀텀닷Quantum Dot이라는 형광 나노입자를 통해서 질병 유발 단백질들을 분석해 고민감도의 질병진단 플랫폼 기술을 보유한 기업이다. 나노기술과 바이오 기술을 잘 융합한 4차 산업혁명 시대의 좋은 예시라고 할 수 있다.

옵토레인[248]은 기존의 반도체 기술을 바이오 의료진단에 적용한

체외진단 기업[245]

싸이토젠

마크로젠

토모큐브

옵토레인

노을

바이오스퀘어

나노엔텍

퀀타메트릭스

기업이다. 기존 반도체 기반 센서(CMOS 이미지 센서) 기술을 활용한 유전자 진단 플랫폼이다. 정교한 반도체 기술을 활용해서 더 많은 종류의 유전자를 정량적으로 진단할 수 있다. 4차 산업혁명 시대에 산업계의 경계를 허물고 새로운 융합을 창출해낸 혁신적인 기업이라고 할 수 있다.

토모큐브[249]는 홀로그램의 기술을 세포진단에 활용한 혁신적인 예라고 할 수 있다. 세포 정보를 기존 2차원에서 3차원으로 분석하여 의학적으로 가치 있는 정보를 제공해준다. 형광 기반의 세포 분석과 형광물질 없이도 세포 분석이 가능하기 때문에 살아 있는 형태의 세포 이미지 및 동영상 분석이 가능하다. 세포의 3차원 분석 정보와 인공지능 기술이 융합되어 신약개발에 매우 의미 있는 정보를 얻을 수 있다. 기존에 형광염색을 통해서 세포를 분석할 때는 세포가 오랫동안 살아 있지 못했다. 하지만 토모큐브가 개발한 현미경은 세포가 자연적으로 죽을 때까지 지속적으로 관찰할 수 있다. 세포가 어떠한 작용을 해서 사멸하고 증식하는지 실시간으로 알 수 있다.

싸이토젠[250]은 혈액에 존재하는 혈중종양세포CTC, Circulating Tumor Cell를 분리하고 분석하는 기술을 가지고 있다. 또한 반도체 공학, 전자공학, 광학, 바이오공학 등 융합 기술이 모여서 암세포를 분리하고 분석하는 기술을 가지고 있다. 추가적으로 항암제의 치료 효과 분석이 가능하다. 다시 말해서 개발 중인 신약 후보물질이 어떠한 항암 효능을 보이는지 분석할 수 있다. 그리고 암 신규환자와 재발환자에게 적절한 항암제를 찾아주는 임상학적 근거를 제공한다. 이 회사의 기술은 개인 맞춤의료에 매우 중요한 기초가 될 것으로 예상된다.

인공지능 신약개발 관련 기업

인공지능의 기초 역량은 대형 IT 기업들로부터 시작이 되었다. 특히 IBM의 왓슨에서 시작되었고 마이크로소프트에서도 인공지능 관련 기술 개발이 진행되었다. 그 후 중국기업인 텐센트, 알리바바, 바이두 등이 헬스케어 관련해서 인공지능과 관련된 다양한 분야에 뛰어들기 시작했다. 그러한 활동과 함께 글로벌 헬스케어 기업들은 인공지능 기술을 기반으로 한 신약개발 플랫폼 기술 기반의 바이오텍 회사들과 협력을 진행하게 되었다.

베노볼런트AI_{BenovolentAI}[252]는 2013년에 영국에 설립된 인공지능 및 딥러닝 기반 기술을 가진 기업이다. 30초마다 출간되는 연구과학 논문의 방대한 데이터베이스를 검색해서 가설을 검증하고 새로운 인사이트를 제공해서 과학적인 혁신을 이루도록 도와주는 플랫폼 기술을 가지고 있다. 현재는 존슨앤드존슨과 파트너십을 유지하고 있고 루게릭병 관련 치료제 개발에 대한 연구를 진행하고 있다.

엑사이언티아_{Exscientia}[253]는 2012년에 스코틀랜드에 설립된 회사로 기존 신약 후보물질 찾는 시간의 4분의 1 정도로 단축해서 신약 후보물질을 찾아주고 있다. 현재 글락소스미스클라인 및 사노피와 함께 공동연구를 진행하고 있다. 기존 신약 후보물질 데이터베이스, 관련 논문, 그리고 실험자료 등을 통해서 신약 후보물질을 제안해준다. 추가적으로 IT 기업인 텐센트와 바이두와도 협력하고 있다.

아톰와이즈_{Atomwise}[254]는 2012년 미국에서 설립됐는데 유기화학

인공지능 기반 신약개발 기업[251]

인공지능 기술 회사	제약 회사	IT 기술 회사

합성물 데이터베이스에서 딥러닝 신경망 네트워크 기반 기술을 가지고 신약 후보물질 발굴을 하고 있다. 특히 결합친화력이나 독성검사 등을 통해서 신약 후보물질을 발굴하고 있다.

크탈파이XtalPi[255]는 2012년 MIT에서 스핀오프된 기업으로 정해진 신약 후보물질의 약리효과 생리화학적 효과를 예측해준다. 또한 인공지능을 통해서 후보물질의 엑스레이 결정구조를 제안해주고 있다.

에이아이큐어AiCure[256]는 2010년에 미국에서 설립된 기업으로 인공지능을 활용하여 처방받은 약물을 제대로 투여했는지를 시각적으로 확인하는 솔루션을 보유하고 있다. 특히 임상시험에서의 위험도를 줄여주거나 환자 행동을 최적화할 수 있도록 하는 스마트폰 기반의 플랫폼이다.

국내의 경우는 한국제약바이오협회[257]와 한국보건산업진흥원[258]이 협력하여 인공지능 신약개발 지원센터를 개소했다. 보통 신약개발하는 데 10~15년 동안의 기초 및 임상연구를 진행해야 한다. 기초 연구 단계에서 인공지능을 이용해 신약 분자구조 디자인을 최적화하거나 기존 분자들과 단백질 간의 상호작용을 시뮬레이션해볼 수 있어 신약개발 시간과 비용을 줄일 수 있다. 국내 중견 제약회사들 GC녹십자, 보령제약, JW중외제약, 대웅제약, 일동제약 등 24개 제약사들이 TF를 만들어서 지원하고 있다. 또한 한국화합물은행Korea Chemical Bank[259]과 국내 벤처 기업인 파로스 IBT와 웹 기반 신약소재 화합물 통합 데이터베이스를 구축하고 있다.

한국화합물은행은 국내에서 합성되는 유기화합물과 천연물 관련 정보를 범국가적인 차원에서 관리하는 기관이다. 2000년에 만들어져 약 55만 종의 화합물을 수집하고 관리하고 있다. 2019년 기준 국내 기업, 학교, 연구소 등과 770건 이상의 신약개발 연구 및 줄기세포 분화연구 등에 활용되고 있다. 앞으로 75만 종의 화합물 데이터베이스를 목표로 운영될 예정이다.

사례를 보면 골다공증, 비만·당뇨, 정신분열증, 황반변성, 에이즈 치료 신약 후보물질을 도출했다. 지방세포 선택적 및 혈관 선택적 형광표지제와 줄기세포 분화촉진제에 대한 후보물질도 도출했다. 신약 후보물질의 방대한 데이터베이스에서 인공지능을 활용하면 효율적으로 연구개발이 될 수 있을 것이다.

신약개발 차세대 기술 보유 업체

국내 신약개발 바이오텍 회사는 지속적인 성장 과정 속에 있다. 전통적으로 화합물을 합성하고 특정 질환에 대한 신약 후보물질 연구를 하는 기업이 있다. 신약재창출Drug repositioning을 통해서 기

한국화합물은행 제공 가능한 라이브러리 종류[260]

대표 라이브러리
화합물 수 : 6,560 종
농도(평균) : 5mM
양 : 5uL

전체 화합물을 대표하는 라이브러리,
순도 및 분자량 검증 (LC/MS)
2014년 대표 화합물 라이브러리 신규 구성

임상화합물 라이브러리
화합물 수 : 2,150 종
농도(평균) : 5mM
양 : 5uL

임상 I~III아 단계 화합물 및 승인 약물

천연물 라이브러리
화합물 수 : 1,020 종
농도(평균) : 5mM
양 : 5uL

단일성분 천연물 및 천연물 유사골격
구조의 화합물

버추얼 스크리닝
화합물 수 : 협의
농도(평균) : 5mM
양 : 5uL

화학정보학 및 분자모델링 방법을 적용한
가상탐색, 타깃 연구 관련 별도 협의 필요

전체 라이브러리
• 화합물 수 : 55만 종
• 농도(평균): 5mM
• 양 : 5ul
• 전체화합물 라이브러리

카이네이즈 라이브러리
화합물 수 : 3,000 종
농도(평균) : 5mM
양 : 5uL

분자모델링 방법을 적용하여 카이네이즈
타깃 액티브 사이트에 결합할 가능성이
높은 화합물

분자 조각 라이브러리
화합물 수 : 1,000 종
농도(평균) : 20mM
양 : 5uL

분자량 300 이하 라이브러리, 순도 및
분자량 검증 (LC/MC)

지피씨알(GPCR) 및 피피아이(PPI) 라이브러리
화합물 수 : 각 10,000 종
농도(평균) : 5mM
양 : 5uL

ChemDiv사 선별 구매 화합물

약효 분자 집합체
화합물 수 : 요청 개수
농도(평균) : 5mM
양 : 5uL

요청골격으로 선별 구성한 화합물

존에 임상적으로 약물 효과가 검증되어 안전성이 확인된 약물들의 새로운 적응증을 발굴함으로써 신약개발의 효율화를 하는 방법이다. 주로 목표로 하는 약물 후보 분자들, 특정 질병 유발 단백질, 약물과 단백질 간의 상호작용 등의 분석 및 해석 과정을 데이터 기반으로 재해석한 뒤에 새로운 후보물질을 찾는 방법을 연구하고 있다.

그리고 줄기세포를 이용한 재생의학 치료제 연구, 면역항암 세포 치료제 연구, 세포에 잘 들어가는 항체 플랫폼 기술을 통한 항암제 연구, 유전자 편집 기술을 이용한 새로운 치료제 연구, 항암 바이러스를 이용한 암치료, 차세대 약물전달 기술을 이용한 기술, 단백질 저해가 아닌 질병유발 단백질 분해 기술을 이용한 신약개발, 차세대 진단 기술과 그에 맞는 동반진단 및 개인 맞춤의료 기술 개발 등이 활발하게 이루어지고 있다.

표적단백질 분해 플랫폼 기술

기존 약물은 질병을 일으키는 단백질의 기능을 떨어뜨려 치료를 하는 반면에 표적단백질 분해PROTAC, proteolysis-targeting chimeras 기술은 질병 유발 단백질을 제거 혹은 분해한다. 자연상에서 일어나는 세포 내 단백질 분해 시스템을 활용하는 기술이다. 앞에서 언급한 것처럼 기존 약물은 질병 유발 단백질의 기능을 저해하기 위해서 특

국내 신약개발 바이오텍[261]

정 위치에 결합해야 한다. 하지만 프로탁 분자는 질병 유발 단백질의 어느 부위에 결합하더라도 효과를 나타낼 수 있다. 기존에 약물 타깃으로 하기 어려웠던 신규치료제 발굴 불가 표적단백질을 제거 (분해)할 수 있기 때문에 약물에 대한 내성이 있거나 불치병 치료제의 개발에 가능성을 엿볼 것으로 예상하고 있다.

프로탁은 세 가지 형태의 분자구조를 가지고 있어야 역할을 할 수 있다. 첫 번째 부분은 질병 유발 단백질에 붙을 수 있는 부분을 가지고 있어야 하며 E3 효소에 붙을 수 있는 부분을 가지고 있어야 하고 두 부분을 연결하는 링커를 가져야 한다. 따라서 물리적으로 떨어져 있는 질병 유발 단백질과 E3 효소가 가깝게 위치할 수 있도록 프로탁 분자가 역할을 해야만 약효가 있다. 약물 효과를 나타내기 위해서는 복잡성이 기존의 단백질 저해제보다 높기 때문에 고려해야 할 부분이 많은 것이 도전이라고 할 수 있다.

프로탁의 구조는 단분자 화합물치고는 크고 복잡한 구조를 가지고 있기 때문에 인공지능을 이용한 분자 시뮬레이션과 엑스레이 결정 구조학을 이용하여 기초 데이터를 모으고 있다. 다음의 프로탁 분자는 전립선암, 백혈병과 같은 혈액암 치료에 대한 예시이다.

현재 글로벌 제약회사인 존슨앤드존슨, 화이자, 글락소스미스클라인, 아스트라제네카, 엠에스디MSD, 노바티스, 셀젠, 제넨텍, 로슈 등이 프로탁 기술을 이용하여 기존에 신약개발이 어려운 분야에 연구를 하고 있다. 알츠하이머 혹은 항암제 내성이 있는 암의 치료제 개발에 기대를 걸고 있다. 또한 글로벌 제약회사와 바이오텍들과 함께 기술 개발에 많은 활동들을 하고 있다. 한국기업인 유빅스 테라퓨틱스와 핀테라퓨틱스도 프로탁을 이용한 신약개발에 많은 연구를 진행하고 있다.

프로탁을 통한 타깃 단백질 분해[262]

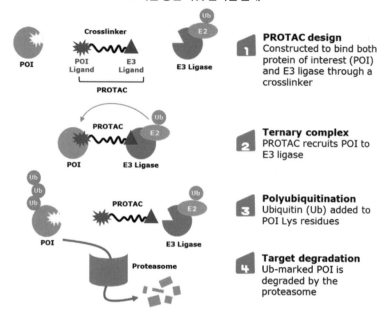

PROTAC design
Constructed to bind both protein of interest (POI) and E3 ligase through a crosslinker

Ternary complex
PROTAC recruits POI to E3 ligase

Polyubiquitination
Ubiquitin (Ub) added to POI Lys residues

Target degradation
Ub-marked POI is degraded by the proteasome

프로탁 분자구조 예시[263]

Estrogen receptor-alpha (ERα) degrader

Bromodomain4 (BRD4) degrader

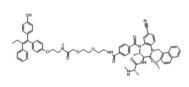
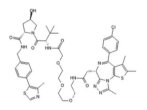

프로탁 기술 개발 글로벌 제약회사 및 바이오텍[264]

헬스케어 산업 혁신 생태계 조성

디지털 헬스케어 생태계에는 매우 다양한 형태가 존재한다. 치료의 관점에서 출발한 기업이 있고 예방 및 진단 관점에서 출발한 기업이 있다. 그리고 관리 및 모니터링 기반의 구성원들이 존재한다. 그중에서 글로벌 헬스케어 기업들 중에서 대표적인 세 개의 기업(존슨앤드존슨, 노바티스, 바이엘) 디지털 헬스케어 생태계를 군건하게 다지는 역할과 스타트업들을 육성하는 인큐베이터 혹은 액셀러레이터 역할을 하고 있다.

존슨앤드존슨 그룹에서 이노베이션을 담당하는 조직인 존슨앤드존슨 이노베이션 산하 기관인 제이랩스JLABS는 전세계에 10곳이 있다. 2019년 기준 약 470여 개의 스타트업이 관계를 맺고 있다. 신약개발, 의료기기, 진단기기, 컨슈머 제품, 융합 기술, 디지털 헬스케어 등 다양한 분야의 헬스케어 스타트업 기업들에게 다양한 활동들을 제공하고 있다.

약 6년 동안 퀵파이어챌린지QuickFire Challenge[266]라는 스타트업 경진대회를 진행하고 있다. 이러한 경진대회를 통해서 선정 업체에게 다양한 지원을 해준다. 가장 큰 장점은 글로벌 헬스케어 회사인 존슨앤드존슨이 보유한 헬스케어 산업의 전문성을 전달받는 기회를 얻을 수 있다. 예를 들어 헬스케어 생태계를 구성하는 이해관계자들(병원, 대학교, 연구소, 산업계 등)과의 다양한 협력 기회를 준다.

그리고 스타트업이 필요한 전략적 투자자들에게 소개 및 제안을 해주며 다양한 교육 프로그램을 지원해준다. 교육 프로그램은 스타트업이 원활하게 성장할 수 있도록 전략, 인사, 법무, 특허, 연구개

디지털 헬스케어 관련 글로벌 헬스케어 기업[265]

Johnson & Johnson
존슨앤드존슨 그룹

INNOVATION | JLABS
이노베이션 제이랩스

BIOME 바이옴
Digital Innovation Lab by Novartis
노바티스 디지털
이노베이션 랩

Grants4Apps
바이엘
그랜트포앱스

발 등에 대한 전략적인 방향성 제시와 실질적인 연구개발 협력 기회도 제안해주고 있다. 또한 전세계 10곳에 위치하고 있는 제이랩스[267]라는 스타트업 인큐베이션 센터나 한국에 있는 서울 바이오 허브[268]에 입주 기회를 제공해준다.

노바티스에서 오픈한 바이옴BIOME[269]은 미국 캘리포니아주 샌프란시스코에 있고 디지털 헬스케어 회사들과 파트너십을 만들고 있다. 바이옴 역시 존슨앤드존슨 인큐베이터와 유사하지만, 디지털 헬스에 집중되어 있는 인큐베이터로서 스타트업들에게 훌륭한 입주 공간과 다양한 멘토십과 지원 프로그램들을 제공한다.

빅데이터와 머신러닝을 활용하여 종양과 같은 질병을 더 정밀하게 치료할 방안들을 찾고 있다. 이러한 디지털 기술들을 통해 신약 개발에 활용하고 환자 및 의사를 포함한 다른 헬스케어 생태계 이해관계자들에게 데이터 기반의 헬스케어 시스템을 개선하는 데 도움을 주고 한다.

노바티스의 바이옴은 '리얼 월드 데이터'를 기반으로 해서 글로벌 제약회사인 노바티스와 '플러그인-앤드-플레이' 및 글로벌 바이오텍들과의 연결고리도 제공한다. 이러한 협력 과정 속에서 트랜스포머티브 이노베이션과 비약적 발전이 일어날 수 있도록 디지털 헬스 사업 모델과 혁신적 기술 등을 활용할 기회를 제공해준다.

바이엘의 경우에는 그랜트포앱스(Grant4Apps Korea; G4A 코리아)[270]라는 프로그램을 통해서 코트라와 함께 뛰어난 기술을 보유한 스타트업을 대상으로 디지털 헬스케어 관련 사업개발 및 국내외 시장 진입을 지원한다. 더 혁신적인 디지털 헬스케어 솔루션을 제공하고 스타트업과 동반 성장하기 위해서 만들어진 프로그램이다.

이 프로그램은 코트라와 2017년 이후 매년 진행하고 있다. 바이엘 코리아는 다른 인큐베이터와 유사하게 선정된 스타트업에게 사무공간 사용 권한을 부여하고 연구개발, 임상, 인허가, 마케팅 등의 다양한 영역에서의 맞춤형 멘토링과 컨설팅을 지원한다. 코트라는 법률, 투자, 디자인 등의 사업 단계에 연관된 외부 전문가와의 1대 1 매칭을 통해서 기술 사업화 및 글로벌 시장에 진출하는 데 도움을 제공한다.

나머지 글로벌 회사들 역시 4차 산업혁명의 키워드인 스마트 융복합 의료기기 및 데이터 기반의 신약개발 관련 활동들을 하고 있다. 메드트로닉 코리아는 충북 오송 첨단의료복합단지에 메드트로닉 이노베이션 센터MIC, Medtronic Innovation Center:[272]를 설립했다. 메드트로닉 이노베이션 센터는 4차 산업혁명에서 중요한 키워드인 스마트 융복합 의료기기 개발과 헬스케어 산업 혁신 생태계 구축을 위한 활동을 하고 있다.

주로 연구기관, 병원, 대학, 각종 의료 관련 학회들과 협력해서 의료 신기술에 대한 교육, 최소 침습 기술 및 로봇 수술 관련 개발, 디지털 헬스케어 관련 모바일 앱, 가상현실, 증강현실 등 디지털 플랫폼 교육 관련 인프라를 제공한다. 추가적으로 헬스케어 산업 혁신 생태계 강화를 위해서 코트라와 함께 스마트 융복합 의료기기 관련 중소 스타트업을 발굴하고 글로벌 진출에 다양한 많은 지

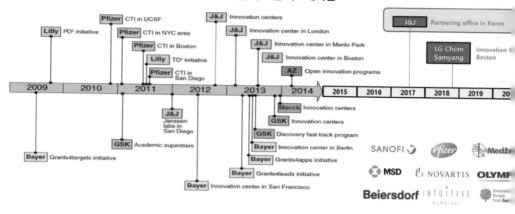

글로벌 헬스케어 기업의 오픈 이노베이션[271]

원을 진행했다.

인튜이티브서지컬코리아는 수술 로봇 다빈치로 유명한 기업이다. 인튜이티브서지컬코리아는 서울 디지털미디어센터 첨단산업센터 안에 수술혁신센터Center for Surgical Innovation를 설립했다.[273] 국내 의료진이 로봇 수술 관련 기술을 트레이닝할 수 있도록 기회를 제공하고 한국에 있는 로봇 수술 관련 이해관계자들이 협업하거나 새로운 영감 등을 발굴할 기회를 얻을 수 있다.

이런 글로벌 기업의 추세와 더불어 한국의 대기업들도 4차 산업혁명의 핵심 분야인 헬스케어 산업의 혁신을 위해서 많은 활동들을 하고 있다. 오픈 이노베이션이라는 화두와 함께 대기업, 중소기업, 스타트업과의 동반성장을 위한 인프라를 구축하고 있다. 삼성그룹은 C-랩 프로그램[275]을 통해서 4차 산업혁명 관련 경제 활성화와 일자리 창출 방안의 하나로 혁신적인 예비 창업가와 스타트업을 발굴해서 성장할 수 있도록 지원하고 국내 스타트업 창업 생태계 강화에 이바지하는 것을 목표로 하고 있다.

육성방안은 두 가지이다. 사내 벤처 육성 프로그램을 통해서 임직원들이 자유롭게 창의적인 아이디어를 실현해볼 수 있도록 지원하고 있다. 현재 약 200여 개의 과제를 지원하고 있다. 추가적으로 사외 스타트업 300여 개 육성을 목표로 하고 있다. 선발된 회사는 삼성전자 서울 R&D 우면 캠퍼스에 마련된 공간에 1년간 무상 입주 권리, 개발 지원금 최대 1억 원 지원, 디자인·기술·특허·세무 등 실질적인 창업 관련 멘토링 진행, CES나 MWC 같은 해외 전시회 참가 등을 지원해준다. 그렇게 해서 삼성전자와의 협력 기회도 제공하고 청년 예비 창업자들을 적극 지원해서 창업 문화를 선도하겠다고 한다.

SK의 경우는 4차 산업혁명과 가장 큰 관련이 있는 SK텔레콤을 주축으로 생태계의 다양한 기업들과의 협력과 상생을 기반으로 선순환되는 생태계를 구성하고자 트루 이노베이션이션true-innovation[276]을 설립했다. 트루 이노베이션도 다른 인큐베이션 센터와 유사하게 트루이노베이션 랩(서울, 대전, 세종, 실리콘밸리, 베이징 등에 위치)을 이용할 수 있는 권리를 제공한다.

국내 대기업의 동반성장과 인큐베이션 모델[274]

회사	계열사	시가총액	생태계 구성·인큐베이션
삼성	62	3,999억 달러	삼성C랩
SK	101	1,890억 달러	트루이노베이션
LG	70	1,230억 달러	LG실리콘밸리랩
포스코	40	800억 달러	포스코 벤처 파트너스
한화	76	600억 달러	드림플러스

또한 다양한 형태의 협력과제를 진행할 수 있고 직간접 투자 지원도 가능하다. 글로벌 네트워크 구축을 위해서 산업계, 액셀러레이터, 투자기관, 대학, 연구기관 등 SK텔레콤이 공유하는 국내외의 글로벌 네트워킹을 공유할 수 있다. 주제는 다양하다. 블록체인, 보안, 데이터 분석 등 디지털 헬스케어와 관련된 부분이 매우 많이 있다. 진행 프로그램은 가상현실 플랫폼 기반으로 사용자 생체신호 기반 감정분석을 하는 기술을 보유한 록시드랩스,[277] 유전정보 기반 정보통신기술ICT 연계 정밀의료 사업 관련의 바이오코아,[278] 가상현실과 증강현실을 통한 시선 추적 기술을 가진 비주얼캠프,[279] 레이저 분광 기술과 딥러닝 알고리즘 기반으로 피부질환 진단 기술을 가진 스페클립스[280]와 협력 관계를 유지하고 있다.

추가적으로 우리나라에는 다양한 인큐베이터와 액셀러레이터들이 헬스케어 스타트업 생태계를 구축하고 활성화하는 데 많은 도움을 주고 있다. 그중에서 대표적으로 3개의 액셀러레이터에 대해서 알아보자. 대표적으로 블루포인트파트너스, 액트너랩, 디지털헬스케어 파트너스를 예로 들 수 있다.

블루포인트파트너스는 밀착형 코칭 프로그램과 새로운 창업 모델 제시 등에 대한 전략적 기획, 전문가 매칭, 시드seed 및 성장 단계별 후속 투자 지원, 국내 및 글로벌 네트워크 연결, 창업 공간 제공, 각종 법무, 재무, 회계 등 회사 운영에 필요한 자문 등을 제공한다. 헬스케어 관련 포트폴리오는 4차 산업혁명에 맞추어 디지털 헬스케어 기술을 기반으로 한 헬스케어 스타트업들과 나노기술을 기반으로 한 약물전달 관련 스타트업, 인공지능 기반의 헬스케어 기업, 로봇 수술 관련 기술 보유 스타트업, 유전체 분석 기반 기술 스타트업, 뷰티 관련 기술 기반 스타트업 등 다양한 포트폴리오를 통해서 국내 헬스케어 스타트업의 활성화에 많은 노력을 하고 있다.

액트너랩은 창업 초기부터 글로벌 시장에 진출할 수 있도록 성장 전략 구축에 도움을 주는 역할을 하고 있다. 특히 미국과 중국을 포함한 전세계를 연결하는 헬스케어 생태계 구축 시스템을 지향하고 있다. 블루포인트파트너스와 유사하게 맞춤형 스타트업 교육 프로그램을 제공하고 액트러랩 자체의 인큐베이션 프로그램도 보유하고 있다. 또한 산학 연계 프로그램 때문에 기술 기반의 스타트업에 최적화된 지원 시스템을 보유하고 있다.

포트폴리오는 헬스케어 응용이 가능한 나노 신물질 기술 보유 기업, 암 수술 기구 관련 의료기기 기술 보유 기업, 나노기술을 활용한 바이오메디컬 분야의 영상진단 기술, 유전자가위 관련 기술 보유 기업, 바이오 센서 기술 보유 기업, 인공지능 기반의 질병관리 시스템 보유 기업, 3D 프린팅 바이오 잉크 관련 기술 보유 기업, 줄기세포 관련 기술 기업도 보유하고 있다.

디지털 헬스케어 파트너스는 디지털 헬스케어 분야의 스타트업에 집중하여 육성하는 액셀러레이터이다. 약자로 DHP라고 한다. 국내 디지털 헬스케어의 선구자적인 최윤섭 박사, 의사 출신 미래학자 정지훈 교수, 서울와이즈병원 김치원 원장이 공동창업하여 만들었다. 블록체인, 웨어러블, 가상현실 등 IT 기술과 융합된 헬스케어 분야에 투자와 육성을 하고 있다. 다른 액셀러레이터와 다른 차별점은 의료 전문가와 인허가 전문가들이 헬스케어 스타트업에게 직접적인 도움을 제공할 수 있다.

융합 헬스케어 교육 및 연구개발

4차 산업혁명은 융합 학문을 기반으로 고도화되고 있다. 특히 데이터 기반을 통해서 헬스케어 전반적인 산업의 기반이 변화하고 있다. 대학병원을 보유한 의과대학에서 다양한 융복합 학제의 교육과정과 연구센터의 설립을 통해서 4차 산업혁명의 헬스케어 핵심 연구 분야에 대한 인력 양성 과정이 있다.

영국 대학평가기관인 타임즈고등교육은 2019년 세계 의과대학교 순위를 발표했다. 성균관대(국내 1위, 세계 41위), 서울대(국내 2위, 세계 49위), 연세대(국내 3위, 세계 101~125위), 고려대(국내 4위, 세계 151~175위), 경희대(국내 공동 5위, 세계 301~400위), 울산대(국내 공동 5위, 세계 301~400위)로 발표되었다. 세계 1위는 옥스퍼드대, 2위는 하버드대, 3위는 케임브리지대, 4위는 임페리얼칼리지 런던, 5위는 스탠퍼드대가 차지했다.

우리나라의 의과대학은 2010년 이후 꾸준한 상승세를 보여주고 있다. 평가기준은 교육여건(27.5%), 연구실적(27.5%), 논문 피인용도(35%), 국제화(7.5%), 산학협력(2.5%) 등 5개의 지표를 활용해서 순위를 결정했다.

성균관대학교 의과대학은 삼성서울병원을 기점으로 임상연구,

기초연구, 융합연구에 대한 교육 및 연구개발을 진행하고 있고 삼성융합의과학원을 통해서 디지털 헬스와 의공학 협동과정을 운영하고 있다. 추가적으로 삼성서울병원의 유전체연구소에서는 정밀의료 및 개인 맞춤의료의 기반이 되는 유전체 관련 다양한 기초연구 및 임상연구를 진행하고 있다.

서울대학교 의과대학은 연건동 본원과 분당서울대 병원을 거점으로 다양한 4차 산업혁명 기반의 헬스케어 산업 활성화를 위한 교육을 책임지고 있다. 특히 본원의 의료기기혁신센터에서 융복합 의료기기의 연구개발 및 임상시험 지원을 하고 있다. 분당서울대 병원의 헬스케어 혁신 파크에서는 다양한 디지털 헬스 및 융합 의과학 관련 기술을 보유한 중소기업 및 스타트업이 입주해서 헬스케어 혁신 생태계 환경을 고도화하고 있다.

추가적으로 서울대학교의 정밀의료센터는 2017년에 개소하여 임상의학과 유전체 정보를 결합하여 더 정밀하고 정확한 개인 맞춤치료를 제공하고 있다. 또한 다양한 유전체 패널 개발과 한국형 공통 데이터 모델K-CDM을 이용한 약물부작용 조기 감시 시스템을 보유하고 있다.

연세대학교 의과대학은 서울 신촌, 강원 원주, 인천 송도의 4곳을 운영하며 수술용 로봇과 최소 침습 수술에 대한 연구개발 및 교육 부분을 강화하고 있다. 세브란스 병원은 세계에서 유일하게 로봇 수술 건수가 1만 건을 돌파했고 아시아 최초로 인튜이티브 서지컬의 최신형 수술 로봇 다빈치 Xi를 이용한 표준 수술법을 구체화하고 정립하는 연구를 진행하고 있다. 또한 의료기기 산업학과를 운영함으로써 학교와 산업계의 연결고리 부분들도 신경 쓰고 있다.

SUNG KYUN KWAN UNIVERSITY　　　서울대학교 의과대학 SEOUL NATIONAL UNIVERSITY COLLEGE OF MEDICINE　　　연세대학교 의과대학 YONSEI UNIVERSITY COLLEGE OF MEDICINE

SAIHST 삼성융합의과학원　　　서울대학교병원 의료기기혁신센터 SEOUL NATIONAL UNIVERSITY HOSPITAL MEDICAL DEVICE INNOVATION CENTER　　　SEVERANCE ROBOT AND MIS CENTER

삼성서울병원 유전체연구소　　　SNUH 분당서울대학교병원 **헬스케어 혁신 파크**　　　연세대학교 의과대학 YONSEI UNIVERSITY COLLEGE OF MEDICINE | 의료기기 산업학과

　고려대학교 의과대학은 정밀의료를 키워드로 다양한 다기관 협력과제 및 연구개발 사업단을 운영하고 있고 의료기기 상생사업단, KU-MAGIC, K-마스터 사업단을 운영하고 있다. 의료기기 상생사업단은 의료기기 관련 스타트업 육성 및 창업 역할을 하고 의과학자, 의공학자, 바이오 기술-정보 기술-나노 기술 융합과학자들과 함께 교육 및 연구개발을 진행하고 있다.

　KU-MAGIC 사업단은 고려대-메디컬 어플라이드 R&D 이니셔티브 센터Korea University-Medical Applied R&D Initiative Center로 바이오 메디컬 기술사업화 지식 플랫폼이라고 할 수 있다. 또한 K-마스터는 정밀의료 기반 암 진단 및 치료법 개발 사업단으로 정밀의료와 개인 맞춤의료에 대한 기초 연구개발과 임상 적용에 대한 연구개발을 하고 있다.

　서울아산병원은 울산대학교 의과대학과 연결되어 있으며 아산 융합의학원[284]에서는 의과학, 의공학, 중개의학 관련 교육이 있다. 아산 생명과학연구원과 의공학 연구소를 통해서 다양한 학제 간 연구개발을 진행하고 있다. 또한 헬스이노베이션빅데이터센터를 기점으로 데이터 기반의 정밀의료와 개인 맞춤연구도 진행하고 있다. 현재 국가 협력과제인 K-대쉬K-DASH와 닥터 앤서 프로젝트의 리딩도 아산병원이 주도하고 있다.

　카이스트와 포스텍은 우리나라를 대표하는 과학기술 중점 교육

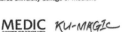

아산생명과학연구원

헬스이노베이션빅데이터센터

의공학 연구소

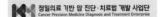

기관이다. 두 기관은 의학교육과 연구개발을 구체적으로 하기 위해서 차별화된 제도를 구축했다. 먼저 카이스트는 M.D-Ph.D. 프로그램을 운영하는 의과학대학원을 운영하고 있고 포스텍은 가톨릭의대와 함께 포스텍-가톨릭 바이오메디컬 엔지니어링 인스터튜트POSTECH-CATHOLIC Biomedical Engineering Institute를 운영하고 있다. 과학기술과 의과학 연구의 협력은 4차 산업혁명에서 헬스케어 관련 중요한 교육과 연구개발을 선도하고 있다.

생명윤리법 개요

생명윤리법「생명윤리 및 안전에 관한 법률」(이하 "생명윤리법" 또는 "본 법"이라 한다)은 인간과 인체유래물 등을 연구하거나 배아나 유전자 등을 취급할 때 인간의 존엄과 가치를 침해하거나 인체에 위해를 끼치는 것을 방지함으로써 생명윤리 및 안전을 확보하고 국민의 건강과 삶의 질 향상에 이바지함을 목적으로 한다.

- [법률 제7150호, 2004. 1. 29, 제정][시행 2005. 1. 1]: 생명과학기술에 있어서의 생명윤리 및 안전을 확보하기 위하여

윤리적·사회적으로 심각한 영향을 미칠 수 있는 생명과학기술을 연구개발 또는 이용하는 기관에 기관생명윤리심의위원회를 설치하도록 하고, 배아 생성의료기관·배아연구기관 및 체세포복제배아연구기관 등의 지정 또는 등록 절차와 배아연구계획서의 승인기준에 관한 사항을 정했다.

- [법률 제9100호, 2008. 6. 5, 일부개정][시행 2008. 12. 6]: 기관생명윤리심의위원회에 대한 조사 및 평가, 소속 위원에 대하여 교육 등 기관위원회 관리와 난자 제공자에 대한 건강검진, 실비 보상, 줄기 세포주 등록제 및 유전자정보의 익명화 등 유전자은행의 보관·관리업무를 위한 보안담당책임자 고용 규정 등 현행 제도의 운영상에 나타난 일부 미비점을 개선·보완했다.

- [법률 제11250호, 2012. 2. 1, 전부개정][시행 2013. 2. 2]: 배아 및 유전자 등에 관한 생명과학기술 분야에 한정되어 있는 생명윤리정책의 영역을 확대하여 인간 및 인체유래물에 관한 연구에 대하여도 생명윤리 및 안전기준을 적용함으로써 연구대상자 등의 권리와 건강을 보호하고, 국가생명윤리심의위원회 및 기관생명윤리위원회 등 생명윤리 인프라 확대를 위한 법적 근거를 강화하며, 인체유래물은행 및 유전자 검사기관에 관한 규정을 정비하는 등 현행 제도의 운영상 나타난 일부 미비점을 개선·보완했다.

생명윤리 및 안전에 관한 법률의 적용대상은 여섯 가지로 구분되어 있다. 인간대상연구, 인체유래물 연구, 인체유래물은행, 배아 등의 생성 및 관리, 배아 등을 이용한 연구, 유전자검사 및 유전자 치료에 대해서 적용이 된다. 우리나라의 생명윤리법은 쉽게 말해서 인간의 존엄성을 위해서 생명과학 관련 연구를 규제하는 법이라고 할 수 있다. 그동안 몇 번의 개정이 있었지만 2004년 제정되었던 생명윤리법은 글로벌 표준뿐만 아니라 OECD 국가 중에서도 시대에 뒤처지는 법이라고 판단된다.

첫째, 우리나라는 포지티브Positive 규제 방식으로 매우 제한적인 범위의 연구만 가능하도록 하고 있다. 특히 CAR-T 면역세포 치료제, 줄기세포 기반 치료제, 알츠하이머, 대사질환 등 삶의 질에 큰 영향을 줄 수 있는 질환 연구가 글로벌하게 활발히 연구 중인 반면에 한국은 규제로 인해서 신기술과 새로운 시장에 접근하는 것이 제한적이라는 문제가 있다. 둘째, 배아줄기세포 관련한 기초연구와 임상연구를 구분하지 않고 전면적으로 금지하기 때문에 세계적 수준의 기술을 보유하더라도 원활한 기술의 확장이 어렵다. 셋째, 국내의 중앙집권적 규제는 심의 절차 및 과정에서 비전문성이 존재한다. 연구 시기를 놓치는 경우도 있으며 연구기관의 자율적 진행 등에서 문제가 발생하고 있다.

선진국은 기관 의생명연구심의위원회IRB 승인을 받으면 되지만 한국은 기관 의생명연구심의위원회→국가생명윤리심의위원회 배아전문위원회 검토→국가생명윤리심의위원회 심의→보건복지부 장관 승인 등을 받아야 해 과정이 복잡하다. 그러다 보니 등록신청 이후 약 1년 3개월이 걸린 경우도 있었다고 한다. 이런 과도한 행정 절차를 간소화하면 좋을 것이다.

인공수정 Vs 체외수정 Vs 생체 외 생식세포형성

인공수정IUI, Intrauterine insemination은 인공수정 혹은 자궁 내 정자 주

인공수정과 체외수정 비교[285]

인공수정 Vs 체외수정

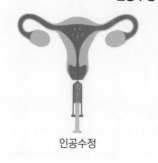

인공수정

체외수정

입술이라고 한다. 정자를 자궁 안에 넣어서 몸 안에서 수정이 일어나게 하는 방법이다. 자연 임신과 동일한 환경에서 임신이 되는 방법이다. 따라서 여성 난관 중의 한쪽은 정상이어야 한다. 보통은 원인불명의 난임이거나, 남성의 정액 검사에서 이상이 있거나, 성교장애가 있거나, 자궁 내막증이 있으면 인공수정을 한다. 시술 시간은 10분 이내가 소요되며 마취를 하지 않은 상태에서 진행된다. 보험 적용은 3회까지 가능하다고 한다.

체외수정IVF, In vitro fertilization은 시험관 아기 혹은 체외수정이라고 표현한다. 몸 밖에서 수정을 진행하고 키우기 때문이다. 과배란을 유도해서 난자를 채취한 뒤에 정액을 통해서 수정시킨 후 배양하고 자궁내막에 이식하는 방법이다. 초음파를 보면서 난소에 바늘을 가지고 채취하다 보니 통증이 있기 때문에 수면마취를 하는 경우도 있다. 정자는 난자 채취하는 동안에 채취를 하기도 하고 미리 얼려놓았던 걸 사용하거나 수술적으로 재취해서 사용하기도 한다. 난소 채취는 약 30분 정도 소요된다고 하지만 마취 및 회복까지 약 3시간 정도가 소요된다.

생체 외 생식세포형성 연구[287]

큐슈 대학교의 카츠히코 하야시는 성인 암컷 쥐의 피부 세포로부터 난자를 만들어내는 생체 외 생식세포형성의 연구를 주도하고 있다.

생체 외 생식세포형성IVG, In vitro gametogenesis 기술은 피부 세포를 배아줄기세포로 변화시킨 후 다시 그 줄기세포에서 난자 혹은 정자를 만들어내고 체외수정을 통해서 아기를 만들어내는 기술이다. 현재는 쥐에서 성공했다. 과학자들은 10~20년 내에 인간에게서도 성공하리라 예상을 하고 있다. 이때 유전자 편집 기술인 유전자 가위 기술을 통해서 유전자를 추가 혹은 제거하면서 맞춤형 아기를 조절할 수 있으리라 예상한다. 물론 생명윤리와 제도적 장치에 대한 준비가 반드시 필요할 것으로 판단된다.[286] 이론적으로는 동성 간에도 피부 세포를 통해서 만능줄기세포로 분화하고 그다음 난자와 정자로 분화시킨 뒤에 수정을 할 수 있다.

:: 에필로그

　의사, 제약사, 보험사, 의료기기 회사, 환자단체, 학교 및 연구소 등을 포함하는 헬스케어 생태계의 모든 구성원들은 개인 맞춤의료가 환자들의 질적인 삶의 증진에 매우 특별한 기회를 제공해줄 것으로 믿고 있다. 혁신가, 창업가, 규제 전문가 및 정책 제언가들의 노력들에 따라서 개인 맞춤의료는 더욱 차별화된 형태로 개선될 수 있다. 그리고 4차 산업혁명 시대에 맞추어 정보 기술, 바이오 기술, 나노 기술의 발전을 통한 융합 기술이 고도화되고 다양한 생체신호, 유전자, 단백질 검사 기술, 빅데이터 등이 인공지능과 함께 결합하여 헬스케어에서 새로운 혁신적인 제품과 서비스를 만들어 내고 있다.

　헬스케어 데이터가 빠르게 빅데이터 형태로 융합되고 확산되고 있다. 2012년 500PB에서 2020년에는 2만 5,000PB로 약 50배 정도의 증가를 예상하고 있다. 이렇게 의료 데이터가 폭발적으로 늘어나게 된 것은 각종 유전자 정보와 생체정보 등이 늘어났기 때문이다. 또한 인구의 노령화에 따른 만성질환이 늘어나고 있다. 노령화로 인한 의료비의 증가와 만성질환 관리를 위한 지속적인 의료 행위 증가는 사회 및 개인에 부담으로 작용하고 있다. 따라서 스마트 헬스케어는 늘어나는 의료복지 비용과 개인 부담을 효율화하기 위한 하나의 해결책으로 검토되고 있다.

헬스케어 산업은 크게 네 가지로 구분해볼 수 있다. 첫째, 소비재 관련 웰니스와 유사한 형태의 헬스케어 산업이다. 피부관리, 통증, 수면관리 서비스나 제품을 의미한다. 시장 규모는 적은 편이며 다른 제약이나 의료기기에 비해서 상대적으로 진입이 쉬운 분야이다. 하지만 디지털 헬스케어라는 측면에서 보면 초연결성과 빅데이터를 통해 고객 헬스케어의 가치를 향상시킬 가능성이 있다.

둘째, 체외진단 산업 분야는 4차 산업혁명 시대에 중요한 키워드와 많이 일치하는 부분이다. 특히 유전자진단과 동반진단 및 디지털 병리학의 분야가 유망할 것으로 판단된다. 체외진단 산업은 제약산업과 의료기기 산업을 연결해주는 산업으로 매우 중요한 위치를 차지한다. 역시 인공지능과 빅데이터와의 연계를 통해서 새로운 융합 산업 모델을 제안할 수 있는 분야이다.

셋째, 의료기기 분야는 유망 분야로 전통적 수술 기구 및 영상진단 기기에서 벗어나 인공지능 기반의 수술용 로봇과 영상진단 해석 등으로 발전하고 있다. 의료기기는 디지털 헬스케어와 매우 밀접한 연계가 있어서 다양한 형태로 시너지가 발생할 수 있는 분야이다.

넷째, 치료제 부분에서는 인공지능을 활용한 신약개발과 디지털 약물이라는 신조어가 생겨나는 것처럼 새로운 형태의 데이터 기반 치료 솔루션도 유망한 분야라고 할 수 있다. 4차 산업혁명 시대에 개인 맞춤의료의 활성화를 위해서는 세 가지의 구체적 전략과 실행이 동반되면 좋을 것 같다.

먼저 국가 R&D 정책 및 제도적 개선이 조금 더 고도화되면 좋겠

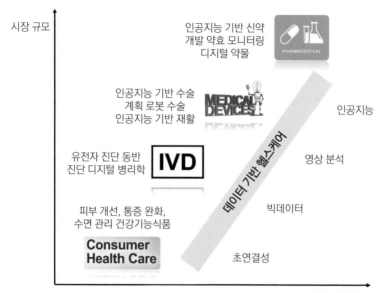

헬스케어 산업별 구분[288]

시장 규모

인공지능 기반 신약
개발 약효 모니터링
디지털 약물

PHARMACEUTICAL

인공지능 기반 수술
계획 로봇 수술
인공지능 기반 재활

MEDICAL DEVICES

인공지능

유전자 진단 동반
진단 디지털 병리학

IVD

영상 분석

데이터 기반 헬스케어

피부 개선, 통증 완화,
수면 관리 건강기능식품

빅데이터

Consumer Health Care

초연결성

기술 복잡성

다. 특히 유전자 서열분석 인프라 강화가 필요할 것으로 보여지며 유전자 서열 분석 장비, 유전자 서열 분석 시약, 유전자 서열 분석 관련 바이오인포매틱스 고도화가 필요하다. 또한 바이오마커와 표적치료제 분야의 중장기적 연구체계 고도화도 중요한 과제이다. 즉 단기적 국가 기반 연구과제보다는 중장기적 국가 기반 연구과제가 활성화되고 국가 임상 인프라 활용을 통한 바이오마커 발굴 연구체계 구축도 활성화되야 한다. 그리고 맞춤형 표적치료제 개발을 위한 오픈-이노베이션 정책 활성화가 필요하다.

그다음 4차 산업혁명 관련 생태계 환경 개선이 필요할 것으로 판단된다. 특히 정보 기술, 바이오 기술, 나노 기술의 연결고리 안정화를 위해서 다학제 산업을 위한 융합 분야 구체화가 요구되며 기존 산업 생태계에서 4차 산업혁명 생태계로의 부드러운 이전을 위해 관련 환경 개선이 필요하다. 그리고 헬스케어와 정보통신 관련 법규 및 제도 개선이 있으면 좋을 것 같다.

예를 들어 4차 산업혁명 생태계 안정화를 위한 IT 기업과 제약·진단 업계 간의 이해관계 재해석이 활성화되고 원-윈Win-Win 전략을 통한 IT 및 헬스케어 융합 성장 정책 발의가 자주 일어났으면 좋겠다. 또한 체외진단 및 동반진단 기술 융합 및 환경 조성을 장려하고, 동반진단 기술 확산을 위한 제약회사 및 진단회사의 협력 환경 구축 강화가 이루어지면 매우 훌륭할 것이다. 그와 더불어 생명윤리법과 개인정보보호 관련 제도 보완과 고객 기반 유전자 검사와 질병예방 관련 유전자 검사 관련한 차별화된 개인정보보호법 개선도 함께 이루어지기를 바란다.

마지막으로 의료환경 분야 개선을 언급할 수 있다. 국민건강보험 기반 건강검진 서비스에 유전체 검사 서비스 추가를 통해서 소아 희귀질환 관련 조기진단 및 치료 효율화, 유전성 희귀질환 진단 및 치료, 종양 위험 유전자 관련 검진을 통한 조기 암 진단 및 치료 효율화가 실현되면 좋을 것이다. 또한 4차 산업혁명의 화두인 개인 맞춤의료 관련 복합 코호트를 구축하기 위해서 한국인 기반 대규모 유전체 데이터 및 개인의료 데이터, 라이프로그 등의 통합적 데이터 취합 및 분석 연구 추진하는 방안을 고려하면 좋을 것이다.

기존 인체유래조직은행, 대형병원, 검사센터와의 유기적 관계 구축을 통한 효율적 바이오뱅크 인프라 고도화를 하면 매우 이상적인 개인 맞춤의료 환경이 구축되리라 생각한다. 항암 맞춤치료 인프라 구축으로 항암제의 부작용 최소화를 실현하고 치료 비용 효율화 측면에 기인한 개인 맞춤치료 특화 건강보험 정책 및 병원 프로그램 구축이 실현되면 매우 유익할 것이다.

추가적으로 중요한 것은 융합의료 전문가를 양성할 수 있는 교육 인프라 개선이 필요하다. 예를 들어 의과대학 필수 교육과정에 유전체 및 바이오 인포매틱스 관련 교육 과정을 추가하거나 실험 연구 과정에 유전체 및 동반진단 관련 전공 도입을 할 수도 있다. 그리고 M.D·Ph.D. 융복합 과정에서 개인 맞춤의학 관련 전문 인력 양성을 강화하는 것도 하나의 방법이 될 수 있다.

4차 산업혁명 시대에 개인 맞춤의료는 피해갈 수 없는 영역이다. 인간은 꾸준한 생명과학기술의 발달로 인해서 100세 수명 시대에 도달하고 있다. 그리고 IT 기술의 발전으로 인해서 인공지능이 생활의 여러 부문에 침투했다. 로봇 역시 실생활과 헬스케어 산업에 많이 진출했다. 따라서 곧 실제 현실과 가상현실과 증강현실을 구분하는 것이 무의미한 시대가 올 것이다.

자고 나면 새로운 파괴적 혁신이 우리의 삶을 변화시키고 있다. 그중에서 오로지 변하지 않은 것은 더 건강하게 질병 없이 무병장수하고자 하는 인간의 바람이다. 그러한 인간의 바람을 실현해주기 위한 헬스케어 인프라는 많이 구축됐지만 제도적인 측면, 소득 수준, 인종 별 차이, 지역별 차이, 국가별 문화차이, 개인별 성격 차이 등으로 인해서 형성되는 차이는 아직 채울 수가 없다.

4차 산업혁명 시대는 초연결 시대인 만큼 다양한 혁신으로 다수가 행복하고 건강하게 살 수 있도록 과학기술과 헬스케어 산업이 잘 융합되었으면 한다.

| 참고문헌 |

1 '치료' 중심에서 '예방-진단-치료-관리'로 이어지는 헬스케어 패러다임의 변화

2 개인의 건강과 질환에 영향을 미치는 다양한 헬스케어 생태계

3 오믹스(Omics)의 구분

4 https://www.accessdata.fda.gov/scripts/cdrh/cfdocs/cfpma/pma.cfm?id=P160045

5 유방암치료제의 다양한 치료방법

6 약물분자, 유전자, 펩타이드, 대사체, 단백질 구조 분석을 위하여 사용되는 분석기기 (출처: 구글 이미지)

7 Current Opinion in Biotechnology 2017, 43:34 – 40

8 J Korean Soc Transplant 2015;29:49-53

9 특허청 보도자료: 4 차 산업혁명시대! 개인맞춤형 헬스케어는 내 몸안의 미생물 정보로부터!
https://www.kipo.go.kr/kpo/BoardApp/UnewPress1App?a=&board_id=press&cp=3&pg=3&npp=&catmenu=m06_07_03_05&sdate=&edate=&searchKey=&searchVal=&bunryu=&st=&c=1003&seq=17192

10 P. JIN et al. Expert Review of Proteomics 2017 Vol 14. Issue 5 https://doi.org/10.1080/14789450.2017.1314786

11 Jin, P., Wang, K., Huang, C., & Nice, E. C. (2017). *Mining the fecal proteome: from biomarkers to personalised medicine. Expert Review of Proteomics, 14(5), 445 – 459.* doi:10.1080/14789450.2017.1314786

12. https://www.tandfonline.com/doi/abs/10.1080/14789450.2017.1314786?journalCode=ieru20
https://www.lianapress.fr/communiques-de-presse/biotechnologie/the-human-microbiome-anemerging-microbiome-biotech-ecosystem-dominated-by-the-united-states.html

13 원핵생물 리모솜의 구성성분으로 16SrRNA의 서열을 비교하여 원핵생물을

동정할 수 있음

14 https://www.hmpdacc.org/hmp/ ,
    http://www.globe-network.org/sites/default/files/en/network/
    resource/023-isabelle-decremoux. pdf,
    http://www.oecd.org/officialdocuments/publicdisplaydocumentpdf/?cote=
    DSTI/STP/BNCT(2016)20/FINAL&docLanguage=En,
    https://lifesciencesbc.ca/wp-content/uploads/2018/05/Roadmap-2.0-
    Time-is-Now-for-Personalized-Medicine-in-BC-Final.pdf, https://www.
    ip-pragmatics.com/media/1054/ippragmatics-microbiome-white-paper_
    june2017.pdf
    http://www.directorstalkinterviews.com/wp-content/uploads/2017/03/
    Microbiome-07032017.pdf
    https://www.thejournalofprecisionmedicine.com/wp-content/
    uploads/2015/12/ROBERT-HUNTERARTICLE__new1.pdf

15 대변마이크로바이옴 검사 서비스 제공 회사

16 Front Microbiol. 2016; 7: 494. Yeung et al, http://news.mit.edu/2018/
    probiotics-antibiotics-killdrug-resistant-bacteria-1017, Advanced Materials
    on Oct. 17. Zhihao Li

17 https://nakedsecurity.sophos.com/2014/02/07/will-passports-of-the-future-
    incorporate-ourbody-smell/

18 http://hplusmagazine.com/2015/05/13/forensic-analysis-of-the-human-
    microbiome/,
    https://microbiomejournal.biomedcentral.com/articles/10.1186/s40168-
    015-0082-9, Lax et al. Microbiome (2015) 3:21

19 http://theconversation.com/your-microbiome-is-shared-with-your-
    family-including-your-pets-30877

20 https://www.openbiome.org/

21 https://finchtherapeutics.com/

22 https://www.sciencenews.org/blog/scicurious/fecal-transplants-regulation

23 http://probioticslab.com/main/index

24 https://www.openbiome.org/

25 Ethan Gough, Henna Shaikh, Amee R. Manges, Systematic Review of Intestinal Microbiota Transplantation (Fecal Bacteriotherapy) for Recurrent Clostridium difficile Infection, Clinical Infectious Diseases, Volume 53, Issue 10, 15 November 2011, Pages 994 − 1002,

https://doi.org/10.1093/cid/cir632

26 Curr Opin Gastroenterol. 2014 Jan;30(1):34-9. DOI:10.1097/MOG.0000000000000024

27 J Pediatr Gastroenterol Nutr. 2013 Jun;56(6):597-601. doi: 10.1097/MPG.0b013e318292fa0d

28 Vrieze, A., de Groot, P.F., Kootte, R.S., Knaapen, M., van Nood, E., and Nieuwdorp, M. 2013. Fecal transplant: a safe and sustainable clinical therapy for restoring intestinal microbial balance in human disease? Best Pract. Res. Clin. Gastroenterol. 27, 127 − 137

29 Abrahamsson, T.R., Jakobsson, H.E., Andersson, A.F., Bjorksten, B., Engstrand, L., and Jenmalm, M.C. 2012. Low diversity of the gut microbiota in infants with atopic eczema. J. Allergy Clin. Immunol. 129, 434 − 440.

30 http://www.labclinics.com/en/role-dna-methylation-disease/

31 Nature Reviews Genetics volume 19, pages 371 − 384 (2018)

32 Hannum G, Guinney J, Zhao L, et al. Genome-wide methylation profiles reveal quantitative views of human aging rates. Mol Cell. 2012;49(2):359 − 367. doi:10.1016/j.molcel.2012.10.016

33 Steve Horvath et. al., Nature Reviews Genetics volume 19, pages371 − 384 (2018)

34 Anjana Munshi et al. Indian Journal of Biotechnology Vol. 7 Jan. 2008, pp32-40

35 Ghai, G., Boyd, C., Csiszar, K., Ho, C.T., and Rosen, R.T. 1999. Methods of screening foods for nutraceuticals. U.S. patent 5,955,269.

36 https://nutritiongenome.com/what-is-nutrigenomics/

37 Farhud D, Zarif Yeganeh M, Zarif Yeganeh M. Nutrigenomics and nutrigenetics. Iran J Public Health. 2010;39(4):1 − 14

38 Habit webpage : https://habit.com/

39 https://www.wadiz.kr/web/campaign/detail/16761

40 https://www.wadiz.kr/web/campaign/detail/16761

41 http://www.nugo.org/

42 https://publichealthmatters.blog.gov.uk/2016/11/01/sugar-reduction-and-obesity-10-thingsyou-need-to-know/

43 https://thebridge.jp/2015/07/conversation-with-noom-ceo-saeju-jeong

44 혁신적 당뇨관리 제품

45 혁신적 당뇨관리 및 인슐린 펌프 제품 1

46 스마트 당뇨관리 및 인슐린 펌프 솔루션 2

47 https://dtc.ucsf.edu/living-with-diabetes/complications/

48 리테일 클리닉 웹페이지

49 존슨앤드존슨 컨슈머 제품

50 Relationship between periodontal infections and systemic disease. Clinical Microbiology and Infection, 13(s4), 3-10

51 Circulation,125(20), 2520-2544).

52 보건복지부 제공 소비자 직접의뢰 유전자 검사 항목

53 Penetration depth of light of different wavelengths in skin tissue .Ref) Dalton Transactions 45(33)

54 https://platinumtherapylights.com/blogs/news/the-benefits-of-red-light-therapy-nourishingthe-body-and-enhancing-well-being Farivar, S. et al. (2014). Biological Effects of Low Level Laser Therapy. Journal of Lasers in Medical Science.

55 https://www.theenergyblueprint.com/red-light-therapy-ultimate-guide/

56 https://www.vuno.co/ 뷰노 웹페이지

57 https://www.vuno.co/products

58 Madabhushi A, Lee G. Image analysis and machine learning in digital pathology: Challenges and opportunities. Med Image Anal. 2016;33:170 –

175. doi:10.1016/j.media.2016.06.037

59 M.L. Mendelsohn, W.A. Kolman, B. Perry, J.M. Prewitt Morphological analysis of cells and chromosomes by digital computer Methods Inf. Med., 4 (1965), pp. 163-16

60 니옥스 회사 웹페이지, https://www.niox.com/en/niox-vero/about-niox-vero/

61 ACS Nano 2017 11 (1), 112-125

62 Mascarenhas MN, Flaxman SR, Boerma T, Vanderpoel S, Stevens GA. National, Regional, and Global Trends in Infertility Prevalence Since 1990: A Systematic Analysis of 277 Health Surveys. PLOS Medicine. 2012;9(12):e1001356. pmid:23271957

63 W. Ombelet, Global access to infertility care in developing countries: A case of human rights, equity and social justice. Facts Views Vis. Obgyn. 3, 257 – 266 (2011)

64 https://www.rmanj.com/male-fertility-semen-analysis/

65 https://www.quora.com/Is-it-true-that-we-receive-100-mitochondria-from-mother

66 Friderun Ankel-Simons et al. PNAS, Nov 1996, 93 (24) 13859-13863; DOI: 0.1073/pnas.93.24.13859

67 https://www.spermcheck.com/fertility

68 https://trakfertility.com/

69 정자 활성도 기기 성능 비교

70 https://www.swimcount.com/

71 https://www.yospermtest.com/

72 https://isperm.aidmics.com/

73 다양한 정자 활성도 측정기기들

74 Francis Galton 관련 정보, http://galton.org/fingerprinter.html

75 J. Acoustic Society of America, vol. 35, pp 354-358

76 US Patent 461349A

77 Sensors 2009, 9, 7234-7249; doi:10.3390/s90907234

78 https://www.sciencetimes.co.kr/?news=%EC%A7%80%EB%AC%B8%E
    B%B3%B4%EB%8B%A4-%EC%9A%B0%EC%88%98%ED%95%9C-
    %EC%83%9D%EC%B2%B4%EC%9D%B8%EC%8B%9D-
    %EA%B8%B0%EC%88%A0%EC%9D%80

79 http://www.kftc.or.kr/ 금융결제원 웹페이지

80 V. Sonal, C.D. Nayak and S.S. Pagar. "Study of lip prints as aid for sex
    determination" Medicolegal update. 2005, vol 5., no.3.

81 V. Sonal, C.D. Nayak and S.S. Pagar. "Study of lip prints as aid for sex
    determination" Medicolegal update. 2005, vol 5., no.3.

82 중앙일보 기사 https://news.joins.com/article/21857069

83 https://www.kisa.or.kr/main.jsp 한국인터넷 진흥원 웹페이지

84 전자처방전 서비스 보유 회사들

85 http://www.lemonhealthcare.com/ 레몬헬스케어 웹페이지

86 4Cgate 홈페이지: http://4cgate.com/

87 Trends Mol Med. 2001 May; 7(5):201-4.

88 https://www.mycancergenome.org/content/molecular-medicine/overview-
    of-targeted-therapiesfor-cancer/

89 https://www.mycancergenome.org/content/molecular-medicine/overview-
    of-targeted-therapiesfor-cancer/

90 Nature Reviews Drug Discovery 8, 279-286 (April 2009)

91 동반진단 기술 및 제품 보유 대형 기업들

92 동반진단 차세대 기술 보유 글로벌 기업들

93 Di Meo et al. Molecular Cancer (2017) 16

94 https://www.quantumdxs.com/patients/nipt

95 Nat Rev Clin Oncol. 2013 May; 10(5): 267-276.

96 http://celltrials.info/

97 https://www.3dsystems.com/

98 대한민국 바이오 3D 프린팅 이해관계자

99 Kim, H., Park, M.-N., Kim, J., Jang, J., Kim, H.-K., & Cho, D.-W.
     (2019). Characterization of cornea-specific bioink: high transparency,
     improved in vivo safety. Journal of Tissue Engineering. https://doi.
     org/10.1177/2041731418823382

100 Isaacson A, Swioklo S, Connon CJ. 3D bioprinting of a corneal stroma
     equivalent. Exp Eye Res. 2018;173:188–193. doi:10.1016/j.exer.2018.05.010

101 Park, Jae-Hyun et al. "Experimental Tracheal Replacement Using
     3-dimensional Bioprinted Artificial Trachea with Autologous Epithelial
     Cells and Chondrocytes" Scientific reports vol. 9,1 2103. 14 Feb. 2019,
     doi:10.1038/s41598-019-38565-z

102 Tissue Eng Part C Methods. 2017 Sep;23(9):548-564. doi: 10.1089/ten.
     TEC.2017.0222. Epub 2017 Aug 23.

103 https://www.3dfit.co.kr/page.php?hid=%EC%88%98%EC%88%A0%EC%8
     2%AC%EB%A1%80&pageIndex=110106102

104 http://minhospital.co.kr/breast_2/sub/sub2_1.asp

105 http://minhospital.co.kr/breast_2/sub/sub3_2.asp 민병원 유방재건 클리닉
     웹페이지

106 https://3dprint.com/218679/face-transplant-belgium/

107 https://www.materialise.com/

108 https://www.3dsystems.com/

109 https://www.stratasys.com/

110 https://www.carbon3d.com/

111 http://tnrbiofab.com/main/main.html

112 http://www.pensees.co.kr

113 http://www.3disonprinter.com/

114 http://news.mk.co.kr/newsRead.php?year=2018&no=204821

115 http://www.cgbio.co.kr/en/

116 http://www.lncbio.co.kr/index.php

117 http://www.hansbiomed.com/kr/

118 http://www.cellumed.co.kr/

119 http://www.docdocdoc.co.kr/news/articleView.html?idxno=1054596
http://news.mt.co.kr/mtview.php?no=2015020509159612546

120 http://www.biosolutions.co.kr/

121 http://vip.mk.co.kr/news/view/21/20/1595663.html

122 http://www.medicalip.com/en/

123 http://www.medicalip.com/anatdel/

124 http://m.zdnet.co.kr/news_view.asp?article_id=20190111170050&lo=zm11#i
madnews

125 http://anymedi.com/

126 http://health.chosun.com/news/dailynews_view.jsp?mn_idx=196685

127 https://www.intuitive.com/en-us 인튜이티브 서지컬 웹페이지

128 https://www.medicalrealities.com/

129 https://www.visiblepatient.com/en/

130 http://www.dt.co.kr/contents.html?article_no=2018031302101860041001

131 https://www.stryker.com/us/en/navigation/products/target-guided-
surgery.html,
https://pharmaintelligence.informa.com/resources/product-content/depuy-
synthes-shaping-itsdigital-and-robotic-surgery-strategy-around-patient-
needs

132 https://www.aurishealth.com/monarch-platform

133 https://johnsonandjohnson.gcs-web.com/static-files/b3c8a823-aec8-
4d1e-939b-c4c12a420899

134 Clinical Chemistry 62:1,111-123 (2016)

135 http://www.korea.kr/news/pressReleaseView.do?newsId=156316515

136 https://www.maunakeatech.com/en/

137 https://www.optiscan.com/

138 https://www.maunakeatech.com/en/cellvizio

139 Surg Endosc (2014) 28:3224 – 3233

140 https://www.nature.com/polopoly_fs/1.21918!/menu/main/topColumns/topLeftColumn/pdf/545020a.pdf?origin=ppub

141 J Inflamm Res. 2018; 11: 203 – 213.

142 https://setpointmedical.com/

143 https://globenewswire.com/news-release/2018/10/16/1621880/0/en/SetPoint-Medical-Completes-Enrollment-in-U-S-Pilot-Study-Evaluating-Bioelectronic-Device-for-Treatment-of-Rheumatoid-Arthritis.html

144 http://bulletin.facs.org/2019/03/neurologic-metabolic-surgery-a-review/

145 https://www.inspiresleep.com/

146 https://www.electrocore.com/

147 https://www.gammacore.com/

148 http://news.mit.edu/2019/pill-deliver-insulin-orally-0207

149 https://www.novocure.com

150 https://www.medgadget.com/2018/05/imec-develops-wireless-eye-tracking-glasses-to-aid-inresearch-of-neurological-disorders.html, https://phys.org/news/2017-05-solution-precise-lowcost-eye-movement.html#nRlv

151 브레인앤리서치 이노베이션 회사 웹페이지 https://bnr.co.kr/

152 https://eyetracking.co.kr/2?category=270814

153 https://www.saukvalley.com/articles/2008/02/03/news/national/292655761275196.txt
https://phys.org/news/2017-05-solution-precise-low-cost-eye-movement.html#jCp

154 http://www.ybrain.com/

155 https://www.neurophet.com/

156 http://berkeleysciencereview.com/the-science-of-touch-and-emotion/

157 Matthew J. Hertenstein et. al., The Communication of Emotion via Touch, Emotion 2009, Vol. 9, No. 4, 566-573

158 A. Gallace, C. Spence /Neuroscience and Biobehavioral Reviews 34 (2010) 246-259

159 https://phys.org/news/2017-09-artificial-skin-robotic.html Science Advances, 2017; 3 (9): e1701114 DOI: 10.1126/sciadv.1701114

160 https://www.autismspeaks.org/sites/default/files/2018-09/autism-and-health-report.pdf

161 https://clinicaltrials.gov/ct2/show/NCT02996669

162 https://pond-network.ca

163 https://www.aims-2-trials.eu/

164 디지털 표현형과 자폐 진단

165 Ness, Seth L et al. "An Observational Study With the Janssen Autism Knowledge Engine (JAKE®) in Individuals With Autism Spectrum Disorder"Frontiers in neuroscience vol. 13 111. 27 Feb. 2019, doi:10.3389/fnins.2019.00111

166 https://ko.wikipedia.org/wiki/%EC%9A%B0%EC%9A%B8%EC%A6%9D

167 Psychoneuroendocrinology. 2004 Jul;29(6):757-66

168 http://news.mit.edu/2018/neural-network-model-detect-depression-conversations-0830

169 Science. 2005 Sep 9;309(5741):1717-20

170 https://edition.cnn.com/2019/04/12/asia/monkey-brain-human-china-intl/index.html

171 https://www.nature.com/news/human-brain-shaped-by-duplicate-genes-1.10584

172 https://news.nationalgeographic.com/2018/02/sheep-human-hybrids-chimeras-crispr-organtransplant-health-science/, https://www.sciencealert.

com/it-s-alive-the-first-human-pig-hybridhas-been-created-in-the-lab

173 https://www.nature.com/news/new-life-for-pig-to-human-transplants-1.18768

174 뉴럴링크 웹페이지 Neuralink: https://www.neuralink.com/

175 https://thinkaboutit.news/former-darpa-head-to-run-facebooks-building-8-project/

176 Eric C. Leuthardt et. al., Neurosurgery 59:1-14, 2006

177 http://braindronerace.com/ 미국방고등연구계획국의 연구프로젝트: 뇌파로 조정하는 드론

178 https://spectrum.ieee.org/the-human-os/biomedical/devices/implant-translates-brain-activityinto-spoken-sentences 뇌의 활동 신호 측정과 언어의 표현 간의 연구 진행할 수 있는 센서

179 https://www.axios.com/new-device-translates-brain-activity-speech-limited-d77fff54-db2e-43b5-b459-2516be71302c.html

180 http://changlab.ucsf.edu/

181 Open Innovation: The New Imperative for Creating and Profiting from Technology

182 https://www.khidi.or.kr/kbic#firstPage , 보건복지부와 관련 산하기관으로 헬스케어 창업지원센터

183 http://vip.mk.co.kr/news/view/21/20/1482877.html 국내 바이오클러스터 현황

184 국내 10 개의 연구중심병원 (https://www.khidi.or.kr/rndhospital)

185 "It's far more important to know what person the disease has than what disease the person has" -Hippocrates

186 영상진단(체내진단)과 체외진단의 비교

187 체외진단과 유사한 사업모델 및 활용가능한 질병 종류

188 컴퓨터의 발전과 유사한 체외진단 플랫폼 발전의 비교 설명

189 https://magento.abmgood.com/IHC-Staining.html 면역화학조직화학염색법의 과정

190 항원-항체 반응을 이용한 면역진단 검사 과정 설명

191 유전자의 추출-증폭-검출로 이루어지는 분자진단 검사 과정 설명

192 측정 방법과 물질(화학물질, 단백질, 유전자 등)에 따른 체외진단의 구분

193 모바일 기기와 연동하여 혈당측정 결과 데이터를 관리하는 기기 및 어플리케이션

194 큐에스택 http://qstag.com/, 수젠텍 http://sugentech.com/KOR/, BISU
https://www.bisu.bio/

195 다양한 분자진단(Molecular Diagnostics) 현장진단(Point-of-Care Testing:
POCT) 시스템

197 다양한 암검사 서비스의 종류 및 가격

198 액체생검의 장점 요약

199 Daniel A. Harber et. al., Cancer Discov; 4(6); 650 - 61

200 https://www.cellsearchctc.com/

201 https://www.creative-bioarray.com/support/strategies-for-enrichment-of-
circulating-tumorcells-ctcs.htm

202 혈중암세포 관련 기술 보유 기업

203 Catherine Alix-Panabières, and Klaus Pantel et al., Cancer Discov
2016;6;479-491

204 종양 치료에 대한 효율적인 의사결정을 위한 다학제 회의 시스템

205 https://hitconsultant.net/2019/07/23/pfizer-syapse-oncology-precision-
medicinerwe/#. XZWoJC4zZXQ, https://www.syapse.com/

206 https://www.konect.or.kr/ 한국 임상시험본부 웹페이지

207 https://www.trialjectory.com/ 인공지능 기반의 임상시험 환자 매칭 프로
그램

208 암 환자 임상시험 데이터베이스와 환자 의료기록들을 인공지능 기반으로
분석하여 임상시험환자 매칭 프로그램

209 https://www.medisafe.com/ 미국 기업으로 약물관리 및 복약순응도 관리
솔루션 보유

210 https://www.syneoshealth.com/ 세계 3 위의 CRO 로서 임상연구개발 관련 토탈솔루션 제공

211 https://www.transceleratebiopharmainc.com/ 신약개발 가속화를 위해 설립한 비영리 기구

212 https://www.medisafeapp.com/ 약물관리 및 복약순응도 관리 애플리케이션의 화면구성

213 https://www.transceleratebiopharmainc.com/about/meet-the-members/ 신약개발 가속화를 위해 설립한 비영리 기구 인 트랜스셀러레이트 바이오파마'(TransCelerate BioPharma)에 속한 10 대 글로벌 제약회사

214 https://opendata.hira.or.kr/home.do 보건의료 빅데이터 개방 시스템 웹페이지

215 보건의료 빅데이터 개방 시스템 사용 가능한 공간 시설

216 보건의료 빅데이터 개방 시스템 사용 프로세스

217 국내 디지털 헬스관련 연구개발 대학, 연구소 등의 인프라

218 http://www.kpgp.or.kr/ 포스트 게놈 다부처 유전체 사업 웹페이지

219 https://www.gins.kr/go_intro_institution;jsessionid=A6A943B47B0730C7FBC4ED6E7934F6C6 포스트 게놈 다부처 유전체 사업구조

220 https://www.khidi.or.kr/kps 보건복지부 산하 기관인 보건산업진흥원 웹페이지

221 헬스케어 산업 생태계 고도화 및 다각화 지원을 위한 기관 및 유관 기관

222 https://www.khidi.or.kr/kbic#4thPage 보건산업진흥원 산하 기관으로 헬스케어 창업 지원 센터

223 http://www.kotra.or.kr/kh/main/customerMain.do 대한무역투자진흥공사

224 https://www.kita.net/ 경제 5 대 단체 중의 하나인 한국무역협회

225 https://www.compa.re.kr/ 과학기술정보통신부 산하 기관

226 http://rnd.compa.re.kr/web/irndMain.do 과학기술정보통신부, 과학기술일자리진흥원 제공 기술데이터베이스

227 http://www.miraerodb.com/ 미래과학기술지주㈜ 웹페이지

246 http://www.macrogen.co.kr 개인유전체 분석 서비스 솔루션 보유 기업

247 http://www.bio-square.com/ 양자점 기술을 활용한 고감도 체외진단 기술 보유 기업

248 http://optolane.com 반도체 기술 기반의 유전자 분석 플랫폼 기술 보유 기업

249 http://www.tomocube.com/ 3 차원 홀로그램 기반 세포분석 기기 및 솔루션 보유 기업

250 http://www.cytogenlab.com/ 액체 생검(혈중암세포 분석) 통한 항암제 스크리닝 기술 보유 기업

251 인공지능 기술기반 기업-글로벌 제약회사-IT 기업의 협력관계

252 https://benevolent.ai/ 인공지능 기반의 신약후보물질 분자 구조 기술 보유 기업

253 https://www.exscientia.co.uk/ 인공지능 기반의 신약후보물질 디자인 기술 보유 기업

254 https://www.atomwise.com/ 인공지능 기반의 약물 효과, 독성 분석을 통한 신약 후보물질 분석

255 http://xtalpi.com/ 인공지능 기반의 신약후보물질의 엑스레이 결정 구조 제안 및 약리효과 분석

256 https://aicure.com/ 인공지능 기반의 임상시험 관리 플랫폼

257 http://www.kpbma.or.kr/ 국내 제약, 바이오 기업들의 산업진흥 및 연구개발 협력 장려 협회

258 https://www.khidi.or.kr/ 보건복지부 산하의 기관인 한국보건산업진흥원 웹페이지

259 http://www.chembank.org/ 약 55 만종의 합성유기화합물 및 천연물 관련 라이브러리 보유 기관

260 http://www.chembank.org/0403 한국화합물은행에서 제공가능한 라이브러리 종류 확인 가능한 웹페이지

261 차세대 신약개발 기술 보유한 국내 바이오텍 리스트

262 https://www.sigmaaldrich.com/technical-documents/articles/technology-

spotlights/partialprotacs. html 질병유발 단백질 제거 및 분해 기술의 작용 기전의 설명

263 프로탁 기술에 사용되는 대표적인 분자구조 예시

264 질병 유발 단백질의 분해를 활용한 차세대 신약개발 기술 플랫폼 기업들

265 디지털 헬스케어 육성 프로그램 보유 글로벌 기업들

266 https://jlabs.jnjinnovation.com/quickfire-challenges 존슨앤드존슨의 스타트업 선발 및 육성 프로그램

267 https://jlabs.jnjinnovation.com/ 존슨앤드존슨의 오픈이노베이션 실행 조직

268 https://www.seoulbiohub.kr/ 서울시-보건산업진흥원이 공동설립한 서울바이오허브

269 https://www.novartis.com/our-science/novartis-biome 노바티스의 디지털 헬스케어 육성 인큐베이터 프로그램

270 https://www.g4a.health/ 글로벌 회사인 바이엘의 스타트업 육성 프로그램

271 Wang, L., Plump, A., & Ringel, M. (2015). Racing to define pharmaceutical R&D external innovation models. Drug Discovery Today, 20(3), 361-370.

272 https://www.medtronic.com/kr-ko/about/mic.html 메드트로닉의 글로벌이노베이션 센터

273 http://www.koreabiomed.com/news/articleView.html?idxno=1821 인튜이티브서지컬의 수술혁신센터

274 국내 대기업의 동반성장 및 인큐베이션 협력 모델

275 https://samsungclab.wordpress.com/ 삼성 C-lab 웹사이트

276 http://www.true-inno.com/ko/main.do SK 그룹 오픈이노베이션 웹사이트

277 https://looxidlabs.com/ 룩시드랩스 웹사이트

278 http://www.bio-core.com/ 바이오코아 웹사이트

279 https://www.visual.camp/ 증강/가상현실과 시선추적 기술을 융합한 차별화 역량 보유 스타트업

280 https://www.speclipse.com/ 레이저 기술과 딥러닝 기술을 기반으로 한 피부진단 차별화 솔루션 보유 기업

개인 맞춤의료의 시대가 온다

초판 1쇄 인쇄 2020년 4월 10일
초판 1쇄 발행 2020년 4월 17일

지은이 이해성
펴낸이 안현주

펴낸곳 클라우드나인   **출판등록** 2013년 12월 12일(제2013-101호)
주소 우) 04055 서울시 마포구 홍익로 10(서교동 486) 101-1608
전화 02-332-8939   **팩스** 02-6008-8938
이메일 c9book@naver.com

값 18,000원
ISBN 979-11-89430-62-7 03320